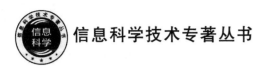
信息科学技术专著丛书

信息技术与外语实验教学

王海波　魏元喜　范姣莲　著

北京邮电大学出版社
www.buptpress.com

内容简介

本书是一部比较全面介绍信息技术应用于外语教学的学术著作，将理工科实验理念融入大学英语教学中，提出了"语言实验"的概念，对语言实验教学的相关理论做了阐述，梳理了语言实验室的发展历程，详细分析了新技术应用于各时期、各个类型的语言实验室的技术特点和在外语教学中的技术特性，还系统介绍了基于虚拟现实技术的外语教学的理论和技术背景、关键技术，以及基于虚拟现实的语言实验内容设计、实验平台的开发和应用。本书所包含的研究资料、主要见解、论述和结论等主要面向外语教育教学研究者、外语教师、实验技术人员、实验室管理人员，以及其他对新兴技术在外语教学中的应用感兴趣的人士。

图书在版编目（CIP）数据

信息技术与外语实验教学 / 王海波，魏元喜，范姣莲著. -- 北京：北京邮电大学出版社，2022.3
ISBN 978-7-5635-6602-0

Ⅰ．①信… Ⅱ．①王… ②魏… ③范… Ⅲ．①信息技术—应用—外语教学—教学研究 Ⅳ．①H09-39

中国版本图书馆 CIP 数据核字（2022）第 006605 号

策划编辑：马晓仟　　责任编辑：廖　娟　　封面设计：七星博纳

出版发行：北京邮电大学出版社
社　　址：北京市海淀区西土城路 10 号
邮政编码：100876
发 行 部：电话：010-62282185　传真：010-62283578
E-mail：publish@bupt.edu.cn
经　　销：各地新华书店
印　　刷：保定市中画美凯印刷有限公司
开　　本：787 mm×1 092 mm　1/16
印　　张：15
字　　数：389 千字
版　　次：2022 年 3 月第 1 版
印　　次：2022 年 3 月第 1 次印刷

ISBN 978-7-5635-6602-0　　　　　　　　　　　　　　　　　　　　　　　　定价：54.00 元

· 如有印装质量问题，请与北京邮电大学出版社发行部联系 ·

前　　言

随着网络技术与计算机技术的快速发展,社会信息化已经成为当今时代的主旋律,信息技术的产生本身就伴随着对其他领域的影响,特别是对教育领域的影响。教育信息化就是信息技术与教育深度融合的一个重要概念,促使教育发生着深刻的变革,成为推动教育方式、教育模式和教学方法变革的主要力量。

在这一背景下,社会对外语教学和外语人才提出了更高的要求,我们需要探索更有效的外语教学方法来满足社会的要求。因此,我们应当学习新兴的语言学理论,并将语言习得与学习理论有效整合,跳出传统外语教学方法的思维,从整体上进行外语教学改革,积极探索符合我国社会发展的外语教学方法。

2005年5月,教育部下发了《教育部关于开展高等学校实验教学示范中心建设和评审工作的通知》(教高〔2005〕8号),正式启动国家级实验教学示范中心评审工作。2007年,教育部、财政部出台《高等学校本科教学质量与教学改革工程》,明确提出"大力加强实验实践教学改革,推进高校实验教学的内容、手段、方法、队伍、管理及实验教学模式的改革与创新,特别是在教学内容、课程体系、实践环节等方面进行人才培养模式的综合改革"。2007年,教育部在教高〔2005〕8号通知的基础上,颁布了《教育部关于开展高等学校实验教学示范中心建设和评审工作的补充通知》(教高〔2007〕10号),提出从2008年开始增加文科综合类国家级实验教学示范中心的评选。至此,文科综合实验教学受到各高校的重视,"语言实验教学"的概念也逐渐浮出水面。

北京邮电大学是教育部批准的第一批大学英语教学改革示范点院校,网络化教学一直走在全国高校前列,在语言实验教学方面更是进行了大量的研究和探索,实施了大胆的改革和创新,最终确定了语言实验教学的理念和思路,构建了完整的语言实验教学体系,并于2009年被评为"北京市语言实验教学示范中心",于2012年成为语言类第一个国家级实验教学示范中心,出版了全国第一套《大学英语实验教程·听说》1~4册系列化实验教材,这标志着北京邮电大学语言实验教学完整实验体系的确立。语言实验教学的基础是外语教学的语言实验法,它和信息技术有着天然的可结合性:信息技术为语言实验教学的实施提供了基础环境和客观条件,可以说没有信息技术的支持,也就没有语言实验教学的产生与发展;语言实验教学成功地把课堂教学延伸到课后实践,是对课堂教学的有益拓展。本书正是在这一背景下编写的,它凝聚了北京邮电大学外语教学在信息技术浪潮下改革创新的成果。

本书共分为11章。第1章为语言实验教学法提出的基本理论基础准备,分析从两个方面展开:一方面对基本理论基础进行具体分析,另一方面从基本理论出发,对语言实验教学法及其发展进行梳理。第2章首先分析了语言实验教学的语言学理论基础,然后基于实验的基本要素对语言实验教学法进行剖析,最后阐述了以语言实验教学法为基础的语言实验教学体系和教育信息化技术支持。第3章论述了语言实验教学法及其教学体系与信息技术的联系,首先具体讨论信息技术与教育领域的整合,然后详细讨论信息技术与语言实验教学的联系。第4章首先讨论了传统的语言实验室和基于语言实验教学法的新型语言实验室的结构,然后讨论分析了语言实验室的类型,最后展望大数据、云计算时代的语言实验室的新发展。第5章介绍基于实验教学体系的语言实验室分析,具体包括模拟型语言实验室、多媒体语言实验室、数字化语言实验室、网络化语言实验室、云数字语言实验室、同声传译语言实验室和智慧语言实验室,详细介绍了这些类型语言实验室的功能分析、设计架构和教学特性。第6章首先从概念、分类、硬件特性、软件开发平台等方面介绍了虚拟现实技术关键技术,然后讨论了基于虚拟现实技术的语言实验教学体系的建设,包括理论分析、实验内容的设计、实验平台的开发、教学环境的建设以及具体设计案例。第7章详细分析了外语教学中基于语言实验室的语音课、听力课、听说课、阅读课、交流技能综合课等语言实验课型的训练方法。第8章介绍了语言实验教学的设计方法和步骤,并给出具体实验项目设计案例。第9章讨论了语言实验教材的编制方法,包括电子教材、网络教材,并以《大学英语实验教程》为例,介绍了实验教材的编写思想、编写方案等。第10章从需求分析,网络系统设计,硬件设备部署到软件平台构建、调试测试等方面介绍了语言实验室的建设设想和思路,以及实验室运行故障处理方法案例。第11章概述当今信息技术发展的网络化、多元化、智慧化等特点,并就大数据、云计算、量子计算等技术的发展对未来教育的影响及发展进行展望。

  本书是国家社科基金项目的研究成果,在编写过程中得到了项目组成员的大力支持和帮助,在此谨向项目评审专家和相关工作人员致以谢意。陈华老师对信息化支持的外语教学做了实证性研究,张璐妮老师和达曼青老师对虚拟现实技术做了理论研究和教学实践。张劭然、李兵、范二鹏、吕怀平老师在语言实验室建设和外语教学技术支持方面做出了贡献。陈真真、刘爱军、张钫炜、焦丽霞等老师为探索信息技术下的外语实验教学做出了实践与探索。

  希望本书的出版能够为我国大学英语的教学改革贡献绵薄之力,同时也能为全国广大高等院校、高职院校的师生以及英语爱好者和学习者提供更为开放、操作性更强的自主学习平台,为高校实验技术人员提供实验室建设和管理的有益参考,为广大科技及教育工作者提供了解与学习英语语言技能的良好服务平台。

  由于作者水平有限,书中难免存在疏漏和不妥之处,敬请广大读者批评指正,以便进一步修改和完善,有助于我们不断提高。

目 录

绪论 ··· 1

  0.1 外语教育学科的性质与定位 ·· 1

  0.2 外语学科与教育及人才素质 ·· 3

第 1 章 语言实验教学的原理 ··· 5

  1.1 语言实验教学的理论基础 ·· 5

    1.1.1 马克思唯物主义认知论基础 ·· 5

    1.1.2 传播学理论基础 ·· 6

    1.1.3 教育教学理论与语言教学理论 ·· 7

    1.1.4 实验教学理论基础 ·· 13

    1.1.5 跨文化交际理论 ·· 14

  1.2 外语教学方法及其流派 ·· 15

    1.2.1 传统外语教学法 ·· 15

    1.2.2 外语教学法的新发展 ··· 20

    1.2.3 外语教学法的对比分析 ·· 27

  本章小结 ·· 30

  本章参考文献 ··· 30

第 2 章 语言实验教学法及其体系 ··· 33

  2.1 语言实验教学法 ··· 33

    2.1.1 传统的语言实验室教学 ·· 33

    2.1.2 外语的语言实验法 ·· 37

  2.2 语言实验教学体系 ··· 41

    2.2.1 文理交融实验教学理念 ·· 41

2.2.2 语言实验教学内容 ·· 43
2.3 语言实验教学的原则 ·· 46
本章小结 ·· 47
本章参考文献 ··· 47

第3章 信息技术与语言实验教学 ·· 49

3.1 信息技术与教育领域的整合 ·· 49
    3.1.1 信息技术与教育技术简介 ·· 49
    3.1.2 信息技术与教育相整合 ··· 50
    3.1.3 信息技术与课程相整合 ··· 51
    3.1.4 我国教育信息化现状与展望 ·· 52
3.2 信息技术与语言实验教学 ·· 53
    3.2.1 语言实验教学及其发展历程 ·· 53
    3.2.2 信息技术在语言实验教学应用中的途径与方式 ······················ 55
    3.2.3 语言实验教学的信息技术手段 ··· 56
    3.2.4 语言实验教学的信息化发展趋势 ·· 58
本章小结 ·· 59
本章参考文献 ··· 59

第4章 国内语言实验室概况与发展 ··· 61

4.1 语言实验室概述 ··· 61
4.2 语言实验室的结构 ·· 62
    4.2.1 传统语言实验室结构 ·· 63
    4.2.2 新型的语言实验室结构 ··· 64
4.3 语言实验室的类型 ·· 68
    4.3.1 传统语言实验室 ·· 68
    4.3.2 新型语言实验室 ·· 69
4.4 语言实验室的新发展 ·· 70
    4.4.1 云计算与语言实验室 ·· 71
    4.4.2 大数据与语言实验室 ·· 73
    4.4.3 物联网与语言实验室 ·· 74
    4.4.4 "互联网＋"时代的语言实验室 ·· 75
本章小结 ·· 76

本章参考文献 ·· 76

第5章 基于实验教学体系的语言实验室分析 ·· 77

5.1 模拟型语言实验室 ·· 77
5.1.1 模拟型语言实验室功能分析 ·· 77
5.1.2 模拟型语言实验室的设计架构 ·· 78
5.1.3 模拟型语言实验室的教学特性 ·· 79

5.2 多媒体语言实验室 ·· 79
5.2.1 多媒体语言实验室功能分析 ·· 79
5.2.2 多媒体语言实验室的设计架构 ·· 80
5.2.3 多媒体语言实验室的教学特性 ·· 82

5.3 数字化语言实验室 ·· 82
5.3.1 数字化语言实验室功能分析 ·· 83
5.3.2 数字化语言实验室的设计架构 ·· 85
5.3.3 数字化语言实验室的教学特性 ·· 88

5.4 网络化语言实验室 ·· 88
5.4.1 网络化语言实验室功能分析 ·· 88
5.4.2 网络化语言实验室的设计架构 ·· 91

5.5 云数字语言实验室 ·· 93
5.5.1 云数字语言实验室功能分析 ·· 94
5.5.2 云数字语言实验室的设计架构 ·· 95
5.5.3 云数字语言实验室的教学特性 ·· 95

5.6 同声传译语言实验室 ·· 96
5.6.1 同声传译语言实验室功能分析 ·· 96
5.6.2 同声传译语言实验室的设计架构 ·· 99
5.6.3 同声传译语言实验室的教学特性 ·· 100

5.7 智慧语言实验室 ··· 101
5.7.1 智慧语言实验室的设计架构 ·· 102
5.7.2 智慧语言实验室的教学特性 ·· 103

本章小结 ·· 104
本章参考文献 ·· 104

第6章 基于虚拟现实的语言实验教学 ·· 106

6.1 虚拟现实技术 ·· 106

6.1.1 虚拟现实的概念 ·· 106
6.1.2 虚拟现实的关键技术 ··· 109
6.1.3 虚拟现实的硬件设备 ··· 118
6.1.4 虚拟现实的软件开发平台 ··· 123
6.2 虚拟现实技术应用于语言实验教学 ·· 130
6.2.1 虚拟现实应用于语言实验教学的背景 ··· 130
6.2.2 虚拟现实技术应用于语言实验教学的意义 ·· 131
6.3 虚拟现实语言实验教学体系建设 ·· 132
6.3.1 虚拟现实语言实验理论基础 ··· 132
6.3.2 虚拟现实语言实验内容设计 ··· 134
6.3.3 虚拟现实大学英语实验平台 ··· 144
6.3.4 虚拟现实教学环境建设 ··· 153
6.3.5 虚拟现实教学案例 ··· 158
本章小结 ·· 164
本章参考文献 ··· 165

第 7 章 语言实验课型及训练方法 ·· 167

7.1 语音课 ··· 167
7.1.1 外语教学语音教学的重要性和必要性 ··· 167
7.1.2 语言实验室环境下语音课教学 ·· 168
7.2 听力课 ··· 169
7.2.1 外语听力课教学理论与方法 ··· 169
7.2.2 语言实验室环境下听力课教学 ·· 170
7.3 听说课 ··· 171
7.3.1 外语听说课教学的目的 ··· 171
7.3.2 外语听说课的交际法理论基础 ·· 172
7.3.3 语言实验室环境下的听说课教学 ··· 172
7.4 阅读课 ··· 173
7.4.1 外语精读课教学的目的 ··· 174
7.4.2 外语阅读课教学理论与方法 ··· 175
7.4.3 语言实验室环境下阅读课教学 ·· 176
7.4.4 语言实验室环境下阅读课的特点 ··· 177
7.5 交流技能综合课 ·· 178

7.5.1 交流技能教学理论与方法 ·· 178
　　7.5.2 语言实验室环境下交流技能课教学 ································ 179
本章小结 ·· 181
本章参考文献 ·· 182

第 8 章　语言实验教学设计 ·· 184

8.1 教学设计的概念 ·· 184
8.2 语言实验教学模式的教学设计 ·· 186
8.3 语言实验室教学设计方法和步骤 ······································ 187
8.4 语言实验室教学设计三例 ·· 188
本章小结 ·· 192
本章参考文献 ·· 192

第 9 章　语言实验教材的编制 ·· 193

9.1 教材编制的原则 ·· 193
9.2 多媒体实验教材编制 ·· 197
　　9.2.1 电子教材 ·· 197
　　9.2.2 网络教材 ·· 199
9.3 纸质实验教材编制 ·· 201
　　9.3.1 教材编写基础 ·· 201
　　9.3.2 编写方案 ·· 203
　　9.3.3 教材特色 ·· 204
本章小结 ·· 205
本章参考文献 ·· 205

第 10 章　语言实验室的建设与管理 ·· 206

10.1 语言实验室软硬件建设 ··· 206
　　10.1.1 需求分析 ··· 206
　　10.1.2 网络系统设计——以北京邮电大学语言实验室建设为例 ··········· 208
　　10.1.3 实验平台构建 ··· 210
10.2 语言实验室管理机构的设置 ··· 213
本章小结 ·· 214

第 11 章 现代教育技术的发展趋势展望 ·········· 215

11.1 大数据 ·········· 216
11.1.1 大数据关键技术 ·········· 216
11.1.2 教育与大数据 ·········· 216
11.1.3 教育大数据变革传统教育 ·········· 217

11.2 云计算 ·········· 219
11.2.1 云计算技术概念 ·········· 219
11.2.2 云计算对教育的影响 ·········· 220
11.2.3 云计算在教育应用中的发展趋势 ·········· 221

11.3 量子计算 ·········· 221
11.3.1 量子计算机技术特点 ·········· 222
11.3.2 量子计算机带来的颠覆性变革 ·········· 222

11.4 智慧化 ·········· 223
11.4.1 智慧教育概念 ·········· 223
11.4.2 智慧教育技术特征 ·········· 224
11.4.3 智慧教育建设路径 ·········· 225

本章小结 ·········· 226
本章参考文献 ·········· 226

绪　　论

0.1　外语教育学科的性质与定位

1. 外语学科的性质

我国的外语教育可以追溯到清朝末年,1862 年正式开办的京师同文馆是最早的官办外语学校,承担了培养外语人才的历史重任,为历代培养了大批外语人才。新中国成立 70 多年以来,外语教育始终与国家战略同行,是我国面向世界开展国际交流与合作的重要基础,为推动社会和经济发展提供了强有力的人才保障,对新中国的建设和发展以及提升中华民族科学文化水平发挥着不可替代的作用。而从国家战略发展需求层面来看,教育部出台的一系列重要文件表明了外语教育在我国高等教育中的重要地位。

(1)《国家中长期教育改革和发展规划纲要(2010—2020 年)》

高等教育应"适应国家经济社会对外开放的要求,培养大批具有国际视野、通晓国际规则、能够参与国际事务和国际竞争的国际化人才"[1]。可以看出,高等教育中的外语教育不仅要培养学生听、说、读、写、译方面的语言基本能力,而且要培养学生利用语言提高本专业学习的能力,以及培养学生对不同社会文化的理解能力,使其具有国际视野,具备跨文化交际的能力。

(2)《教育部关于全面提高高等教育质量的若干意见(2012)》

《意见》要求各高校"根据办学历史、区位优势和资源条件等,确定特色鲜明的办学定位、发展规划、人才培养规格和学科专业设置"。根据这一要求,高等教育中的英语教学也要体现出每个学校的目标定位和专业特色,应该结合各高等院校的区域和专业特色,结合高校培养的人才的层次和规格,为高校打造本校的办学特色和优势专业、培养特色专业人才服务[2]。

(3)《国务院关于印发统筹推进世界一流大学和一流学科建设总体方案的通知(2015)》

《通知》指出"突出人才培养的核心地位,加强创新创业教育,大力推进个性化培养,全面提升学生的综合素质、国际视野、科学精神和创业意识、创造能力"。显然,"双一流"涉及国际化的高校和国际化的学科,培养学生的国际化视野、国际合作的能力,而国际合作则一定涉及外语教学,因此国际型人才培养最基本的要求就是要掌握一门外语,在国际交流中具备一定的跨文化交际能力。

(4)《关于实施一流本科专业建设"双万计划"的通知(2019)》

2019 年 4 月,教育部办公厅发布的《"双万计划"通知》,明确提出要贯彻落实新时代全国高校本科教育工作会议和"六卓越一拔尖"计划 2.0,贯彻落实《教育部关于加快建设高水平本科教育,全面提高人才培养能力的意见》等系列文件要求,做强一流本科、建设一流专业、培养一流人才,全面推进新工科、新医科、新农科、新文科建设,全面振兴本科教育,提高高校人才培养能力,实现高等教育内涵式发展。其中的基础学科拔尖学生培养计划,不仅包括物理、数学等学科,还包括中国语言文学、哲学、心理学、历史学等人文学科。面对新时代的新要求,外语教育也踏上了新征程[3],着重培养国家和社会需要的外语人才,即具有丰富的专业知识、跨文化沟通能力、中国情怀、全球视野,能在"一带一路""文化走出去""人类命运共同体"等建设中发挥重要作用的专门人才。

2. 外语学科发展的核心定位

国家发展战略要求新时代的外语教育要服务于国家,这是对外语学科建设与发展提出新要求,贯彻党的教育理念、教育方针,以培养完善人格、全面人才为落脚点,实现凝聚人心、开发人力、造福人民的工作目标,这是国家发展的大局。外语教育思想就是要开拓国家视野、培养国际意识、增进国际交流、传播中华文化,在世界各国文化交流、文化融合中发挥作用,增强我国软实力。

随着全球一体化进程加快,我国国民经济融入国际经济体系之中的趋势愈发明显,我国倡导的构建"人类命运共同体"等理念,"一带一路"倡议的实施促进中国文化走向世界,也把中国推向世界更大的舞台。而高等教育国际化进程也不断加速,这无疑需要一大批掌握一定专业知识的复合型外语专业人才。"一带一路"倡议的实施则更需要外语学科在理论研究和人才培养方面提供支持,这些人才的培养显然需要外语学科来承担。与以往任何时候相比,外语学科在国家发展战略中所处的地位更加重要,没有外语学科的智力支持,就谈不上经济全球化和高等教育的国际化[4]。

3. 外语学科发展原则

国家战略和经济社会发展对外语人才培养提出了全新定位,外语不仅仅起到单纯的交流作用,而且已经成为重要的研究工具,可以为中国发展提供人类文明成果、理论借鉴和研究支撑,推动中国文化、学术、思想和主张的对外表达,外语学科被赋予了更多的责任。与此同时,人工智能的迅猛发展也对外语教育的传统定位产生了巨大冲击,为应对新形势、新变化、新技术带来的新要求[5]。

(1)中国文化与世界一流相融合原则。在教育国际化和"双一流"建设背景下,教学和科研不仅要树立国家意识,要与国际世界接轨,为国家战略服务,关注"一带一路"倡议、能参与全球治理,满足对非通用语种人才、多语复合型人才的需求,为国家输送多规格、高层次、过水平的外语人才。

(2)提升学科内涵与跨学科发展相融合原则。首先要提升外语学科内涵,用功能语言学等学科理论去研究新工科、新医科、新农科的理论及知识是用什么特定的语言结构和句法来构建和传播的,培养一流外语人才,确切地说,培养懂外语的一流专业人才。随着新一轮科技革命和产业变革扑面而来,大数据、物联网、区块链、图像识别、语音处理、人工智能、虚拟现实迅猛发展,带动跨学科发展是其必然态势,外语学科应尽快做到与新工科、新农科、新医科以及数学、教育学等学科等的交叉融合,培养复合型人才[6]。

4. 外语学科发展的路径

高等外语教育是高等教育的重要组成部分,高等教育中的外语人才培养不仅关系到我国高等教育的质量,而且关系到中国与世界的沟通和文化交流,更关系到中华民族参与全球化建设的伟大复兴。

(1) 公共外语发展路径。公共外语教育兼具工具性和人文性双重使命。公共外语教育工具性意思是，外语学习不仅要掌握语言技能，更重要的是应该为本专业知识服务，外语应用能力的提高是为了能通过外语知识帮助和促进专业知识的掌握，即将外语学习变成专业知识学习的一种有力工具。公共外语人文性的使命意思是：培养的外语人才在国际交流中参与国际事务与国际竞争时所具备的国际视野和通晓国际规则的能力，所以说外语教育是整个人文素质教育重要组成部分。国家新工科建设将加强战略急需的卓越工程科技人才培养，来应对第四次工业革命，促进我国从工程教育大国走向工程教育强国。外语教学要有效承担起培养新工科人才人文情怀的使命，有效弥合传统的理、工、农、医类学科以技术为中心的训练所导致的学生在创新能力和批判思维方面出现的短板[7]。

(2) 专业外语发展路径。外语专业在文化交流领域的地位尤显重要，在国际社会交往中专业外语发挥主力军的作用。外语人才培养不仅要在立足于本学科的发展，还要逐渐向学科交叉转变，改变外语人才的培养规格或知识结构，以适应社会多元需求的变化。学科交叉是科学的发展规律[8]，专业发展要彰显优势特色，寻求学科新的增长点，促进外语学术研究与新兴技术相融合，当前人工智能、虚拟现实技术的迅猛发展，开阔了外语教学研究的视野，带来了研究的新工具和新方法，极大地推动了外语教育的个性化、智能化和泛在化，如社会学和语言学相结合形成了社会语言学交叉学、心理语言学学科则是由心理学和语言学相结合而形成、数理语言学交叉学科由数学和语言学相结合形成。此外，大力发展语言学计算机科学交叉融合、语言学与信息科学交叉融合等，外语学科未来的发展一定不会局限于学科本身，而是不断走向多学科交叉融合，并不断丰富自身学科内涵。

0.2 外语学科与教育及人才素质

在中国不断融入全球化背景下，未来社会将面临更多的国际化和跨文化交流，需要跨文化交际能力、全球意识、国际理解、信息技术素养等与外语有密切联系的素养，而这类素养的培养与外语息息相关[9]，而这种素养的培养要服务于国家发展战略之大局，从扩大教育开放的内涵中把握其外语教育思想。在外语教学中，培养学生对中国文化的英语表达方法，弘扬我国优秀传统文化的意识，克服学生的"中国文化失语症"，在实践教学中要加强跨文化交流训练，使学生能用地道而又准确的语言传播中国文化；还应该使学生能在国际语境下进行交流，能够进行"跨情景的学术对话"，这样才既有国际普适性，又不乏中国品格地传播中华文化，以增强中国的软实力，在世界各国文化的交融中发挥作用[10]。

使用外语沟通是欧盟的框架中八大核心素养之一，"在适当范围的社会文化情境中理解、表达与解释的能力，跨文化理解、交流与协调能力"，即运用语言的互动。可以看出，外语交流的核心素养涵盖语言基础知识、语言运用技能、情感态度表达等方面。语言基础知识包括语言词汇理解、语言表达形式、文化习俗、社会知识等；语言运用技能包括阅读能力、文本理解能力、口语表达能力、会话交流能力；情感态度包括生活态度、人生态度、科学态度、文化包容性、对跨文化交际的求知欲。

我国的外语学科建设定位应具有中国特色、扎根中华文化、瞄准世界一流，为实现民族伟大复兴和经济文化建设提供智力支持和人才保障。基于此，外语学科设置课程应注重核心素质培养，以外语的工具性和外语学科人文性为目标，在课程中学习语言知识、培养语言能力关键技能,形成文化品格。

1. 语言能力

语言能力包括听、说、读、写、译等基本技能,对语言知识的理解,语言知识运用的能力,语言文化意识,跨文化交际等。具体包括:掌握基本的语言知识,运用语言知识建构概念和意义,并能正确表达;对各类文本、书面语、口语题材、体裁的理解能力;能够使用书面语和口语进行精准地表达;通过语言建立良好的交际角色和处理人际关系的能力。

2. 跨文化交际能力

由于世界经济全球化发展,各国在经济、文化、科技领域的交流合作越来越密切,国家、民族、种族之间也呈现出前所未有的交融。不同的文化背景造成人们行为习惯或说话方式大不相同,交际中不可避免地会出现大量的冲突和矛盾[10]。跨文化交流能力和国际理解能力是当代社会必须具备的一项素质,通过理解并掌握外国文化知识,灵活运用交际技能,提升在跨文化交际中处理实际问题的能力。这种能力的培养可以通过语言知识学习,不断增进国际理解、形成跨文化意识,并最终掌握国际交流能力。

3. 文化品格

文化品格不仅是知识的学习,而是一种内化的价值观念,是一个人所具备的稳定的品性和人格。表现为能够正确理解和认同中外文化的差异,对世界优秀文化的欣赏,具有全球视野的知识素质及文化修养。文化品格不仅仅指了解一些文化现象和情感态度与价值观,还包括评价语篇反映的文化传统和社会文化现象,解释语篇反映的文化传统和社会文化现象,比较和归纳语篇反映的文化,形成自己的文化立场与态度、文化认同感和文化鉴别能力[11]。

4. 思维品质

思维品质主要体现在思维的逻辑性、广阔性、深刻性、批判性、独立性等方面。与语言理解能力和表达能力不同,思维品质在外语学习中的主要包括:把外语概念性词语与周围世界联系,培养思维的逻辑性;通过理解外语概念性词语的内涵和外延,培养学生思维的广阔性与深刻性;通过学习外语词语和表达句式学会从不同角度思考和解决问题,培养思维的批判性;通过根据所给信息提炼事物共同特征,借助外语形成新的概念,培养思维的独立性[12];用外语进行理解和表达的过程是立足于外语使用者的眼光、立场和思维方式去识别事物、观察事物、理解含义和推断意图,在使用中培养学生的思维能力。

第1章 语言实验教学的原理

1.1 语言实验教学的理论基础

语言实验教学不是凭空而来的,它有着深刻的理论基础,它属于教育技术学的范畴并有教育技术学的全部属性。从理论上讲,基于教育技术的语言实验教学具有明显的认知科学、语言科学、现代科技等特征,随着人类科学技术、语言学、教育学、认知科学的发展而产生,是时代发展的必然产物。本节将从马克思唯物主义认识论基础、传播学理论基础、教育学理论和语言学理论、实验教学理论、跨文化交际理论等方面进行简要分析。

1.1.1 马克思唯物主义认知论基础

马克思主义哲学作为一种科学的世界观和方法论,坚持唯物论和辩证法的统一、坚持唯物主义自然观和历史观的统一,揭示了自然、社会和思维发展一般规律。因此,马克思主义认知论也是人们学习的重要方法。人们通过教育教学来获得知识、形成能力以及发展个性等认知活动即为教育技术活动,在现代教育教学技术活动中,必须要坚持以马克思主义认识论为理论基础。

1. 教育活动

教育活动是通过一定的教学方法,使人类的知识和文明得以传承,同时帮助个体获取知识并形成优良的认知能力的实践活动。教育活动又是一个特殊的认知过程,与一般的认知活动的区别主要体现在具体教学活动中,学生获取的认知一般都不是经过亲身实践直接获得,而是通过设定的教学活动本身间接获取。例如教师课堂上的讲授、各类书籍的学习、现代多媒体传播(如广播、电视、电影等音频、视频媒体,以及微博、微信等互联网媒体)。作为一种特殊的认知活动,教育活动也应遵循马克思主义认识论的一般规律。

2. 教育技术的认识论基础

现代教育是在教育活动中借助科学技术手段从而提高教育水平。因而对于教育技术的应用过程同样存在认知的过程,并遵循人类认知活动的一般规律,其基本活动也必须遵循以马克思主义认识论为基础的人类认识活动的一般规律。

在当前计算机、网络、多媒体、人工智能等技术不断发展的时代背景下,基于现代教育技术的教育活动向着更加符合马克思认识论规律的方向发展,主要表现在两方面:一方面,在教学中,现代多媒体技术极大地丰富了教师的教学内容,可以通过图像、声音、视频使教学内容更加形象生动、直观立体而丰满,能帮助学生通过丰富的感性材料迅速获得认知,并能快速上升为理性推理。另一方面,通过现代教育技术可提供分布式的教育资源,而不受时间地点和空间的限制。例如,利用现代教育技术可以缩小宏观现象、放大微观现象,还可以将历史环境模拟再现等;网络与多媒体技术可以将事物缓慢变化的发展过程进行快速呈现,或者将快速变化不易观察的变化过程慢慢演示,从而使教学更加形象生动,更有效率。

因此,现代教育技术在教学过程中可有效地提高教学效率和教学质量,为学生快速形成正确的认识提供便利条件,更利于学生学习。因此,现代教育技术的教育活动和学生的认识规律相吻合,更有利于帮助学生获取知识、应用知识,并指导实践。

在外语教学过程中,认识活动一般需要从语言技能上升到语言应用。在实际的教学实践过程中应注意两个方面:第一,注重现代教育技术与传统教学方法进行有机结合并发挥各自的优势;第二,注意将外语教学与当前新技术结合,如外语教学与虚拟仿真技术结合、外语教学与Web 2.0技术结合、外语教学与大数据技术结合等,使外语教学过程始终站在IT技术发展的前沿。

1.1.2 传播学理论基础

传播学是一门研究人类传播行为的科学,包括传播过程、发展规律等,主要研究人类社会信息系统的运行规律。传播学来源于跨学科的研究,而且由于它的社会功能属性,又决定了它必然和其他社会科学有着千丝万缕的联系(如政治学、经济学、心理学、语言学、语义学、人类学、社会学、哲学等),处在多种学科的边缘。特别是近年来,计算机网络技术以及音、视频传播技术的发展日趋成熟,传播学的研究逐步从这些学科中分离出来,成为一套相对独立的学科体系。

1. 教育传播

教育传播是教师按照一定的目的和要求,选定合适的信息内容作为教学内容,通过有效的媒体通道向特定的学生传播知识、技能、思想、观念等,并帮助他们形成优良品质与个性的一种活动。教育传播过程的基本模式如图1-1所示。

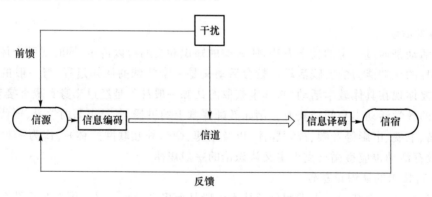

图1-1 教育传播过程的基本模式

图1-1中,将教育传播过程抽象成信源、信道和信宿的基本信息传递过程。

信源:处在教学指导地位的教师、教材及其他多媒体教学软件等知识信息载体。

信息编码:教学信息的组织方式及表现形式。

信道:在教学过程中,知识信息的传播媒介、传播渠道及传播方式。

干扰:在知识信息的传递过程中,由于某些因素对学生获得知识信息产生的不良影响和负面作用。

前馈:在教学过程中,干扰对信宿产生影响之前,系统的控制部分根据干扰发出控制信息以纠正即将发生的偏差。

信息译码:学生对信道传输的信息进行处理的过程和方法。

信宿:处于教学主体地位的学生。

反馈:系统在收到信息后,评估信息质量、信宿的接受度等指标,并根据评估及时调整信源的教学方式、教材程序,以保证有效完成教学目标。

在现代教育技术环境下的实际教学过程中,教师还要根据特定的教学目标和教学内容,结合学生的心理特征以及知识的掌握情况来选择传播媒体。同时,由于选择不同的媒体也意味着选择不同的教学手段、多媒体教学软件系统及教学方法,所以根据教学内容和多媒体的特性来设计教学过程是研究教学过程的各个环节与要素的重要实践基础。

图 1-1 是根据人类信息传播模式抽象出来的符合教育信息传播过程的一种典型的教育传播模式,但是不能完全概括出现代教育技术发展的全部教育信息传播模式。将这一典型的教育传播模式加以发展,进一步概括、整理得到现代教育技术传播模式(如图 1-2 所示)。

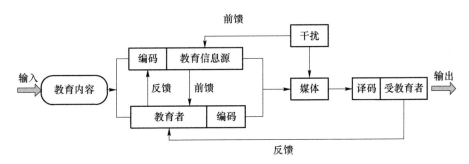

图 1-2 现代教育技术传播模式图

2. 教育信息传递设计

在现代教育技术辅助教学过程中,最重要的是增加教学信息传递效率和提高信息传递质量,影响这两项指标的因素有以下五点。

① 信息源储备的数量和质量:教师拥有的知识和水平。

② 信息的编码方式:教学内容本身呈现形式和表示方法,一般以文字、声音、图表、图像、视频等方式呈现。

③ 信道带宽:教育信息传递过程中是否拥有更广阔的传播渠道、多种多样的传播载体。

④ 干扰因素:信息传播过程中干扰传递的速度和质量的因素。

⑤ 信宿的基本特征:一般包括学生的认知心理特征、学习特征和社会特征。

在信息化条件下,传播学理论为外语教学的技术和方法提供了重要的现代教育技术基本理论支持,有助于提高外语教学的水平和质量。

1.1.3 教育教学理论与语言教学理论

教育教学理论的基础是教育学和教育心理学。教育学是一门揭示教育规律、研究教育现象的科学。早在春秋末期,我国教育家孔子就提出"不愤不启,不悱不发"的启发式教学方法。

无独有偶,古希腊著名哲学家苏格拉底也提出"我不是给人知识,而是使知识自己产生的产婆"等经典的教育心理学思想。这类教育心理学的思想方法对近现代教育教学研究产生了深远影响。

19世纪,随着心理学的不断发展,很多教育需要研究试图用心理学的观点来论证教育过程,从此教育心理学与教育学相互印证并有机结合。直到19世纪末20世纪初期,教育心理学的研究成果被人们广泛认可,并发展为独立学科。

19世纪,德国著名的心理学家约翰·弗里德里希·赫尔巴特在1806年的《普通教育学》一书中用心理学的观点来阐述教育的一些问题,并首次明确提出将心理学作为教育学理论基础。赫尔巴特尝试用心理学的理论来解释教育问题,取得了丰硕的研究成果,极大地推动了教育心理学的发展。1868年,俄国著名的教育家康斯坦丁·德米特里耶维奇·乌申斯基提出"人是教育的对象",分析了人在教育教学中各种心理现象,这在教育心理学发展史上具有里程碑的意义。教育心理学被正式命名是在1887年俄国教育家卡普捷列夫的《教育心理学》一书中,但当时还没有形成完整的学科体系。而标志着教育心理学学科的正式诞生是在1903年,由美国心理学家爱德华·李·桑代克在其所著的《教育心理学》一书中首次创建,并形成了一个完整教育心理学体系,其学科地位得以正式确立。

教育心理学是关于教育学与心理学的综合性研究,它主要包括:教育在认知中的作用、人类学习过程的心理机制、学校组织的社会心理学、教学心理等。教育心理学的重点就是把心理学的理论或研究应用在教育实践上,例如提高教学手段、改进教学设计、改革教学模式、促使学生发挥主观能动性以及关注学生学习偏好、应对困难及挑战等。教育心理学与其他学科有着密切的联系,主要体现在两个方面:首先,教育心理学以心理学为基础,是心理学与教育学相交叉的一门学科;其次,从教育心理学中又可以衍生出研究教育问题的其他不同领域,例如组织学习研究、教学设计研究、课程发展研究、教育技术学研究、特殊教育和课堂管理研究等。

当前,外语电化教学(借助信息技术教学)通过信息化媒体来优化课堂结构和教学环境,以达到外语教学的目的。事实上,语言教学的各种理论方法都与外语电化教学有着内在的联系。影响语言教学及习得的因素庞大而复杂,并具有体系化特征,总结起来主要有两个方面:一方面它包括了不同的语言描述、语言观、语言结构探索方法等;另一方面,它又包括了基于教育信息化技术的教学媒体选择、使用和教学主体等语言教育环境。外语电化教育技术不管从产生到发展都深深地植根于语言教学,并和教学方法理论一起共同影响着教学本身。由于外语电化教育及教育信息化的不断发展和深入影响,使得外语学习行为发生了明显的变化,从而更好地认识了外语学习的本质和规律,同时也更好地揭示了外语学习心理机制。因此,现代教育技术在教学过程中的应用有助于教育资源的优化和教学质量的提高。

现代教学理论最具影响的教育教学思想流派主要有行为主义教学思想、认知学派的教学思想和人本主义教学思想等,代表学者如表1-1所示。

英国牛津大学的著名语言哲学家奥斯汀(J. Austin)教授在1962年的《如何以言行事》中对日常的运用语言行为进行了理论性研究与分析,并提出了言语行为理论。他在书中指出,很多时候,词和语句并不和其所表示的语言功能相对应,而是表现为发散性的,语言可以做各种行为,例如在语法结构上完全相同的两句话在表达含义上却可以有不同的理解,从而产生不同的功能;相反,同样的一种表达意思却可以有两种不同的语法结构。1972年,美国人类学教授、社会语言学家德尔·海姆斯提出关于交际能力(Communicative Competence)学说。同时,德尔·海姆斯教授提出了"语言是有使用规则的,而使用规则更加重要,如果没有使用规则,语法规则也将是没有意义的",该著名论断到如今仍然经常被人引用。与此同时,海姆斯认为交际能力不仅包括乔姆斯基的语言能力或语法知识,而且还包括语言行为范畴的一些概念,如语言是否可行、是否恰当等。

表 1-1 教育教学思想流派汇总表

流派思想	理论	代表学者	年份
行为主义教学思想	关联主义和操作性行为的学习理论	桑代克	1898
	程序教学理论	斯金纳	1954
	信息加工理论	加涅	1985
认知学派的教学思想	心理倾向、结构理论和发现学习理论	布鲁纳	1977
	同化学习理论	奥苏·泊尔	1968
人本主义教学思想	以学习者为中心的教学理论	罗杰斯	1979
	合作教育学	阿莫纳什·维利	1986

语言研究学者盛炎[14]认为把语言看成一个结构系统、一套习惯,于是就产生了听说法;把语言看成一套转换规则,于是就产生了认知法;把语言看成一套错综复杂的社会现象,就成了人类最重要的交际工具,于是就产生了功能法。语言学理论基础贯穿于语言教学各个环节和整个过程之中。

到了 20 世纪,语言教学的研究与实践蓬勃发展,各种理论和方法不断涌现,先后出现了视听教育理论、程序教学理论、建构主义理论、教学开发理论等。接下来简要介绍这几种教育教学理论。

1. 视听教育理论

美国著名的教育技术专家戴尔(Edgar Dale)在其 1946 年所著的《视听教学法》一书中第一次提出视听教学理论,在《视听教学法》中,戴尔研究了一系列应用于教学实践并对教学产生了积极效果的视听手段,经过评估归纳总结,形成一整套视听教学方法,由此创建了"经验之塔"理论,该理论对人类获取知识的各种途径和方法创新的金字塔形式进行了描述。

该理论将人们获得的经验分为三大类,包括做的经验、观察的经验和抽象的经验等,与此同时,他还总结出获得这三类经验的十种方法:电影和电视、观摩示范、设计的经验、演戏的经验、学习旅行、参观展览、视觉符号、广播或录音或照片或幻灯、语言符号和直接有目的经验。通过进一步的研究,戴尔把"经验之塔"理论的概况分为以下五个要点。

① 塔的经验分布。从底部到顶端的分布来看,经验则是从具体到抽象的过程,但也不是说底层的直接经验就一定是上层的基础,人们获得经验也不一定是按照从底层到上层的顺序,而是交替层叠式的渐进过程。从某种意义上讲,划分阶层只是为了度量各种经验的抽象或具体的程度。

② 学习方法。教学从直接经验的底层入手会有更好的效果,抽象的概念和知识应建立在具体感官体验之上,这样的学习才更有效。

③ 教育升华。如果只拘泥于具体的经验而忽视从具体到抽象的升级,则学习是低效的,且不能完成知识的升华。只有具备从具体经验到抽象的、普遍规律的总结,直至发展成概念的思维,才真正获得了能力。

④ 替代经验。一般的视听经验和视听材料处于塔的腰部,称之为替代经验,起到承上启

下的作用,替代的经验比上层的视觉符号和语言更加具体和形象,同时又能突破空间和时间的限制,可以弥补下层各种直接经验方式的不足,且能有效地培养学生的观察能力。

⑤ 形成科学的抽象。我们认为在学校的教与学过程中,各种教育媒体合理、有效的运用起到十分重要的作用,这将增加教学的直观性,有助于直观经验的获得,同时也为抽象概括提供具体、有效的条件,从而形成科学的抽象。

由上述可知,"经验之塔"理论能有效地表达经验抽象程度之间的递进关系。与此同时,它也符合人们认知过程的一般规律,也就是说,人们认识事物的顺序是从具体到抽象、从个别到一般、从感性到理性。

从经验整体分布上来看,我们通常使用的教学媒体,包括录音、视频、图像以及来自互联网的各种资源位于经验之塔的中间,是联结直接经验和抽象经验的桥梁。这类直观经验不仅能为学生学习提供容易记忆的感性材料,而且有助于教师的讲解、概括和总结,使学生更容易理解由具体的画面上升到抽象的概念、定理,从而形成规律。因此,充分合理运用教学媒体是学习的有效手段,视听教育以此为理论基础,也是外语电化教育和现代教育技术的重要理论依据之一。

2. 程序教学理论

程序教学是指一种能让学生以自己的速度和水平学习以特定顺序和知识递进安排的自我教学性材料进行的个别化教学方法。美国著名的教育心理学家伯尔赫斯·弗雷德里克·斯金纳(Burrhus Frederic Skinner)的研究是从动物学习的实验开始的,他设计了一个经典的实验装置,即非常著名的"斯金纳箱",将一只饥饿的老鼠放在箱子中,箱子里设置一个食物箱并用控制杆连接,当老鼠的活动压倒控制杆时就能获得食物,慢慢地,老鼠"发现"了这个规律,并"学会"了取得食物的方法。这之后,在对猫、鸽子的重复实验中获得了同样的结果。因此,斯金纳认为及时有效的反馈和奖励可以训练动物的学习能力,并且是主要促进因素。

据此,斯金纳认为人类的学习也是通过这种操作强化,精确有效地分析强化效果是教学或者训练取得成功的关键。基于此,可以在教学过程中研究设计一个特定的强化系列,并能对这个强化过程进行有效的操纵。斯金纳的程序教学为一种直线式程序(Liner Program),所谓程序就是将教学内容按照教学计划以某种方式顺序呈现给学生,学生根据呈现出来的顺序进行学习。程序教学能充分反映个别化教学的以下五大原则。

① 主观能动原则。该原则认为学生的积极主动性学习才能更好地接受学习材料,让学习更有效。因此,在该原则中特别强调要根据学生的反应不断强化教学内容,让学生保持一种精神高度集中的积极的学习状态。

② 分布递进原则。该原则指把教材分解为许多片段知识,编成一个难度有序、递增的知识序列并分步呈现给学生。分布递进原则认为这些知识片段之间的难度要逐渐递进,并且保持适当的梯度,以降低学习过程的难度,这样可以帮助学生建立起学习的自信。

③ 即时反馈原则。该原则指要让学生在学习行为之后及时获得学习行为结果评价的反馈。该原则认为及时的反馈有利于保持学生学习行为的持续性和学习的信心。

④ 自定步调原则。该原则指允许学生自行决定学习的速度。该原则是相对于传统课堂教学的弊端而言的,该原则认为这样就可以有效避免浪费,让每个时间有足够的时间来思考,这样使得学习比较容易成功。

⑤ 低错误率原则。该原则指在教学过程中采用一切手段尽量降低学生出现错误反应的可能性。

由以上论述可知,在当前信息化时代,借助现代教育技术手段可以更高效地实现程序化教学方法:基于 B/S 架构的 Web 服务软件系统可以提供以知识项目为基础的外语学习服务,例如北京邮电大学语言实验教学中心自主研发的"大学英语实验与评估平台"、上海外语教育出版社研发的"新理念外语网络教学平台"等。

3. 建构主义理论

一方面,建构主义的思想来源于认知加工学说;另一方面,近代著名儿童心理学家让·皮亚杰(Jean Piaget)、苏联著名心理学家维果斯基(Lev Vygotsky)和美国著名教育心理学家杰罗姆·布鲁纳(Jerome Seymour Bruner)等人都对这一理论的形成做出了贡献。

苏联著名心理学家维果斯基(Lev Vygotsky)认为人的高级心理机能是从现实世界的人际交往过程中逐渐发展起来的,这种随意的心理过程只有借助某种物质工具和精神工具才能得以实现,受人类文化历史的制约,如利用刀斧、计算机等各类工具,或者各类符号、语言等获得高级心理认知。

著名儿童心理学家让·皮亚杰(Jean Piaget)提出的认知发展的阶段性理论认为儿童首先是凭直觉形成原始概念,然后在原始概念的基础上通过思维加工而逐渐构建出新的概念。儿童的认知过程是在不断"认知-加工-新认识"的过程中形成的,成为儿童认知结构形成的主要方法。

美国著名教育心理学家杰罗姆·布鲁纳(Jerome Seymour Bruner)指出,教育的重要目的是为学生提供一个现实世界的模式,学生可以借助这种模式解决生活中的一些问题。他指出学习任何一门学科,都是由一系列的片段有机组成,而每一个片段或是某一个具体事件都具有获得、转换和评价这三个基本过程。从这一角度来说,布鲁纳认为学生是积极的信息加工者,而不是被动的知识接受者。

建构主义认为,学生的知识是在一定情境下,依靠他人的帮助,通过意义的建构而获得的。比如人与人之间的交流、协作以及利用必要的信息等。以建构主义学习环境和建构主义学习理论为基础的教学模式一般可以被定义为:"整个教学过程中是以学生为中心的,教师仅仅起到帮助者、组织者、促进者和指导者的作用",教师在教学中的促进作用体现在其利用各种手段来创设有利于发生协作的对话情境和利于认知的学习环境,最大限度地帮助学生积极主动地投入学习之中,进行能动性和创新性的学习,这样才能最终达到使学生实现对知识的意义建构的目的。

建构主义的教学模式强调学生是学习的主体,通过主动的意义建构获得知识;教师在教学过程中起到启发、引导、指导的作用,帮助学生进行意义建构;媒体是手段和工具,用来创设情境、促进交流会话,帮助教师和学生进行有效的学习;教材则是学生建构知识的对象。

(1) 支架式教学(Scaffolding Instruction)

根据欧共体"远距离教育与训练项目"(DGXⅢ)的有关文件,支架式教学的定义为:"支架式教学应当为学习者建构对知识的理解提供一种概念框架(Conceptual Framework)。这种概念框架是为发展学习者对问题的进一步理解所需要的,为此,事先要把复杂的学习任务加以分解,以便于把学习者的理解逐步引向深入"。根据定义,支架式教学方式可以做如下类比:假如将儿童看作是一座建筑,而教师的"教"则可以形象地比喻成一个必要的脚手架,儿童在脚手架上不停地攀爬,不断地构建自己。则儿童自身的"学"是不断地、积极地建构自身的过程,教师的支架和儿童的学习共同促使其不断提出建造"新自我"的能力。

支架式教学以苏联著名心理学家维果斯基的"最近发展区"[15]理论为依据,支架教学中的

"支架"需要根据学生的"最近发展区"来建立。在课程模式中,教师的支架作用使学生的智力水平不断提高。

① 搭脚手架。在这一环节中,教学围绕某个特定的主题,教师可以根据"最近发展区"的要求建立概念框架。

② 进入情境。在这一环节中,教师可以设计一定的问题情境,将学生引入该情境。

③ 独立探索。在这一环节中,教师要引导学生进行独立探索。主要包括如下的探索内容:首先将知识概念的相关属性进行分类,并根据重要程度进行排序;然后教师通过启发引导来指导学生进行独立自主的分析,让学生在不停地探索中逐渐形成概念框架,并加深理解。

④ 协作学习。这一环节以小组讨论和协商的方式进行。

⑤ 效果评价。在这一环节中,教师和学生要对学习的效果进行评价,评价方式有自我评价、相互评价和教师评价;评价内容包括学习效果,即学习内容的掌握程度、自主完成意义建构的能力、团队协作中能力,即在小组中的贡献率。

(2)抛锚式教学(Anchored Instruction)

根据建构主义理论,学生掌握了反映事物的本质、规律以及与其他事物的内在联系,也就完成了对这部分知识的意义建构。因此,在教学过程中不能只听教师关于这类经验的讲解和介绍,而要让学生到实际环境中去理解和体会,从而来直接获取经验和知识。基于此,抛锚式教学一般都建立在有感染力的真实事件或真实问题基础之上,问题或事件决定了教学内容和教学进度。因此,这类真实事件或问题也被形象地比喻为"抛锚",这种基于问题的实例教学因具有抛锚的特性,也被称之为问题性教学、情境性教学。

① 创设情境。该环节主要是为学生提供一个和现实世界的场景或语境大致相同的情景而将学生带入其中。

② 确定问题。根据所设计的问题情境,将当前情境中与学习目标和主题密切相关的真实事件或者问题作为学习内容。

③ 自主学习。这一环节主要是激发学生的自主学习能力,教师通过提供问题的某些线索启发和引导学生直接面对问题,并独立探究、寻找解决问题的方法。

④ 协作学习。通过学习小组的讨论和交流,加深对问题的理解,并发挥各自的特长,以合作的形式解决共同面对的问题,从而获得对知识的深刻理解。

⑤ 效果评价。这一环节注重观察和记录学生的学习过程,在解决问题的过程中,学生的表现可以直接反映出学习效果,能独立解决问题就是评价学生是否掌握知识的最好的方式,因此记录过程表现即能反映出学习效果。

(3)随机进入教学(Random Access Instruction)

为了让学生理解同一事物或同一知识的多维属性,在教学过程中,要在不同的情境、不同的时间为不同的教学目的用不同的方式呈现,使得学生可以通过不同途径、不同方式进入同样教学内容的学习,从而获得对同一事物或同一知识的多方面的认识与理解。学生多次从不同的维度学习同一学习内容就能全面深入地理解和掌握这部分知识。

① 呈现基本情境。该环节是指为学生提供一个和现实世界的场景或语境大致相同的情景。

② 随机进入学习。该环节是对相同的学习内容设置多个维度的呈现方式,引导学生通过不同的途径随机进入学习内容,并在这一过程中着重培养学生从不同维度对同一学习内容观察和探索的能力。

③ 思维发展训练。由于随机进入学习的内容是多维且复杂的,学生需要在复杂的知识关联中寻求对同一学习内容的理解,这就要求教师应特别注意发展学生的思维能力。

④ 小组协作学习。该环节主要是通过小组讨论的形式从不同侧面加深对学习内容的理解。

⑤ 学习效果评价。该环节要求教师和学生都要对学习的效果进行评价,评价方式包括自评、互评和师评;评价内容包括学习内容的掌握程度、自主完成意义建构的能力、团队协作的能力等。

现代教育技术的不断发展给外语教学带来了有利的发展机遇。基于学生认知规律的外语多媒体教学软件能够根据学生自身特点和需要有效地组织教学信息,使得整个教学是以学生为中心,尊重学生的知识需要,强化培养学生独立自主学习能力和创造性学习能力。

纵观语言学和现代语言学的发展轨迹,现代语言学是语言信息系统的学科,是具有很强的开放性、交叉性和立体性的大学科。在信息技术快速发展的今天,外语电化教学理论的研究和实践离不开现代语言学理论基础,他们之间有着本质的联系,相互融合,相得益彰。可以说,有了计算机网络、多媒体传输等信息化技术,我们就有了研究语言学理论的利器。一方面,如果离开了现代信息化技术的支持,教育资源共享、构建开发的信息化教学体系以及现代语言学研究等就无从谈起;另一方面,如果没有教育学家、语言学家对语言学基本理论的研究,当前的现代外语网络化教学实践也无法进行。人们对语言本质和特征的认识直接影响着语言教学方法的形成,或者说外语教学法的形成最根本的就是来源于语言学,因此语言学是外语教学法最基本的理论基础。现代外语网络化教学与外语教学法的关系还是,外语教学法为外语网络化教学提供一般的基础和方法论,同时外语网络化教学为外语教学的方法体现提供了更加丰富的内涵,促进了语言学一般教学方法的发展。

1.1.4 实验教学理论基础

实验教学法一般出现在物理、化学、生物、地理和自然常识等一些基础学科的教学中,根据科目和实验性质不同,对实验环境要求也不同。例如:生物或农业的实验一般选择在实验园地进行;有些实验在专门的基础实验室进行;对于一些易于实现的现象观察实验,则在教室里就可以完成。值得一提的是,目前很多基础实验可借助信息技术在计算机模拟仿真下进行,这既节约了实验成本,也提高了教学效率。现代自然科学的发展催生了实验教学法,而现代科学技术的发展使教学手段不断升级。实验教学法使学生在实践中独立探索,这不仅能有效激发学生对知识的渴望和科学研究的兴趣,而且能在理论知识的指导下获得实践体验,实现从理论到实践再到提升理论的过程,从而获取全面的知识。

实验教学法不是凭空产生的,它有着深刻的理论基础,实验教学的学习观的理论基础主要体现在以下几个方面。

1. 实验教学符合情感教育理论

实验探索的情感体验主要是指学生学习特定知识的兴趣、态度、动机、意志力和自信。这种学习情感可以通过实验过程中直接感受到的学习成就而获得,这种学习成就是一种发自内心的体验和感受,可以使学生深切体会到知识的魅力,从而感受到获得知识后的喜悦,并且在与同伴交流合作中也能获得情感上的共鸣而增进彼此之间的情感,亦有助于激发学生学习知识的热情。

2. 实验教学符合杜威的"从做中学"的教学理论

实验教学改变了传统的由教师讲,学生听、做笔记和课后练的以教师为中心的教学模式,学生由被动学习变为主动学习。在实验教学中,学生占据教学的中心,教师只是指导者,由学生自主设计和操作,这一方面能锻炼学生动手能力和思维能力,另一方面也使得师生间的关系更加和谐、平等。

3. 实验教学符合建构主义理论

每一个学生都有自己的不同态度、性格、信念、经验、情感和知识基础,学生可以通过自主实验,建构自己对知识和信息的理解,以及培养自己探究问题的能力。同时,自主实验过程本身也是实验教学的重要组成部分,因为在这个过程中,学生和学生、教师和学生之间的合作、交流和对话等能使学生对知识有着更深刻的理解。建构主义理论认为[16],知识不是来自教师的传授,而是学习者依据自身的认知水平,借助外部环境因素和工具,通过意义建构的方式得到。建构主义学习理论的四大要素分别为协作、情境、意义建构、交流。从主要体现在学生的自主、合作、探究学习的学习观上来看,建构主义理论为实验教学奠定了深刻的理论基础。

以下通过建构主义理论对实验教学进行简要分析:建构主义理论认为学习者应该以自己的方式建构对事物的理解,并且认为在教学过程中将各种观念、概念甚至整个知识体系仅仅通过字词就由教师传授给学生的这种传统教学的看法和做法是不正确的。因为每个学习者在日常生活和学习过程中都已经积累了相当多的经验,所以在教学中就不能无视学生的这些经验,而是要把学生现有的知识经验作为新知识的增长点,引导学生从原有的知识经验中"生长"出新的知识经验[17]。

实验教学注重学生主动解决问题的意识,注重学生把问题置于情境之中,引导学生提出问题、解决问题。学生个体对同一事物有不同的理解和认知差异,这种差异可以通过交流、讨论与合作被共同体中的每一个成员所体会[18]。建构主义理论重视教学中教师与学生,以及学生与学生之间的互动与交流。这自然就为实验探究中的小组合作学习奠定了理论基础。

1.1.5 跨文化交际理论

从交际的角度看,外语教学和实践是一种跨文化学习和交际活动,作为文化的重要载体,语言学习是文化学习的有效途径[19]。一方面,它扩大了外语教师的教学范围,丰富了外语教学的内容,提高了外语教学的效果,在促进国际文化交流、政治交流等方面也起到了积极的作用;另一方面,由于跨文化交际理论揭示了语言、文化和交际的关系,语言教学离不开文化因素,而外语交际本身就是跨文化交际,因此外语教学在跨文化交际能力培养方面具有巨大的潜力[20]。

当代科学技术的发展促进全球化的进程,世界各民族文化交流日益密切,跨文化交际应运而生。全球化发展使得越来越多的人产生了想在这种文化交织且多变的世界成为善于跨文化交往的个人意识,形形色色的文化交融,各种各样文化群体间的交往所形成的集体意识等这些也成为跨文化交际的主要驱动力[21],例如我国之所以在经济科技领域的迅猛发展,正是得益于中国人民不断吸收和借鉴外国的成功经验,学习外国的先进科技,吸收人类文明的文化营养的基础上取得的一系列成果。另外,中国具有五千年的文明,其深厚的社会文化底蕴所带来的思维方式也不断深入,从而影响着世界,这种中国自身的"软实力"及影响力正是通过跨文化交际学在中华民族伟大复兴进程中发挥着重要作用。随着信息技术的发展,信息化对跨文化交际研究产生了深刻的影响,主要表现在以下三个方面。

第一,信息化技术使得跨文化交际出现多样化。交际多样化主要表现为交际媒体多样化、交际形式多样化。由于当前计算机网络、移动通信网络快速发展以及终端载体朝着小型化、便捷化、移动化发展,社交产品也在不断丰富,例如基于智能移动终端的微信、QQ以及各类电邮客户端等产品。另外,还有传统的电话、广播和电视等交际多媒体工具。

第二,跨文化交际因信息化技术的发展而变得更加便捷,信息化技术快速发展也使跨文化交际中存在的障碍不断被弱化。交际者可以便捷地在互联网上获取信息,随着自媒体兴起与发展,任何一名交际者都可以随时随地地发布信息、表达观点,这对掌握舆论主导权和控制权的传统大众媒体造成巨大冲击,所谓的跨文化"信息过滤"已越来越显得"力不从心"。

随着当前智能语音识别和处理技术的出现与发展,交际参与者可以很轻松地获取跨文化交际所需要的信息。但是,在信息化高速发展的今天,我们也应当反思多媒体技术带来的负面影响,并采取有效措施应对。通过跨文化交际视角看待互联网则会发现,互联网一方面是语言与文化学习的共享资源,另一方面也是跨文化交际的有效网络媒介。所以,我们应对充分利用互联网构建跨文化交际网络来进行外语教学,以适应21世纪对跨文化交际的要求。

第三,信息化技术影响着人们跨文化交际的观念。由于当前媒体交互性良好,并且人们可以不限时间、不限地域的进行跨文化交际,因此网上跨文化交际更讲究其实用性和即时性。在这种情况下,外语学习者的跨文化交际观念也必将受到冲击并影响整个学习的过程。

1.2 外语教学方法及其流派

外语教学作为学习教育的重要组成部分,不仅具有一般学科的共同属性,受到众多因素的影响(如教育学、心理学以及教育领域相关教学论的影响),而且因其属于一门独立的语言学科,又必然受到外语教学法的影响。但是,外语教学又有其相对独立性,它并不完全依附语言学,例如采用直接法[22]的外语教学。因此,我们不能狭隘地认为任何一种外语教学法都有其语言学的某流派的理论与之对应。

从外语教学法的发展历史来看,任何新教学法随着历史的发展而发展,新的教学法并不是简单地替代旧的教学法,而是在特定的历史条件下和环境中,随着科学技术的产生而逐步形成的,并体现出特色鲜明的时代特征和技术烙印,应该说具有各自的特点和长处。当今的外语教学改革思想是综合利用当代的科学知识和技术方法改变教学模式和手段,并以众多的教学法和教育理论为支撑,结合实际的教学目标来有效安排教学。一方面,通过成熟的教学理论为依据和指导;另一方面,也要适当的选择和利用现代教育技术,使其顺应时代对外语教学的要求,为社会服务。

随着当今社会经济一体化进程不断加快,外语学习也成了国际关系发展的必然产物,外语教学方法则在外语学习中起了重要的作用。而语言实验室教学可以看成是在信息化教学条件下的一种教学实践活动,是当前网络技术、计算机技术发展到一定阶段的外语教学的一种表现形式。

1.2.1 传统外语教学法

欧洲教育家马科斯·昆体良(Marcus Fabens Quintilian,A.D.35—95)被认为是最早开始研究英语教学方法的教育学者。他将教学分成四个不同的部分,即朗读伊索寓言、写下该故事、口头讲述某段故事和写一篇短文,这种教学方法被后人沿用了很长一段时间。直到 19 世纪历史比较语言学研究的兴起,外语教学法理论才逐渐形成。19 世纪末 20 世纪初,随着工业化技术的发展,外语的直接教学法被逐步推广。本小节将分别对语法翻译法、直接法和听说法进行具体分析。

1. 语法翻译法

语法翻译法(The Grammar-Translation Method)是一种采用语法讲解和翻译练习的教学方法,在 15~17 世纪的欧洲被广泛应用。19 世纪盛行的历史比较语言学认为要通过翻译的手段和比较母语与外语语音、词汇和语法的异同达到掌握外语和欣赏外国文学作品的目的[23]。语法翻译法常常被认为是外语教学的理论基础,在很长一段时间内被广泛使用。下面将从语法翻译法的教学方法和特点、常用课堂授课过程安排、语法翻译法的优点和弊端三方面对其进行详细分析。

(1) 语法翻译法的教学方法和特点

语法翻译教学法把重点放在教师校正语音、讲解词汇、分析句子、解释语法等方面。在词汇教学上,多采用同义词与反义词对比和例句示范法;在讲解与分析语法上,则基本采用演绎法,即教师给出规则和结论,要求学生记忆和用规则解释课文[24]。语法翻译法是以教师为中心的教学方法,由教师详细传授语言知识,学生全程听讲并接受讲解内容,学生围绕外语范文进行阅读并尝试模仿范文进行写作,实现掌握翻译的教学目的。一般而言,语法翻译法的教学方法具有如下特点。

① 在教学顺序安排上采用"先语法"后课文的方法。教学材料的整体编排是由外语片段文学作品及附有用母语注释的词汇表和语法规则构成,在教学时则先讲授词汇、语法,然后讲授课文。

② 讲授外语的基础是传统语法的讲授。在教学过程中,将语法当作外语教学的核心和主要内容。

③ 教学的基本手段为逐句翻译。在教学过程中,常常是逐词逐句地将母语译成外语或者外语译成母语,以此强化外语知识。翻译方法常被作为最基础的教学手段用在课文讲解、课堂练习和阅读技能的培养之中。

④ 在课堂管理上,教师有较强的权威性,导致了外语教学过程是"教师向学生灌输知识的单向行为过程",教学中的互动较少,学生较少提问,学生之间的交流也很少。

⑤ 文学语言优于口语,即将读写能力视为重中之重,而轻视了听说能力的培养。

⑥ 在课堂上忽视了外语应用,大部分情况下清空是使用母语,仅仅通过翻译来检查教学质量。

(2) 常用课堂授课过程安排(共约 50 分钟)

① 复习(用时约 10 分钟)。在这个过程中,教师以学生默写或听写单词、个别或集体背诵上一课课文的某一段或几段的方式。

② 教授新词(用时约 10 分钟)。首先,教师将课本上新词汇的拼写、音标、汉语意义展示出来,带领学生朗读,随后教师给出词汇的汉语意义,学生读出英语,或者教师读出词汇,学生说出对应的汉语;然后教师按单词表逐字讲解。

③ 讲授语法(用时约 10 分钟)。例如,在讲解动词时态时,教师讲解动词现代进行时的意义及其变化规则后,通过学生做练习将动词原形转换成现在分词、过去分词、现在进行时、过去进行时等,以掌握动词时态的语法知识。

④ 讲解课文(用时约 10 分钟)。在这个过程中,学生在老师的带领下逐句朗读课文,并将文章逐句翻译成汉语,然后分析其语法结构。

⑤ 巩固课文(用时约 8 分钟)。教师根据课文设计提问环节,学生在掌握课文的基础上回答老师的提问。

⑥ 布置作业(用时约 2 分钟)。学生按照要求完成课后拼写单词、语法填空、背诵课文等练习。

(3) 语法翻译法的优点和弊端[25]

① 学生对词汇和句子的理解较为透彻,能获得清晰的语法概念,翻译能力得到较好的培养。

② 语法翻译法配合其他阅读与写作教学法,能有效地帮助学生提高阅读与写作能力。

③ 教师是课堂的主宰者,学生只能通过教师的权威讲解获取语言知识,处于被动学习的地位,难以发挥学生的主观能动性;加深了学习困难的学生对外语学习的畏难情绪,从而失去外语学习兴趣,不利于培养学生的学习兴趣。

④ 语法翻译法主要是对课文的翻译、讲解,从而丧失了学生主动运用语言交流的机会,口语能力得不到培养,不利于学生外语水平的全面发展。

2. 直接法

直接法(The Direct Method)兴起于 19 世纪末和 20 世纪初,随着欧洲及北美洲区域经济和工业化水平不断提高,世界范围内的交流不断加强,各国对外语人才需求的数量和水平也都明显提高。利用语法翻译法培养出来的学生已经无法满足当时社会对外语人才的要求。基于此,在语言学研究领域掀起了外语教学改革运动,首先由英国语言学家亨利•斯威特(Henry Sweet)等改革派强调应该在教学中要重视口语和语言训练的重要性,这在当时具有很大的进步性,因为这与之前的语法翻译法所提倡的词汇、语法、翻译格格不入,其为直接法教学提供了重要基础,推动了外语教学的改革。法国人古因(Guinn)最早提出直接法,是指将外语直接与客观世界的实物、行动和语言活动相对应的教学方法,由他的弟子索斯传入美国,美国教育家伯里兹(Berlitz)在教学中得以发扬光大。

下面将从直接法的教学方法和特点、常用课堂授课过程安排、直接法的长处和弊端三个方面进行详细分析。

(1) 直接法的教学方法和特点

直接法的教学直接颠覆了语法翻译法模式,其目的就是培养学生的外语能力,使学生所学目标语言尽量达到或接近其母语水平。在外语教学中摒除母语强行翻译,直接将外语与客观世界的实物、行动和语言活动相结合,就像儿童开始学习其第一语言一样,接近的大多都是非文学作品书面语的生活口语[26]。外语的直接法教学具有以下三个方面的特点。

① 在教学过程中注重培养学生听说能力,不详细地解析语法形式和翻译。

② 一般要求外语教师的母语为所教授的目的语,这样能为学生营造一个目的语的听说环境。

③ 教学基本上抛弃翻译练习,让学生在接触了大量的语言现象后去归纳其内在的语法规律。

(2) 常用课堂授课过程安排(共约 50 分钟)

① 讲授新词(用时约 10 分钟):教师进入课堂后,首先用英语问候学生并与其互动展开教学;然后进入讲授词汇阶段,利用课前设计好的教室内或其相关实物带出要学习的新词汇;接

下来用课前准备好的词汇相关图片,着重对新的词汇进行讲解;最后,教师在与学生互动对话中使用新词,使学生能切实体会到词汇的含义。

② 语法练习(用时约 15 分钟):教师按照事先设计好的情景与学生进行对话,并将要讲授的语法规则融入对话情景中。例如在动词时态练习中,教师通过师生的一段对话,使学生体会到动词不同时态的变化,接着教师去总结规则与不规则的动词现在不同时态下的形态变化规律和意义。

③ 示范练习(用时约 5 分钟)。首先,由教师讲解并加以示范;然后,学生进行分组活动,在分组训练中让学生模仿真实语境,例如一名学生做动作,另一名学生用英语表达。

④ 教授新课文(用时约 15 分钟)。教师根据课文内容准备一幅图画,通过讲解图画让学生理解课文内容,并设计互动环节,对学生进行提问,以此来检验学生对课文的掌握程度。

⑤ 分组问答(用时约 5 分钟)。通过小组相互设置问答活动,进一步加深对课文的理解。

(3) 直接法的优点与弊端

① 学生在课堂学习过程中,通过大量接触和运用口语化的目的语,有利于增强学生的语感,提高其外语听说能力和实践能力。

② 学生积极参与课堂教学,学习主动性比较强,这有利于激发学生学习外语的兴趣。

③ 在课堂上运用直接法教学方法大大增加了课堂的互动和分组练习,包括教师与学生的互动以及学生与学生的互动,该过程有利于加深学生对知识的理解,增强学生相互协作的能力。

④ 由于直接法在教学过程中过于注重口语练习,在面对复杂和抽象的语言的同时会显得力不从心,因此对外语学习的初学者比较适用,而面对大学生或实则难以奏效。此外,性格内向的学生更习惯于听老师的讲解,而不乐于投入口语的实际练习当中。

⑤ 由于基本摒弃了翻译和母语进行的语法分析,会在复杂概念讲授上遇到困难,过多的外语迂回解释更是增加了理解的难度,往往事倍功半。

3. 听说法

听说法[27](The Audio-Lingual Approach)是一种训练口语的外语教学法,强调反复操练句型结构从而提高迅速口语能力。听说法产生于 20 世纪 40 年代的第二次世界大战期间,美国军队因将远赴世界其他地区作战而急需大批掌握外语口语的士兵,因此密歇根大学的查尔斯·弗里斯(Charles Fries)教授采取一系列的措施和手段来强化训练士兵的听说能力。在这种背景下,听说法应运而生。随着战争的结束,这种外语教学方法也逐步被学校外语教学认可,到了 20 世纪 50~60 年代,听说法被推广到整个美国甚至是西方的其他各国。

听说法有着深刻的语言学理论基础和学习理论基础的支撑,主要有包含以下两个方面。

① 听说法的语言学理论基础为美国结构主义语言学,其认为第二语言教学首先要从口语开始,其次是阅读或书写,将说放在外语学习的首要位置,并通过掌握语言结构来达到学会目的语言的目的。结构语言学家认为,人类的语言应该严格按照科学原则来描述其在结构上的特征,这是语言学的首要任务。

② 学习理论的基础是行为主义心理学理论,行为心理主义者认为人类是一个有着广泛行为技能的有机体,其行为的出现主要是依靠学习中的三个主要元素,即引起行为发生的刺激、由刺激引起的一种反应、判断表现出反应是否恰当的强化。行为理论认为言语行为是从刺激到反应,形成一定的关联并在不断强化中逐步成为一种习惯,因此在语言学习上大量的收听、收看并加以模仿、反复操练就可以形成语言习惯。

下面将从听说法的教学方法和特点、常用课堂授课过程安排、听说法的长处和弊端三个方面进行详细分析。

(1) 听说法的教学方法和特点

结构主义语言学认为语言能力可分解为听、说、读、写四方面的技能,并认为口语为第一性,书面语为第二性。另外,在教学过程中,这一教学方法都是将口语作为第一性的存在,因此该方法听说能力的培养优先于使用书面语的读写能力的培养。外语的听说法的教学方法具有以下六个方面的特点。

① 在教学过程中,除了教师尽量用外语授课外,还提倡大量使用信息化的多媒体技术手段来强化学生的反应,用以巩固所学内容。

② 听说法以句型作为教学的基础,这样教学过程也在围绕着 外语句型展开,听说法的教材常常以语法规则和句型结构为主,教学中要求学生按照句型结构在课堂上做大量的、快速反应的句型操练,课后以同样的操练形式加以巩固。

③ 注重语言项目的对比分析。学生在外语学习中常常受到第一语言干扰而产生错误,在教学过程中,通过对语言项目做详细分析,对比练习中正确与错误的语言知识,尽量排除母语的干扰。

④ 在教学过程中,教师通常采用直接法,尽量避免或限制母语进行对照式的逐一翻译,借助语言情景采用直观手段直接用外语理解和表达。

⑤ 在教学中,大量的记忆和模仿以及反复进行操练是最常用的方法,这种反复的强化逐渐促使对学习内容形成条件反射式的习惯。

⑥ 在教学过程中,优先训练听说能力,将口语放在教学的第一位,读写在听说的基础上通过训练得到。

听说法授课方式的发展大致经历了两个过程。早期的听说法注重机械操练,词汇授课中为了让学生掌握单词的正确发音,常常采用对比法来比较音素不同的两个单词并反复练习;在语言结构的授课中,常采用句型反复操练的方式。这种方法过分强调机械地反复操练,虽然在一定程度上提高了学生外语听说能力,但是这种方法由于过于机械而缺乏锻炼学生的创新能力而广受诟病。因此,人们逐渐摒弃机械式的操练而开始尝试有意义的、真实的交接练习,其中有学者提出了分步骤逐渐递进方式的听说教学方法,即首先采用机械操练,然后发展为在有意义的生活情境中进行有意义的练习,这种"机械操练(Mechanical Drills)+有意义的练习(Meaningful Exercises)+交际性活动(Communicative Activities)"的教学方式也被称为 MMC 教学法[28]。这样,一方面使教学向实用的、有意义的交际方向回归,增强学生的外语学习兴趣,另一方面也促进了学生外语技能的提高。

(2) 常用课堂授课过程安排(共约 50 分钟)

一般教学方式

① 讲授新词与课文对话结合(用时约 10 分钟)。教师进入课堂后将根据课文设计好的对话情景展示给学生,教师用英语介绍情况,并用英语展开一段对话,将新词用简单的图画说明。教师边表演对话边解释语言难点,然后让学生听两遍事先准备好的对话录音。

② 熟悉课文(用时约 15 分钟)。在这一部分,教师先挑选一个学生与其一起重复录音上的对话,然后将全班分成两人一组重复练习该对话,练习完毕后请几对学生上台对话。

③ 句型操练(用时约 20 分钟)。这部分教师首先简单讲解将要学习的语法结构及规则,若遇到复杂的语法结构,为了保证课堂的流畅性,教师可以用学生的第一语言进行讲解。接下

来,教师根据语法规则给出相应句型,让学生针对这些问题进行反复练习,以达到掌握相应语法结构的目的。

④ 让学生听一遍录音并要求学生背诵课文对话、默写新词汇(最后5分钟)。

MMC 教学法

① 讲授新词与课文对话结合(用时约10分钟)。本过程和一般教学方式一样,教师进入课堂后将设计好的对话情景展示给学生,并用英语介绍情况,将新的单词配合简单的图画进行讲解。在解释语言中还可以适当增加动画或者表演形式以增加学生的理解,之后引导学生收听音频材料加以巩固。

② 熟悉课文(用时约10分钟)。这一部分与前一方式该部分相比过程一致,仅在学生对话上适当减少5分钟左右,即教师先挑选一名学生与其重复录音上的对话,然后将全班分成两人一组重复练习该对话,练习完毕后请几对学生上讲台对话。

③ 句型的机械操练(用时约10分钟)。教师首先简单讲解要学习的语法结构及规则,若遇到复杂的语法结构,为了保证课堂的流畅性,教师可以用学生的第一语言进行讲解。在接下来的有针对性的句型操练中,过程和前一种方式一样,不过要缩短这样的机械操练,将总时间保持在10分钟左右。

④ 有意义的句型操练(用时约10分钟)。在这部分操练中主要注重教师在情境上的设计,避免前一方式的机械式的操练。针对某种情境,将学习的语法结构等知识、技能整合进来,然后进行有意义的句型操练。

⑤ 基于交际活动的句型操练(用时约10分钟)。教师根据新学的语法要求设计交际活动,在交际活动中将语法规则的句型体现出来,让学生在交际活动中达到提高外语水平的目的。最后,要求学生背诵课文对话、默写新词汇。

(3) 听说法的优点与弊端

① 由于听说法比较注重学生听说能力的培养,因此培养出来的学生口语能力强,在与人交流时表现得更加主动、自信,且其语言流利,具有良好的语感,语言的运用也比较规范。因此,在交际能力的培养上具有优势。

② 听说法提倡的句型操练在外语初级教育中使用会比较有效。

③ 在教学过程中强调句型的训练,有一套通过句型操练进行听说读写的基本训练方法,这些方法和思想又可以被外语电化教学大量使用。

④ 大量的机械模仿和重复限制了学生学习的主观能动性,缺乏创造性思维。

⑤ 在教学中,充分锻炼了学生的听说能力,但其读写能力得不到充分培养。

传统的外语教学法是从长期的外语教学实践中发展而来的,同时也总结了不少的教学经验,体现出人们对外语教学规律的认识沿着科学的方向不断发展,也体现了外语教学的时代发展状态。但就其理论而言,这些传统的教学方法由于某些限制,对语言本质规律的揭示还不够深刻。

1.2.2 外语教学法的新发展

从上一小节的分析可以知,以语法翻译法、直接法和听说法为代表的传统外语教学法虽然在具体方法上有较大差异,但是它们都具有从语言内部结构的单一方面来研究语言和开发语言教学的共同特点,这并不能从更高层次全面地认识语言的本质,因此这类教学法在具体实施上具有一定的局限性。

20世纪50年代末至60年代初,语言学的结构主义理论逐渐失去了主导地位,并逐步被语言学领域的生成转换语法理论取代。另外,在同一时期,认知学派的心理学也取代了行为主义在心理学的主导地位。这也为新的教学方法(即认知法)提供了一定的理论基础。认知法是生成转换语法理论的语言学和认知学派心理学相结合产生的一门新的交叉学科——心理语言学,这在当时属于外语教学领域的新学派。在随后的20世纪60年代末至70年代初,美国社会语言学家海姆斯(Dell Hymes)首次提出了"交际能力"的概念[29],这在当时外语教学界产生了很大的影响,随后促使了交际教学法学派迅速崛起。

20世纪中期,认知法和交际法的产生极大地影响了外语教学的方向,主要表现在以下两个方面。

① 转换了教师和学生在教学过程中的地位,将学生作为教学的中心,变被动为主动。传统教学方法都是强调学生跟着教师被动地接受知识、技能,而认知法强调要以学生的认知水平为基础,围绕"培养学生的交际能力"来开展教学,教学方法强调要以学生为中心。

② 在培养学生创造性的思维方面,认知法有优势;在培养社会交际能力方面,交际法则更加擅长。从本质上看,这分别是从语言与思维、语言与社会两方面的关系上体现了语言的心理属性和社会属性,这类新的教学方法从语言的本质出发把握外语教学的方向[30]。

总体来说,认知法和交际法培养了学生的创造性思维和语言交际能力。这样的外语教学方式适应近代社会对外语人才培养的要求。随着社会现代化以及经济全球化不断发展,外语教育越来越受到重视,同时社会对外语人才水平要求进一步提高也驱动着外语教学法的创新和改革。20世纪80年代开始,外语教学蓬勃发展,受认知法和交际法的影响,外语教学改革思路和手段不断拓展和深入,视角多维化、方法多样化,但主要是以心理语言学和社会语言学作为理论基础。

接下来将对认知法、交际法和其他教学方法分别进行详细分析。

1. 认知法(The Cognitive Approach)

语言学的乔姆斯基的转换生成理论通过"语言习得机制"假说来说明语言学习过程,并将语言能力和语言行为区分开来[31]。心理语言学和生成转换语法理论在研究内容和研究方法上相互交叉、相互影响,两个学科之间的界限已经越来越模糊[32]。本部分仅对认知教学法所涉及的理论基础进行简要说明,下面将从认知法的教学方法和特点、常用课堂授课过程安排、认知法的长处和弊端三个方面进行详细分析。

(1) 认知法的教学方法和特点

认知法的教学目的是让学生的语言能力尽可能地达到其母语的水平,从这点上来讲,这和语法翻译法和直接法的出发点是相同的。不同的是,认知法所要提高的是以生成转换语法理论所主张的内化语法规则的能力为基础的"语言能力",这种语言能力所涵盖的是听、说、读、写四项全面的语言技能,这与直接法和听说法所要求的培养口语实践能力有着质的提升[33]。认知法的特点主要包含以下三个方面。

① 认知法认为,学生的认知水平是外语教学起点,在教学中应起点主导作用,而不能让教师根据教学经验或者主观臆断为依据来主导教学过程。认知法要求教师根据学生的认知特点和认知水平来进行教学设计,教学资料也应以学生能力出发,即认知法是"以学生为中心"的教学方法。

② 认知法注重培养学生的创造性思维,注意发展学生在学习和使用外语中的创新性。在教学过程中,认知法要求学生对教学目标有清晰而细致的把握,要求学生在任何一个环节都要

理解其中的内容(不论是学习语言知识,还是技能训练)。这样就使得学生能根据教学目标,发挥主观能动性进行有效的外语学习。

③ 认知法也重视语法的教学,认为语法教学应当通过有意义的练习来进行,而不能通过机械、反复的练习来实现;适当地使用母语也是必不可少的。认知法根据认知心理学的原理,强调教学过程需要尊重学生的认知过程:根据已经掌握的知识再学习新的知识,循环积累。

④ 认知法允许学生出现语言错误,不赞同有错必纠;强调对主要错误进行分析、疏导和改正。

⑤ 为了有效地创造语言环境,使外语教学情景化和交际化,认知法认为应充分运用信息化教学手段,发挥技术的优势。

(2) 常用课堂授课过程安排(共约 50 分钟)

① 讲授新词(用时约 10 分钟):教师进入课堂后,将根据课文设计好的对话情景展示给学生,要求学生根据已学习的知识技能对此情景进行讨论,当遇到学生使用与新词接近的单词时,教师引出要求学生学习的新词,并进行必要的解释和说明;学生在理解新词的基础上朗读这些新词。

② 讲解语法(用时约 10 分钟)。教师根据讲授新词过程中的情景讨论,要求学生总结其遇到的语法现象并进行总结,然后教师通过学生的总结将教学要求中新的语法现象糅合进来进行总结性讲解。根据讲解内容的难易程度决定该部分是否使用学生的第一语言进行讲解。

③ 语法练习(用时约 10 分钟)。引导学生运用语法知识就眼所能及的事物展开练习,如教室中的老师和同学、校园中发生的事情等,鼓励学生主动并创造性地使用外语来谈论情景中的事物。

④ 授新课(用时约 15 分钟)。将学生分组,让每组学生分别逐句详细讨论课文内容,小组之间可以设置互相提问环节以增进对学习内容的理解,教师收集各个小组中的共性问题提交全班进行讨论,最后教师展示问题答案并总结课文要求掌握的语法知识。

⑤ 回到课文(用时约 5 分钟)。学生听两遍录音并就课文内容提问。课后练习以听录音校正语音语调及拼写记忆单词为主,并完成课后练习题。

(3) 认知法的优点与弊端

① 认知法更注重培养学生的创造性思维,其不仅强调提高学生的外语应用能力,而且强调提高学生的综合素质,使之满足现代社会对人才的需求。

② 由于认知法要求教学应该依据学生的认知规律展开,因此在教学过程中必须结合语言规律,将学生的生活实践整合到教学中,这有助于提高外语使用的准确性和得体性。

③ 在基于认知法的外语教学过程中,讲解语法必须恰到好处。既不能费时过多或讲解得过于详尽,这样就可能走到语法翻译法的过于强调语法分析的弊端上;也不能过于简化,这样不利于学生对语法现象的理解。在具体操作时,还应该注意学生的理解情况,因此在教学过程中对教师教学水平提出高要求,不利于推广。

④ 认知法首先强调语言练习必须有意义,同时必须摒弃大量死记硬背的机械式的操练。但实际上,反复操练在外语学习中是必不可少的环节,特别是对初学者而言。因此,在实际教学中很难把握。如何处理语法教学和机械操练与有意义练习的合理适用性问题有待于认知法进一步探讨。

⑤ 认知法仅仅从认知规律的角度出发进行教学而并没有强调交际能力,在社会经济快速发展的今天,这并不能满足人们对外语的交际功能的要求。

2. 交际法(The Communicative Approach)

1972年,社会语言学家海姆斯在"On Communicative Approach"一文中指出,离开了使用语言的准则,语法规则是毫无意义的。海姆斯还认为,交际能力是语法、心理、社会文化和实际运用语言等能力系统互相作用的结果。海姆斯明确提出了交际能力的概念,开启了对社会语言学的交际能力相关研究的先河[34]。1976年,英国著名语言学家韦尔金斯(D. A. Wilkins)在 *Notional Syllabuses* 一书中明确地指出了传统语法大纲及情景大纲的局限性,详尽列举了语言交际中的功能意念项目[35]。

从上述介绍可知,外语交际教学法围绕语言功能项目,以交际能力的培养为目标,实现学生在特定社会语境中运用语言进行交际。下面将从交际法的教学方法和特点、常用课堂授课过程安排、交际法的长处和弊端三个方面进行详细分析。

(1) 交际法的教学方法和特点

由于交际法培养学生以语言为基础的交际能力,因此在交际法的教学过程中要强调以学生为中心。在教学活动开始前,教师需要认真研究学生对交际的实际需求;在教学活动中,教师可以根据学生的需要提供足够量的语言信息,同时在教学的各个环节都要给予学生充分参与的机会。

交际法的教学大纲是以交际为基础的大纲模式,要求使用这些包括各类报刊、书籍、杂志等节选的有趣文章,或者电视、电影、电台报道片段的真实、自然而地道的原文作为教学的使用的教材。由于此外语教学法强调培养学生在实际生活中学习使用语言的能力,因此在教学过程中不太过分地关注目标语言使用过程中的错误而视其为学习过程中出现的自然现象。交际法主要包含以下六个方面的特点。

① 交际法的基本宗旨是培养交际功能,并以强化学生创造性地运用目标语言的交际能力作为其教学目标。在教学过程中,既要求学生能正确地运用目标语言,又要求学生得体地运用目标语言。

② 教学大纲采用意念大纲,在教学选取时强调以真实、自然的目标语言材料为教材,而放弃经过语言加工后的教材,在教学过程中设计出接近真实交际的情景并多采用小组活动的形式[36],采用课上交流与课下交往相结合的方式,让学生在实际交往中大量使用目标语进行交际活动。

③ 在教学的技能训练过程中,采用以综合性训练为主,并将综合性技能训练与单项技能训练相结合的训练方式,并认为孤立的词语或者句型对于提高语言技能没有作用,强调将其放入连贯的语篇中进行训练。

④ 认为学习者在交际过程只要能顺利交流,是允许出现语言错误的,就是要大力鼓励学生尽可能地、积极主动地使用目标语进行交际。

⑤ 交际法强调以语言功能为纲,一切从学生出发,教学要围绕学生的交际能力的提高,为学生创设更符合真实交际的语言情景,让学生处于情景之中并身临其境地感受氛围,用目标语言进行交际[37]。

⑥ 交际法主张综合运用多种教学手段,在教学过程中不仅需要教科书和辅导书,而且多种教学手段灵活运用,包括幻灯片、音视频多媒体教学工具、借助于计算机技术的教学软件平台等。

(2) 常用课堂授课过程安排

由于交际法的具体方法十分多样,因此本部分的讨论不再就课堂具体的时间顺序安排进行详细阐述,而仅就其典型的课堂授课安排进行简要的论述。课堂教学的核心就是教师与学生之间有意义的对话或讨论,因此在课堂中经常采用分组对话、小组活动、全班讨论等形式。交际法还要求问题情景的设计尽量求真,在信息化技术条件下,课堂上常常运用多媒体技术手段进行教学,在网络技术发达的今天,教师需要经常邀请以目的语为母语的人与学生交谈、辩论。在语法结构的教学上,虽然交际法不强调语法的详尽讲解,但在课堂上不能完全抛弃语法的讲授,有趣的是,交际法教学效果的好坏常常取决于是否正确处理交际活动与语法教学的关系。因此,教学实施者在教学过程中应当妥善处理语法讲授与交际活动的关系,由此也可以看出交际法适合于具有一定外语基础的中级水平以上的学生。

(3) 交际法的优点与弊端

① 交际法具有强大的生命力,不仅引领世界范围内二语习得的发展,而且也深刻影响着我国外语教学和对外汉语教学。交际法重视语言使用的内在动机,因此交际法一方面能够为语言教学使用现实的内容提供理论指导,另一方面也为课程设置提供很好的思路,并能有效地提高外语教学质量。

② 交际法存在一些语法知识的教学问题。语法结构的教学是一直伴随外语教学而存在的,事实上,任何一种成功的外语教学法都不能做到完全抛弃语法规则的教学,由于基于意念功能的交际法在强调交际能力培养的同时也要求具备传统的语法知识。交际法还需要进一步解决如何处理交际活动与传统语法规则讲授关系的问题。

3. 外语教学法新发展

20世纪70年代是外语教学法井喷发展的时期,认知法和交际法的广泛应用带动了一批外语教学法的产生。由于深受认知法和交际法的影响,这些教学法具有如下共同的特点。

① 在教学过程中不仅要明确学生的需求和学习过程,以充分发挥学生的主体作用,还要分析学生学习外语的心理特点,以指导和帮助学生克服外语学习时的各种障碍。

② 在教学过程中强调培养学生全方位的能力——听、说、读、写技能并举,并常常通过给学生输入大量的听说内容来达到学生听与说的输出能力。

其中,最具代表意义的教学法有社区式语言学习教学法(Community Language Learning)、沉默法(The Silent Way)、全身反应教学法(The Total Physical Response Method)等[38]。由于这些教学法的产生深受认知法和交际法的影响并有以上一些共同特点,因此本部分仅对这些教学法进行简单概述。

(1) 社区式语言学习教学法

在外语学习中,会因为学生在班级团体中的竞争和冲突而产生消极影响,在社区式的语言学习中应更加关注学习者个体在智力、情感以及在班集体中的学习需求和与内部成员的关系,尽量消除消极影响因素。

该教学法认为学生在课堂受到的各种消极因素是影响教学效果的主要原因,这些因素包括自我的努力学习与学习效果的反差的一种挫折感、同学之间的竞争带来的精神的压力等。教学中应尽量消除这种消极因素,给予学生一定的鼓励并尽可能多地帮助其克服心理障碍。

该教学法的优势是关注学生个体的情绪和心理,使其能积极投入外语学习之中。但这对教师提出了更高的要求:要恰如其分地把握与学生的交流程度,如果一味追求师生平等,则有可能会削弱教师的权威性,随之教师的指导作用也将被弱化,学生反而因此过于放松,缺少了学习的紧迫感而学不到新知识;如果强调学生对外语知识技能的强化,则容易使学生在精神层面产生过多的消极影响,不利于调动学生学习的积极性。因此,在教学过程中要求教师能根据学生心理接受情况来合理把握这个度。

（2）沉默法

沉默法是指在教学过程中,教师尽可能保持沉默,不去大量地灌输知识技能,而是促使学生更多使用目标语言,从而达到提高教学效果的目的。这种教学方法的基本依据是结构主义理论,基于以下三种假设。

① 在教学过程中,教师不能只简单讲述课本上的东西,仅让学生训练指定的学习内容,应当侧重激发学生主动发现及创造。

② 在教学过程中,借助一定的工具辅助教学,则能集中学生的注意力,有助于提高学生的注意力。

③ 学生更容易接受通过解决问题的方式来学习目标语言。

从以上三个假设可知,沉默法更加关注学生个体,改变学生被动接受知识的局面,引导学生开动脑筋,多听、多想,以教师在课堂上的"沉默"换取学生在学习中的思考。一般而言,在沉默法教学过程中采用的方法较多,但具有代表性的方法是采用颜色棒、图表、教学杆等进行辅助教学,具体做法是将单词写在图表上,用教学杆指出正确的词。另外,用不同颜色的棒子代表不同的句型及其结构。

沉默法只适合在恰当的时候使用,因为学生周围不具备目的语环境,所接触到的语言相对有限。因此,教师的语言对学生来讲就是最为重要的语言输入,是学生获取外语知识的重要来源,如果教师沉默太多则会让学生失去很多接触外语语言的机会,所以说沉默法的使用要恰当。

（3）全身反应教学法

全身反应教学法形成于20世纪70年代,由美国加州心理学博士阿歇尔(James Asher)提出。全身反应教学法的教学根据学生自身学习语言的内在规律:首先注重的是培养听的能力,然后注重在听的基础上,逐步发展说的能力,最后培养写与读的能力。

全身反应教学法能激发学生的兴趣,使其积极参与学习。该教学法使学生通过由左脑发挥作用的听觉来吸收信息,而将这些信息用肢体动作表达出来是通过右脑来完成的。因此,全身反应教学法有助于学生的左、右脑协调发展来提高外语学习的成效[39]。但是,该方法仅适合初学外语的学生,如果教授复杂的、难度较大的语言项目,则需要结合其他方法运用。

4. 现代信息技术条件下外语教学法的发展

从20世纪80年代开始,随着科学技术的不断发展,社会生产力得到进一步提高,特别是社会发展呈现出信息化特征,社会对外语人才的水平和质量都提出了更高的要求。

随着对外语教学理论基础研究的不断深入,学者们在教学法的实践和研究上的热情从来没有减弱过,虽然大多数教学法在早期被尝试过,但是在长期现代教育技术发展的推动下,这些外语教学法也被赋予了新的内涵,以满足信息化社会对外语人才素质的要求。

（1）整体教学法

整体教学法(The Whole Language Approach)是指在外语教学中强调整体的一种教学法,这种教学法一方面将语言本身看成一个整体,另一方面将外语教学的范畴推广到与学生生活相关的各个层面。

外语的整体教学法认为在教学中应该首先让学生在教师的启发下看到教学内容的整体,并将内容分成各个不同的模块,然后根据各个知识模块逐步掌握教学内容,这样就使得每一部分的教学都有意义,从而避免了无意义的机械操练。外语的整体教学法研究者认为,一个有机结合的知识整体的意义要比各个知识部分简单叠加起来的总和还要大,例如语言中的词汇经过有机组合构成了短语,短语经过有机组合构成了句子,句子再经过有机组合则构成了篇章,但是经过各层有机组合的篇章的意义要远大于词汇的简单随机组合。从这个视角出发,外语的整体教学法认为:外语的教学过程长期以来被错误地理解为是从部分到整体的过程,并且只能从部分到整体,导致学生长期无法体会所学外语知识的整体,甚至学完后仍不知道学的是什么。不管采用何种形式的外语整体法教学,都必须在外语教学实施过程中将教学目标、教材处理和教学程序在整体性的基础上进行统一,以此突出该教学法的整体性核心。

(2) 任务型教学法

任务型教学法(Task-based Language Teaching)源于20世纪80年代兴起的"在做中学"(Learning by Doing)的语言教学理念,该理念认为语言的学习应该通过实践操作来进行;随后,又兴起了"用语言做事"(Doing Things with the Language)的教学理论,这种理论认为应该通过活动中使用语言的方式来掌握语言,而不是单纯训练语言技能和学习语言知识来掌握语言[40]。在交际法的影响之下,结合以上教学思想,便发展成了外语的任务型教学法。任务型教学法要求教师在教学活动中根据教学目标制定出交际和语言项目,然后据此设计出具体的、可操作的语言实践任务,让学生通过一定形式的语言活动来完成任务,以达到学习和掌握语言的目的[41]。通过上述分析可知,任务型教学法是吸收了以往多种教学法的优点而形成的,取众教学法之长,与其他教学法有较好的兼容性。随着教育信息化发展,借助现代教育技术,该教学法必定能展现出独特的魅力。

(3) 沉浸教学法

从外语的沉浸教学法(The Immersion Approach)的发展历程来看,该方法大致经历了两个阶段:早期的沉浸教学法阶段和新兴的沉浸教学法阶段,这两个阶段的教学法是在不同的历史背景下产生的。

① 在早期的英国殖民扩张时期,英国殖民者为了达到对殖民地文化入侵的目的,在殖民地区学校开设的所有课程中都强制使用英语授课,这种就是早期的沉浸教法法授课形式,例如在中国香港地区等。

② 新兴的沉浸法教学最早出现在加拿大魁北克省的双语教学改革中,魁北克省以法语作为官方语言,但是当地以英语为第一语言的学生家长希望孩子学习法语的同时也能提高英语水平,于是当地教育部门就开始探索有效的教学方法来实现双语教学。一种新意义的沉浸教学法在这种背景下产生了:当地政府要求学生从幼儿园起便开始用法语上课。同时,根据各校具体情况,沉浸教学法采用部分或全部课程等灵活的方式,并且安排适当的英语课来配合其他课程,用以帮助法语学习有困难的学生。由于这种方法在该省取得了良好的教学效果,因此逐步被其他国家和地区在双语教学中采用。

由以上讨论可以发现,在觉浸教学法中,外语教学的过程被延展到其他科目的教学,这种教学法一方面让学生学习外语本身,另一方面还要用外语来学习自然科学、社会科学的其他科目,使得学生的学习沉浸在目标语言中。在具体教学实施过程中,教师可以采取渐进的方式:由个别课程逐步扩大到更多的课程。

采用沉浸教法法进行外语教学也具有一定的挑战。首先,目标语言与学生第一语言最好在一个语系,例如英语与法语,这样会更有效地实施教学;其次,由于沉浸法教学要求其他学科也要采用目标语言授课,因此要求教学既要有专业的教学水平,还要求教师有很好的目标语言基础,这就对教师提出了更高的要求。

（4）基于内容教学法

莫汉(B. Mohan)在1986年所著的 *Language and Content* 一书中指出,在外语教学过程中,目标语言只是一种媒介和工具,仅仅是达到教学目标的手段,而不是教学的最终目标,教师应该将课程题材、内容及其深化等方面作为关注的重点。这就使基于内容教学法的研究从根本上得到进一步提升,也成为其他应用语言学者进一步研究的重要基础。

基于内容教学法(Content-Based Instruction)一般是指,在外语教学中,着力探索语言系统与语言内容之间的联系,教师直接使用目标语言教授特定的学科专业知识来帮助学生利用目标语言建构自己的知识体系,从而达到训练目标语言能力的目的。这一教学法放弃了外语教学以功能—意念为纲的方式,转而以语言内容本身为纲,有效避免了其他教学法仅仅注重语言形式而忽略语言内容的缺陷。

由以上论述可知,基于内容教学法是将目标语言作为外语教学的手段来有机整合其他学科进行组织教学,这使得外语教学具有更强的现实意义。这种教学基于知识内容本身对学科进行重新整合,使得围绕知识内容的外语词汇和语法结构更丰富;从建构学生知识体系上来讲,这更有利于提高学生外语技能,达到更高的教学效率。但是,这一教学方法从一定程度上筛选了教师和学生,不利于全方位、高效实用,同时也增加了教学负面结果的影响面。

1.2.3 外语教学法的对比分析

从前两节的分析论述可以发现,外语教学法大概经历了传统外语教学法和新型外语教学法,其理论基础也在逐步深刻,范围不断扩大,内容不断丰富,衍生的方法更加多样。例如,传统的语言学仅仅将研究语言规律作为重点;到了一定时期语言学的研究又开始注意到语言学与其他学科的交叉部分而形成交叉语言学,使得语言学研究进一步深刻;后来,第二语言的习得理论与学习理论从更深刻的视角来进行研究。但是,对于任何一种外语教学法都不能评价它是绝对优秀或绝对的错误,他们常常能合理的存在,但又因其具有一定的局限性,而有待发展。因此,在使用某种外语教学法时,既不能全盘否定,又不能一味地机械模仿,而应当根据一定的教学目标、学生需求特点来选择恰当的教学方法,结合实际进行借鉴或使用。这样,在具体教学实施过程中才能到达既定的教学目标。

前两节是站在时间轴上从发展的视角对外语教学方法及其理论基础进行了具体分析,从中我们可以发现,任何一种外语教学法的产生与发展都代表着当时社会对外语人才的要求,即具有一定的时代特征。所以,讨论和实践某种具体的教学法,不能仅仅从教学法本身去机械的模仿,这样往往达不到理想的效果。可以说,没有任何一种教学方法能适应所有教育条件下的外语教学,但也不是说所有的教学方法都是一成不变的,而是在动态中发展。

因此,评价某种教学方法不能野蛮地仅仅从学生的考试成绩来论断,而是要将外语教学置于整个教育的大框架中,结合时代背景综合地从教师与学生的关系、知识传授与能力培养的关系、认知与情感的关系等方面进行全面分析。以下从上述三个方面对传统与新兴的外语教学方法的差异进行对比分析。

1. 教师与学生的关系

从古至今,所有的教学活动都不能回避师生关系这一教学的核心问题。教学法是讨论教学之方法,是教学思想的体现,不同的教学法必然会反应在教学过程中对师生关系的不同认识上。世界范围内,在教育界关于师生的讨论是一个永恒的话题。

在漫长中世纪的封建王朝,统治阶级为了维护其中央集权的封建统治,在教育上采取了严格的思想统治来实现教育为封建政权统治服务。在这一社会背景下,体现在教学上就是教师在占据了绝对主导和核心位置,具有不可置疑的权威,学生就是被动地接受知识。例如,这一时期的欧洲学校都受到宗教封建统治阶级控制着。宗教学校的教师作为神职人员享有"教权神授"的绝对权威,学生只有服从教师的义务。这种教师占据绝对权威的师生关系,对以后的学校教育产生了深刻的影响[42]。

  从18世纪欧洲工业革命开始,以君主专制、中央集权为特点的封建社会逐步退出了世界历史舞台,社会生产力得到了极大的解放,以商品经济快速发展为特点的资本主义社会逐渐成了世界的主流。这一时期的社会发展水平更高,教育教学从维护封建统治逐步向为提高劳动力生产效率服务。在这一社会背景下,体现在教学上就是教师也渐渐地退出对课堂的绝对权威主导地位,天平的重心也慢慢向学生自身知识技能发展上转变。

  到了20世纪,教育理念也出现了进一步的深化变革:在教学上,学生逐渐成为教学的主体,平等的师生关系逐步变成教学的主流。在这一时期的外语教学领域,外语教育学者逐渐地开始批评传统的教学法,将精力较多地集中在对语言学理论基础的研究上。随着社会进一步发展,教育学者进一步将教学的重心放在学生身上,从教学理论和方法上、对师生关系处理上进行深入的讨论,认知法与交际法都强调学生的主动参与,在当代外语教学中,以学生为中心的教学理念广泛接受。教师的角色已从课堂的控制者转换成设计者、示范者、指导者,甚至学生的一员;师生已经从命令与服从的关系转变成平等互学的伙伴关系[43],例如整体教学法、基于内容教学法、任务型教学法等,具体对比分析如表1-2所示。

表1-2 外语教学法对比分析表

外语教学法	师生关系	社会背景	意义
语法翻译法	教师权威主导	15~19世纪,在世界范围内广泛被使用;从时间上看,它跨越了封建社会和资本主义社会两个不同的时期	这一教学法的发展经历了几个世纪之久,深受封建社会制度的影响,在教学上采取以教师为主导的授课方式,培养出来的学生也符合封建社会对人才的要求。到了以商品经济为特点的资本主义社会,这种基于教师权威主导的师生关系的教学法逐渐不能满足社会对外语人才的要求,因此到了19世纪中后期,这一教学法逐步被其他教学法所取代
直接法	以教师讲授为主导,但有适当的师生互动	这一教学法兴起于19世纪末和20世纪初,这一时期的资本主义社会进一步向前发展:从自由竞争的资本主义阶段过渡到垄断资本主义阶段	随着社会经济的进一步发展,其教育也逐渐摆脱了封建教育思想的束缚,开始转向为资本主义商品经济服务。在师生关系上,逐渐弱化了教师的权威主导的地位,增加了师生课堂上的互动,师生关系的天平已经渐渐地向学生学习上倾斜。外语直接教学法的师生关系基础已经很好地体现了这一趋势
听说法	以教师讲授为主导,但有适当的师生互动	这一教学法产生于20世纪40年代的第二次世界大战期间,发展于20世纪50~60年代	同上

续表

外语教学法	师生关系	社会背景	意义
认知法	以学生为中心，教师适当引导	这一教学法产生于第二次世界大战战后经济快速发展时期	这一时期，社会发展呈现经济全球化趋势，这对外语人才提出了更高的要求，在外语教学上回归到揭示知识规律本身上来，并旨在提高学生的外语技能水平。认知法教学采用以学生为中心，教师适当引导的方式来处理师生关系，符合这一时期对外语教学的要求
交际法	强调以学生为中心，鼓励学生积极主动	同上	同上
整体教学法	以学生为中心	这一教学法发展于20世纪70年代，社会信息化发展阶段	在这一时期，社会发展呈现信息化特点，教育教学也逐渐融入更多的信息化手段，这类外语教学法明确提出"以学生为中心"的师生关系
基于内容教学法	以学生为中心	同上	同上
任务型教学法	以学生为中心	同上	同上

通过上述分析，站在社会发展变迁的视角来观察外语教学法对师生关系的处理，我们会发现师生关系的产生和变化不是独立单一的过程，它深受社会发展的影响和制约。因此，我们在评价某种外语教学法的师生关系时，应当将社会发展因素综合考虑进去，这种评价最根本指标就是看这种师生关系是否满足社会发展对外语人才的要求。

2．知识的传授与能力的培养的关系

在教学活动中，对知识的传授与能力的培养关系的处理问题是教学的又一无法回避的核心问题。一般情况下，知识是指个体通过与环境相互作用后获得的信息，对事物属性及其联系的认识在心理学上表现为对事物的表象、知觉、法则、概念等心理形式；能力则是完成一项目标或者任务所体现出来的素质，它总是和个体完成一定的实践联系在一起。

从前两节的分析可以看出，以语法翻译法、直接法、听说法为代表的传统教学法在教学过程中都是注重对外语知识的系统讲解而忽略了学生能力的培养。而这带来的直接结果是外语知识与外语能力成了"一张纸的两面"，不能很好地整合在一起，不能对学生听、说、读、写等综合能力进行有效培养。在上一节讨论的交际法认为在教学中必要的机械操练是允许的，但是误将这种机械操练当成能力去加以着重，而忽略了结合生活实际对语言交际能力的培养，这样的结果只能培养出善于死记硬背的学生，造成学生外语学习的"高分低能"。

从知识与能力的关系上来看，知识通过实践与能力联系在一起，是能力的基础，而能力提高则是知识驱动实践的结果。由此可知，知识和能力并不是互斥关系，而是有着深刻的内在联系。因此，在具体的外语教学实施过程中应当根据现实需要进行合理安排：既不能进行过度的外语知识的传授和机械的操练，而忽视了以外语交际能力为基础的外语技能的培养；也不能过于注重培养学生外语实践能力，而忽略了必要的语法结构等知识的传授。

在外语教学法应用的过程中，应当根据实际教学的需要来适当处理知识与能力的关系，使得外语教学达到事半功倍的效果。

3．认知与情感的关系

一般而言，认识过程是情感的基础，并引导情感的发展。从哲学上来看，主体通过认识过程对客观事物的反映来判断客观事物是否满足主体自身的需要,并以此为依据来产生不同的态度体验,而获得相应的情感[44]。

对于外语教学法而言,通过前两节分析可知,传统的外语教学法仅仅强调学生对外语的感知和机械的记忆,而完全没有看到学生对外语的认知和情感因素的重要关系,因此也就失去了通过培养学生情感来促进学生外语知识学习这一有效的工具。而新兴的外语教学法则看到了这一重要关系,例如认知教学法则从学生的认知规律出发来实施外语教学,这就能使得学生有较好的情感体验来学习外语。

本章小结

本章为语言实验教学法提出的基本原理基础准备,语言实验教学涉及多个学术领域,主要包括语言学、教育心理学、教育学等。本章的分析从两个方面展开:一方面对基本理论基础进行具体分析,另一方面从基本理论出发对外语教学法及其发展进行梳理。外语教学法被视作语言实验教学原理的一部分而被归纳进来主要是基于以下两个方面原因。

① 外语教学法实际上是综合了各种外语教学理论而形成的一种运用在语言学习方面的方法,它包含并体现了这种外语教学理论所主导的核心思想,在本章有必要对外语教学法进行具体分析。

② 从外语教学法历史发展观上来看,语言实验教学法是外语教学法的研究随着信息化条件的发展而产生的,这里我们对外语教学法的发展进行梳理,用以作为下一章对语言实验教学法的提出和教学体系分析的理论铺垫。

本章参考文献

[1] 教育部.国家中长期教育改革和发展规划纲要(2010—2020年)[Z].国家中长期教育改革和发展规划纲要工作小组办公室,2010.
[2] 束定芳.社会需求与外语学科建设[J].中国外语,2017(1):22-25.
[3] 戴炜栋.我国外语教育70年 传承与发展[J].外语界,2019(4):2-7.
[4] 胡开宝.国际化视域下的外语学科发展:问题与路径——以上海交通大学外语学科建设为例[J].外语教育,2017(3):1-6.
[5] 蒋洪新.新时代外语教育的战略思考[J].外语教学与研究,2020(1):12-16.
[6] 李岩松.贯彻全国教育大会精神 共促一流外语学科发展[J].外语界,2019(3):2-6.
[7] 向明友.新学科背景下大学外语教育改革刍议[J].中国外语,2020(1):19-24.
[8] 张绍杰.扩大教育开放给外语教育带来的机遇和挑战[J].中国外语,2011(05):15-21.
[9] 程晓堂.关于当前英语教育政策调整的思考[J].课程·教材·教法,2014(5):58-64.
[10] 朱芬芬.特殊用途英语教学中强化跨文化交际能力的培养研究[J].海外英语,2018,(12):2-2.
[11] 徐娴.高中英语阅读课中文化教学的研究[D].福州:福建师范大学,2018,(09).
[12] 程晓堂,赵思奇.英语学科核心素养的实质内涵[J].课程·教材·教法,2016(5):79-86.

[13] 盛炎.语言交际能力与功能教学[C].世界汉语教学学会.第三届国际汉语教学讨论会论文选.世界汉语教学学会:世界汉语教学学会,1990:50-56.
[14] 余文森.课堂教学有效性的探索[J].教育评论,2006(06):46-48.
[15] 马筱红.建构主义理论指导下的口译教学[J].读与写:教育教学刊,2015,012(001):24-25.
[16] 陈坚林.计算机网络与外语教学整合研究[D].上海:上海外国语大学,2011.
[17] 余伟康.性化、自主式学习环境的创建[J].外语电化教学,2006(01):72-75.
[18] 张红.信息技术与高中英语教学整合方式的探究[D].上海:华东师范大学,2006.
[19] 吕炯.跨文化传播视角下的大学英语教学模式探析[D].合肥:中国科学技术大学,2013.
[20] 杨作祥.略论跨文化交际中的文化差异[J].陕西师范大学学报(哲学社会科学版),2003(S2):324-325.
[21] 刘犁.外语教学的直接教学法[J].人民教育,1963(01):33-36.
[22] 王铭玉,赵亮.从语言学看外语教学法的源与流[J].中国俄语教学,2012(02):16-22.
[23] 齐伟钧.终身教育框架下成人外语教学研究[D].上海:上海外国语大学,2010.
[24] 陈新芳.翻译教学法和大学英语教学[J].中国科技信息,2005(18):425-428.
[25] 王铭玉,赵亮.从语言学看外语教学法的源与流[J].中国俄语教学,2012(02):16-22.
[26] 李清.基于语境的谓语动词教学研究[D].上海:上海师范大学,2016.
[27] 戚雨村,王志伟.应用语言学、外语教学法和外语教学中的几个问题[J].外国语(上海外国语学院学报),1980(05):3-10.
[28] 欧阳智英.交际教学法在干部英语教学中的运用[J].湖南行政学院学报,2011(002):92-94.
[29] 卞树荣.《大学体验英语》教材编写理念及其对英语教改的指向[J].教育与教学研究,2006,020(012):59-61.
[30] 郭晶萍.从行为论到先天论:语言学习理论的传承与发展[J].江苏师范大学学报:哲学社会科学版,2009,035(004):124-128.
[31] 王红梅.外语教学法主要流派评价[J].山东科技大学学报:社会科学版,2004(03):102-104.
[32] 柯文雄,杨峻茹,龙仕文.从认知法角度看高级英语教学[J].西南民族大学学报(人文社会科学版),2012(S1):280-283.
[33] 沈小涛,王姝.交际法与商务英语教学[J].西南民族大学学报:人文社会科学版(10期):412-414.
[34] 张辉.交际法教学在高中英语语法课中的实验研究[D].长春:东北师范大学.
[35] 李美春.中职俄语教学设计的理论与实践[D].哈尔滨:哈尔滨师范大学.
[36] 邵艳红.系统功能语言学视域下的中小学英语交际教学重建[D].杭州:浙江大学,2017.
[37] 王朋.谈谈多元智能理论及其对英语课堂教学的影响[J].徐州教育学院学报,2003(04):102-104.
[38] 刘宁,沙景湘.TPR在中国儿童英语习得中的运用[J].北京理工大学学报(社会科学版),2004(S1):48-51.
[39] 刘隽仪.关于任务型语言教学的实验报告[J].山东师范大学外国语学院学报(基础英语教育),2004(04):7-11.

［40］ 孙婷婷.任务型教学法在初中英语阅读教学上的应用探讨［J］.科技信息，2013(17)：323.

［41］ 左焕琪.试论外语课堂教学理念与实践的更新［J］.全球教育展望，2001(04)：60-65.

［42］ 张凌.对比分析《英语教学大纲》和《英语课程标准》［D］.长春：东北师范大学，2005.

［43］ 许俊，刘爱楼.以情优教 知情交融——谈情感教育在大学英语教学中的运用［J］.新西部(下半月)，2009(02)：171-173.

第 2 章　语言实验教学法及其体系

2.1　语言实验教学法

语言实验教学法的实施环境是语言实验室,并且在实施过程中应当充分综合运用现代信息化技术,包括计算机技术、网络技术等。语言实验室一般是指借助现代信息化的教育技术实施外语教学的专业化教室,它主要是集中为外语教学提供现代信息化技术支持,便于在教学过程有效地使用这些技术及其资源,从而到达优化教学过程的目的。语言实验室先于语言实验教学法而存在,是现代化的语言实验室发展到一定阶段而形成的一种教学思想和手段。本节首先分析语言实验室发展早期的语言实验室环境下传统的语言实验室外语教学,然后重点分析现代教育信息化背景下外语的语言实验教学法。

2.1.1　传统的语言实验室教学

外语教学和其他学科的教学一样,需要一个相对合适的教学环境,在教学实施过程中根据教学需要优化构建的教学环境能够有效地促进外语教学的效果。在现代快速发展的社会与经济背景下,语言实验室是现代外语电化技术发展到一定阶段而形成并发展起来的。

一直以来,语言实验室的教学主要是借助语言实验室提供专业化的外语教学环境,主要以学生的听、说、读、写能力训练教学为主,功能如下。

1. 语言实验室视听说课功能

语言实验室所提供的上视听说课的功能是其基本功能,在语言实验教学过程中,综合运用多种教学的现代信息化技术使得学生既能通过听觉来接触所学习的目标语言,又能通过视觉来体验语言运用的真实场景,还能通过说出目标语言来实现教师与学生以及学生之间的目标语言互动。这种现代化的语言实验室环境能有效提高学生外语应用能力和外语交际能力。

在教授语音课时,语音课教师通过语言实验室的语音设备将准确的发音发送给学生,学生不管在实验室的哪个角落都能使用连接在语音设备的耳机听到清晰的发音。当教师需要给学生讲授语音发音方法及规则时,可以使用语言实验室的投影设备和视频转发设备将事先准备好的课件投放到实验室幕布和每个学生终端显示系统上,这样语言实验室所有的学生都能清楚看到老师的展示内容。当师生互动时,教师与学生可以通过教师终端及学生终端的通话模块来实现师生的无阻碍交流。仅仅就语音课而言,在外语电化技术支持下的语言实验室实施教学,可以有效提高教学效率。

视听说课一般是借助语言实验室电化教学技术通过视觉、听觉来训练学生的听说能力以达到培养和提高学生外语交际能力的教学目的。教师通过语言实验室的视觉多媒体设备来构建和设计语言情境,学生则通过语言实验室的语音通话多媒体设备来完成交际互动。因此,语言实验室提供了动态、开放、相对独立的视听说课教学环境。

2. 语言实验室精读课功能

对一般意义上的精读课而言,首先由教师讲解新词汇,然后逐句分析课文的语句、文章结构、中心思想等,最后指导学生做课文巩固训练以进一步深化所学的知识。语言实验室为精读课提供了较好的现代信息技术支持,借助语音通话多媒体设备、音视频显示多媒体设备、计算机辅助教学设备等能增加学生的参与热情,并有效地提高教学效率。

针对不同的课文,教师在语言实验室中使用计算机辅助教学设备制作不同的多媒体电子课件,课件可以包含丰富的声音、图像和视频信息。在上课过程中,教师通过视频显示多媒体设备将教师事先准备好的多媒体课件展示出来,然后经过教师的辅助讲解使学生能最大限度地进入课文所展现的情景。

词汇教学方面,教师应把词语带入篇章的语境中去帮助学生理解和掌握,并根据学生在课堂上的反映程度采用灵活多样的、重点突出的教学方法,利用多媒体网络功能增加实物、图片、视频、PPT 展示等生动的呈现方式,引导学生在语境下揣摩词汇的含义,分析文章的写作目的和主旨。通过设置练习题讲解新词在本文中的正确意思,帮助学生加深对新词的理解,并适当控制构词法的讲解量。

在精读课堂上要注重引导学生从整篇文章层面进行理解,语言知识的讲解固然很重要,但语言的综合使用才是培养的目的。因此,在精读教学中,以整篇文章为基本出发点,对其进行分析理解并简要概述,然后围绕文章的中心思想对文章布局特点与组句方式进行讲解,对文章结构与写作目的以及中心思想理解透彻,才能最终提高语言的综合能力[1]。

在掌握英语语法的基础上进行综合能力的训练,在梳理和讲解语法知识时,要充分考虑学生当前的语言能力和知识水平。教师可以通过多媒体课件,利用语言实验室的教学功能进行教学,例如播放专题片为学生营造一种置身英语练习的氛围,让学生更深刻地理解人物和场景中的对话;还可以运用小组对话功能成立讨论小组,进行小组口语练习而充分理解和掌握篇章中的语法知识。

语言实验室丰富的多媒体教学功能可以丰富精读课堂内容。根据学生认知水平及心理特点,运用演示法、小组讨论法、合作学习法设置丰富多彩的教学内容,结合声音、图像、影像等素材能有效提高学生对精读课程的兴趣。从上述对各种类型的课文使用实验室设备情况分析可以看出,对精读课而言,语言实验室能有效地提高教学效率,为师生提供现代化的多媒体外语教学环境。

3. 语言实验室写作翻译课功能

语言实验室可以把声音、图形、影像、文本等媒体有机地结合在一起,写作课可以充分利用语言实验室的优越性,在声音、图像、视频等多媒体营造的环境中开展写作课程,不仅方便快捷,而且新颖,实现更加充分的交互。语言实验室的计算机不仅能呈现有声场景,给学生带来逼真的交际环境,而且还可以自动完成拼写检查、语法校验等辅助性工作。基于计算机写作提供文字处理编辑软件来辅助提高写作效率,给学生提供更加自由的思想表达的空间。例如写观后评述,可以把教学相关的视频材料通过语言实验室的设备播放给学生看,然后当场利用计算机进行观后评述的写作,即时训练,有效提高学生写作水平。这种多媒体素材呈现能增加学生的感官刺激,激发写作灵感,充分调动学生的注意力、学习兴趣等非智力因素。网络功能还能让学生和教师及时对写作内容进行反馈和评估,促进写作顺利完成。教师通过文本示范功能将优秀作品进行展示,这种及时鼓励也更能激发学生的写作热情。

翻译课是通过课堂教学中针对性的训练来培养和提高学生的翻译实践能力的一门课程。语言实验室的翻译课能有效地提高教学效率,能方便地使学生进入课文设计的情景中,体会人物感情、体态语言和文化背景等。在上课过程中,教师通过实验室多媒体设备将课前准备好的翻译资料用图文、音视频文件等多种方式展示给学生,然后配以教师适当的讲解,使学生深刻理解语言的使用场景以及使用者的表情、动作、情感等。另外,在翻译训练环节,教师可以利用计算机辅助教学设备播放课前准备好的目标语言的电影、剧集、谈话类节目的片段,让学生进行翻译实践训练。由于在实践环境下的语言表达,包含了丰富的目标语言的本土文化色彩,有利于提高学生目标语言实践应用能力。

语言实验室的翻译主要是口译。口译是一种复杂的、动态的交际活动,在翻译的过程中要经历"原语输入 → 解码 → 记忆 → 编码 → 译语"的过程。语言实验室的多种教学功能可以为学生提供理想的学习环境,使得口译课的教学方式灵活多样、生动活泼。原语的输入可以是录制好的声音、编辑好的视频或者动画,这些信息符号可以有效调动学生视、听、说、感触等多维感觉,引导学生积极参与,激发其创造力。根据学生各自的能力,利用多媒体计算机辅助教学"变速不变调"的功能,放慢或加快原文的行进速度,录音功能可以将学生的口译练习保存成电子文件供老师评价。

熟悉口译的语体对提高真实双语翻译能力非常重要。口译的语体有介绍言语体、叙述言语体、礼仪性言语体、论证言语体、鼓动性演说言语体及对话言语体,各语体均有一定的思维模式及特点[2]。口译教学中利用多媒体录音、录像等内容和形式都适合的原语素材,利用多媒体语言实验室优质的音响效果、大屏幕视频展示的效果,再现原语的语体风格,让学生在真实的环境中熟悉原发音者不同的语体风格包括口音、语速等,引导学生通过跟听、跟读,感受语体,并与讲话者的发音和内容进行对比和模仿,提高口译能力。

4. 语言实验室的写作课功能

一般而言,外语写作课主要是提高学生以外语写作能力为基础的多种外语知识和技能综合应用水平。在语言实验室环境下,外语写作课方便教师引入写作主题,学生以电子文档的形式提交写作作业,有效提高教学效率。

进入课堂的开始阶段,教师需要引入写作的主题内容,可以综合应用语言实验室专业化的多媒体设备实现这一目标。首先,教师将课前准备好的材料展示在音视频显示多媒体设备上后加以讲解,使学生对要写内容有整体和形象的认识;其次,教师将学生进行分组,在各个小组内,学生通过语音通话多媒体设备进行讨论,在分组交流过程中使每名学生对写作内容有更深刻的认识。

写作时,学生可以通过计算机编辑、写作,然后将写作的内容以电子文档的形式提交到教师的计算机辅助教学设备上,教师可以很方便地查看这些文档并进行批改。由此可以发现,在语言实验室环境下进行外语写作课教学大大简化了教学流程,教师和学生将大部的教学时间都集中在讨论互动、思考和写作编辑上。

5. 语言实验室的优势与挑战

通过上述在语言实验室环境中进行的听说课、精读课、翻译课、写作课等外语教学可以看出,语言实验室为外语教学提供了专业的信息化技术的支持,有利于提高外语教学效率。语言实验室教学的优势主要体现在以下几个方面。

(1) 专业化、集中化信息技术对外语教学的支持。现代语言实验室已逐步从以硬件为主导单一功能构成转变成以计算机软件为主导的具有丰富功能的集群服务体系。这样的转变更有利于提高外语教学的效率,优化组合教学资源,为外语教学提供专业化、集中化的信息技术支持。

(2) 为课堂互动提供有效的信息技术支持。语言实验室提供功能丰富的语音通话功能的支持:首先,教师可以对学生进行任意分组,学生可以使用该功能实现充分的组内语音通话互动;其次,语言实验室具有学生提问和师生示范练习功能,教师可以通过这种师生交流和示范性师生互动完成教师与学生间的有效互动;最后,语言实验室具有单独通话功能,学生可以单独和另一名学生进行通话练习来实现学生间的互动。

(3) 提供体系化的多媒体展示系统。实验室提供了体系化的终端显示系统:教师显示终端、学生显示终端、投影设备显示幕布等,这些终端显示系统通过网络连接构成体系化的多媒体展示系统。教师和学生可以很方便地使用这个显示系统将音频、视频、图文动画等电子文档展示给其他教学参与者。

(4) 提供开放、共享的外语教学资源。语言实验室提供了开放的外语教学资源共享平台,教师和学生可以方便地访问这些资源并对其进行丰富,这样极大地方便了语言实验室教学的进行。

从上述分析可以看出,现代语言实验室为外语教学提供了专业化的信息技术支持,使语言实验室教学具有丰富的课堂互动并能有效地提高外语教学效率。事实上,早在20世纪80年代,语言实验室教学就作为一种外语教学形式发展起来了,这是在以硬件模拟电子教学设备为基础的电化教学技术上发展起来的一种外语教学形式。但是,随着21世纪社会信息化水平不断提高,信息技术的发展也突飞猛进,语言实验室教学也在一定程度上遇到一些挑战,主要体现在以下几个方面。

(1) 缺乏对电子化教学资源高效的管理与施用。现代化的语言实验室都提供了教学资源的传输、存储和管理功能,教师可以对这些资源进行转发、存档和编辑等操作。但是,在具体的外语教学过程中,仅仅被孤立的使用作为服务教学的工具,而很少对这些资源进行结构化整合并将其内化成外语教学的不可分割的一部分进行高效的利用,从这种意义上来说,当前语言实验室教学对这些海量的、宝贵的电子化教学资源利用不足。

(2) 实验室软硬件资源应用的合理性受到挑战。在教育信息化的推动下,现代化的语言实验室建设在一定程度上消耗了一定的人力、物力和财力,这些投入应当在外语教学成果上获得相应的反馈,使得教育的投入与产出在一定程度上平衡。当前的语言实验室的外语教学仍然沿用传统的外语教学思路,在外语教学效率上已经不再适应当前具有较高信息化程度的语言实验室对外语教学方式的要求。

(3) 在教学方式上缺乏个性化。现代的语言实验室已经能够提供以软件为基础的信息化服务平台,这些软件平台在技术上完全可以实现对个性化的外语教学支持。但是,目前语言实验室教学的方式仍然沿用传统的外语教学思路,很少关注学生的个性化学习的需求。

(4) 缺少现代化外语教学方法论创新。外语教学方法集中体现了外语教学思想、思路及语言学理论基础,是外语教学的核心。虽然当前的语言实验室教学方式在一定程度上运用了某些外语教学方法及其思想,但是在具体教学上这些教学思想仍然是沿用在语言实验室发展起来之前就有的教学法或者不是在语言实验室教学环境下探索而形成的教学法。因此,当前的语言实验室教学缺乏一个与之相适应的外语教学法,使得教学法的发展与社会信息化发展在语言实验室发展上失去了平衡。

从上述与语言实验室教学发展所面临挑战的讨论中可以发现,一方面,在现代语言实验室环境下实施外语教学应当充分、合理地使用语言实验室丰富的外语教学资源,物尽其用;另一方面,应当创新思想,构建全新的外语教学方法作为语言实验室教学的核心来指导外语教学。语言实验教学法就是在这一背景下,经过长期的语言实验室教学研究和教学实践探索下发展起来的,这种教学方法及其教学体系是本书的核心,将在下一节进行具体讨论。

2.1.2 外语的语言实验法

实验教学源于理工科实践性教学的一种组织形式,按照一定的教学目标、教学计划、实验步骤,由学生独立自主地借助实验设备,在教师指导下进行操作、观测、分析,达到获得知识的实验目的,实验教学通过实践、独立思考、主动探究等方式培养学生的科学实践能力。这种形式不仅能使学生获得知识,而且是科学素质养成的重要途径。

"语言实验"是指学生按照教学目标,在教师设定的语言情境中,通过规划的方法与步骤,以目标语完成一种语言学习与实践任务的学习行为。实验过程注重学生独立自主、反复训练,获得对语言的综合理解与运用,通常借助信息技术来创设语言情境、协助学生完成语言训练和语言实验报告。

语言学习是一门实践性非常强的学科,实践性成为实验教学与语言课程的契合点,实践是语言实验的本质属性,语言教学的目标在于能实际运用,实现目标的途径在于实践,将语言活动以实验的形式进行设计、开展,实现语言活动的系统性、科学性、学习成果的可视性和累积性、实验成果评价的多元性[3]。因此,语言实验教学可以很好地实现语言课程的目标,其教学方式符合语言课程的特征。

传统语言实验室对听说课、视听课、泛读精读课、写作翻译课等外语教学起到非常重要的支撑作用,特别是2003年以听说为主的大学英语教学改革以来,数字网络语言实验室建设在外语教学中发挥了重大作用。但是语言教学缺乏有力的实践环节也一直是外语教学的"通病",在学习的各个环节中学生还是更依赖于教师的讲解。仅凭借观察学生在网络上的学习时间,也不能完成有效的形成性评估,难以发现学生个体化的差异,无法实现有针对性的个性化教学。

北京邮电大学是教育部批准的第一批大学英语示范院校,网络化教学一直走在全国高校前列,其在语言实验教学方面更是进行了大胆的改革与创新,进行了大量的研究和探索,最终确定了语言实验教学的理念和思路,构建了完整的语言实验教学体系,并于2009年被评为"北京市实验教学示范中心",于2012年被教育部评为国家级实验教学示范中心(也是国内第一个语言类的国家级示范中心),同年出版了全国第一套《大学英语实验教程·听说》1~4册系列化实验教材,这标志着语言实验教学完整实验体系的确立。

由上述可知,具体的教学法是在特定的社会经济背景下发展起来的,因此教学法的改革与创新必须适应社会和经济的发展需求。根据唯物主义历史观,在信息化社会背景条件下,教育理念与教育方式应当与之相适应,从2.1.1节分析可以看出,语言实验室教学方式在快速发展的教育信息化社会背景下已经面临越来越多的挑战。与此同时,信息化教育也在不断冲击着其他传统的教育教学模式,特别是外语教学领域。

1. 语言实验教学法与实验教学法的关系及其创新

语言实验教学法属于实验教学法范畴,具有实验教学法的一般理论基础。一般认为,实验教学法是"为验证一定的原理或数据,学生在教师的指导下,借助一定的工具和材料,自主操作仪器设备控制实验条件的发生,从而引起实验对象的某些变化,通过观察实验现象、测量实验数据来验证验证原理或者从中获取新知识的教学方法。"而语言实验教学法在实施过程中将外语的知识、技巧和学生的使用技能综合到一起作为实验对象,在教学过程中实现教与学的统一。因此,语言实验教学法也具有实验教学法所涉及的一般理论基础。

语言实验教学符合情感教育理论,在自主实验的过程中感受获得知识和合作交流的快乐有助于激发学生学习的热情;语言实验教学"从做中学"的教学理论强调锻炼学生动手能力和思维能力,也使师生间的关系更加和谐、平等;语言实验教学符合建构主义理论强调学生要通过自主实验建构自己对信息、知识的理解,主动用已有的知识发现问题、解决问题,培养其探究能力。

语言实验室教学法是对实验教学法的丰富和创新。首先,传统实验教学法主要存在于自然常识等学科的教学中,其实验对象也是与之相对应的定律、规律和现象。而语言实验教学将实验对象扩展到学生的语言知识技能上,也就是说,实验对象不仅是自然学科知识规律,而且还包括人文学科的语言知识技能。其次,传统实验教学法实验对象仅仅是知识规律本身,而没有将这些知识与学生联系到一起,这就造成了实验只能展示知识规律的存在而不能评价学生对知识规律的掌握情况。语言实验教学法则改变传统的对实验教学的理解思路,根据语言教学特点将语言知识、技巧与学生的技能整合到一起作为实验对象进行实验,从而将学生与知识紧密地联系在一起,实现学生学习知识在一定程度上的统一,同时也有利于根据学生对知识掌握程度的不同进行个性化教学。

2. 语言实验教学法与任务型教学法的关系及其创新

语言实验教学法属于外语任务型教学法范畴,具有任务型教学法的一般属性。根据1.2.2节的分析可知,任务型教学法是外语教师在教学过程中给学生布置语言活动任务,并引导学生完成相应任务的方式来实施的教学。而语言实验教学法是通过创建语言实验项目让学生单独或者分组来完成,这种语言实验项目实际上就是一系列经过有机组合的"任务"。因此,可以说语言实验教学法是任务型教学的一种存在形式,是在具体活动中使用语言的方式来掌握语言,而不是单纯讲解语言知识或者机械化的训练语言技能来掌握语言。但是,语言实验教学法又是任务型教学法的丰富和创新,具体表现在以下三个方面。

首先,语言实验教学法充分利用了现代信息化技术。任务型教学法是在传统教学环境下实施并发展起来的,在教学设计上鲜有对现代信息化技术应用的思考,而语言实验教学法则明确将教学定位在信息技术应用的基础之上,将基于计算机技术、数字化技术、网络技术等的语言实验服务平台作为语言实验教学方法的信息技术支持,在语言实验教学法的指导下,有机结合实验室的其他信息技术平台(例如虚拟仿真实验平台、同声传译实验平台等),为语言实验室提供开放、共享的教学资源服务。

其次,语言实验教学法将"任务"进行具体和整合。任务型教学法在教学中强调在课堂上引导学生完成相应的任务,体现"从做中学"基本教学理念,但这仅仅要求教师根据教学要求对具体的任务进行设计,并没有对这些任务进行进一步具体化和整合。而语言实验教学法则进一步将这些"任务"进行整合后包装到具体的实验项目中,这样就有利于在教学过程中以实验项目的方式灵活处理这些"任务",即根据教学要求将要学习的语言知识、技巧进行模块化处理,并构建若干个实验项目进行教学。

再次,语言实验教学法对"任务"进行充分评价。教学评价在教学过程中具有重要作用:第一,教师可以将教学评价结果作为调整教学节奏甚至教学思路的客观依据,而且大量的、多维度的教学评价数据也是教学研究和教学改革的重要数据支撑;第二,教学评价结果也是学生提高学习主动性的重要正向驱动力,是考查学生对知识掌握情况的重要方法。语言实验教学法具有丰富的评价体系,例如学生完成实验项目提交的实验平台,可以邀请其他学生互评;在学生互评过程中,既可以邀请项目小组内的学生互评,也可以邀请其他项目小组的学生进行评价;教师可以访问实验平台,对学生提交的实验项目进行再次评价等。

3. 语言实验教学法的要素分析

语言实验教学方法的核心思想是以语言实验教学平台为信息化技术支持,将特定语言场景的交际任务作为实验项目,将语言知识技巧和学生语言技能综合到一起作为实验对象,将真实的语言交际环境作为实验环境,将多媒体文件作为实验内容,将自我、同学、教师的综合评价作为实验结果来有机构造完整的语言实验过程。因此,语言实验教学法有如下基本构成要素:特定语言场景的交际任务、语言知识技巧和学生语言技能、真实的语言交际环境、多媒体文件、综合评价等。其中,构建实验项目和实验环境是基础准备,完善实验内容和实验结果是重要环节,提高实验对象是教学目的。接下来将对这些要素进行具体分析。

(1) 基于特定语言场景交际任务的实验项目。一个特定的语言场景交际任务就构成了实验项目的主体和方向,通过教师的引导,使学生理解项目任务的主体和交际情境。根据实验项目的要求和具体的交际情境,学生可以独立或者分小组来完成实验项目。

(2) 基于语言知识技巧和学生语言技能的实验对象。语言实验教学法的这一要素贯穿于整个教学过程,因为它包含了语言实验教学的根本目的,即锻炼和提高学生的语言交际能力。

(3) 基于真实的语言交际环境的实验环境。这一要素主要是为学生的实验过程服务,教师应当合理优化这一要素,引导学生进入真实的语言交际情境。

(4) 基于多媒体文件的实验内容。语言实验教学法离不开语言实验教学平台,学生做完实验项目后应当将实验过程相应的音频、视频、文本等多媒体文件提交至实验平台,便于完成后续的实验过程。

(5) 基于自我、同学、教师的综合评价的实验结果。该要素表征实验的后期环节也是比较重要的环节,学生和教师应当对项目小组或者学生个体的实验过程进行综合评价,并再次将评价结果反馈给教师。

4. 语言实验教学法教学框架和实施过程

根据上一部分讨论的语言实验教学法的各个要素,基本上可以构建出语言实验教学法的教学框架,语言实验教学法的具体实施是以语言实验教学平台为基础的,例如教师需要在实验平台上管理相应的实验项目;通过实验平台下发实验任务;学生通过实验平台提交实验内容;教师和学生在实验平台上对实验内容进行评价等。具体框架如图2-1所示。

从图2-1可以看出,语言实验教学法包含了教学的全部过程,即包括课前的语言实验教学设计、语言实验项目管理、实验项目导入、语言实验实施、实验综合评价以及课后教学反馈等部分。接下来将根据实际教学过程对语言实验教学法进行具体说明(以下情境模拟与角色扮演项目以餐厅点餐为例)。

第一步:在课前,如果是首次上课,教师需要根据教学要求来考查学生对准备知识技能的掌握情况进行考察,然后根据考察结果进行实验教学设计。如果不是首次上课,教师则需要根

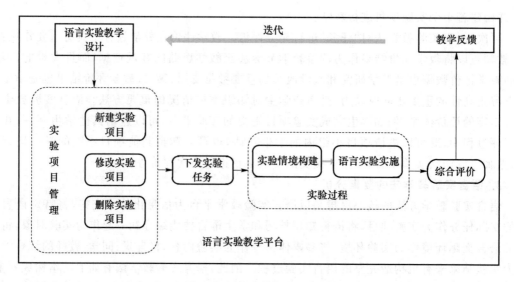

图 2-1　语言实验教学法框架

据上次实验结果的教学反馈和教学要求来进行实验教学设计。例如,在项目设计中要让学生熟练使用如下餐厅常用句式。

餐厅的选择

（1）Are there any restaurants with reasonable prices in this community?

（2）Would you please recommend a nice restaurant?

（3）Which restaurant serves local delicacies?

餐厅服务员

（1）What are you having today?

（2）Separate checks?

（3）Dinner or a la carte?

（4）Something to drink?

（5）What's your order?

（6）How do you like your…?

（7）Anything else?

就餐者

（1）May I order now?

（2）What is the specialty of this place?

（3）Are there any house specialties you'd like to recommend?

（4）I'm vegetarian. Do you have vegetarian dishes?

（5）I'd like…

另外,还必须在实验教学设计中明确教学目标和评价标准,以及语言实验具体实施的各个环节的准备等。

第二步:在课堂上,教师根据教学设计来管理实验项目,确定是新建实验项目还是修改、优化原有的实验项目。教师在课堂上适当导入实验项目情境,可以摘录电影餐厅点餐对话的片段,通过实验室视频播放设备展示给学生,接着将屏幕画面停留在展示餐厅环境上,找一名学生与其进行如下对话。

T：What can I do for you, sir?

S：What have you got this morning?

T：Fruit juice, cakes and refreshments, and everything.

S：I'd like to have a glass of tomato juice, please.

T：Any cereal, sir?

S：Yes, a dish of cream of wheat.

T：And eggs?

S：Year, bacon and eggs with buttered toast. I like my bacon very crisp.

T：How do you want your eggs?

S：Fried, please.

T：Anything more, sir?

S：No, that is enough. Thank you.

在导入实验情境后,教师可以提出实验要求,包括实验内容的提交形式,例如音频文件、视频文件、文本文件等形式,以及其他相关要求。

第三步:将根据设计的具体项目情况对学生进行分组(可以两人一组、三人一组或四人一组等),要求每组学生明确自己的角色设计(例如餐厅侍者、就餐顾客、来餐厅找朋友的非就餐顾客等)。在明确这些社交必选项后,将实验项目任务通过语言实验平台进行下发。

第四步:学生根据实验要求进行分组练习,完成语言实验过程,并将实验脚本、实验要求的音视频录像文件提交至语言实验平台。

第五步:这一阶段主要是教师和学生在实验平台上的项目综合评价。一般情况下,学生提交实验内容后需要学生对自己提交的实验内容进行客观评价,然后其他同学也会对该内容进行评价,最后教师再进行评价。语言实验平台会权衡自己、同学、老师的评价结果后给出综合的评价结果。

最后,是反馈和迭代的过程,教师能够查询所有学生的综合评价结果,据此来衡量教学情况(例如教学设计是否合理、实验项目训练是否有效等),并将这些反馈信息迭代到下一次的教学设计中,用以调整教学设计的思路,使教学效果螺旋上升。

2.2 语言实验教学体系

外语实验教学是一个实践性很强的个别化训练过程,彻底颠覆传统的教学观、教师观、学习观、媒体观以及教学模式和教学手段。外语实验教学是培养学生个性化学习和有效学习的重要策略,是养成严谨的科学态度和工作作风,培养学生的外语综合应用能力、自主学习能力、研究能力和创新能力必不可少的重要环节[4]。随着系列化实验教材的出版和大学英语实验与评估平台的上线,语言实验教学体系被完整地建立起来,形成了"教-学-练-创-考-评"为一体的"互联网＋语言实验教学"新模式。

2.2.1 文理交融实验教学理念

在一个中心的指导下,实现两个贯通,三个结合,通过六个转变,完成五个掌握,搭建多个平台,解决外语教学中的重语言输入、轻语言输出,重课堂面授、轻自主学习,重知识传授、轻能力培养,重终结性评估、轻形成性评价等突出问题,最终实现学生能力培养的提升(如图2-2所示)。

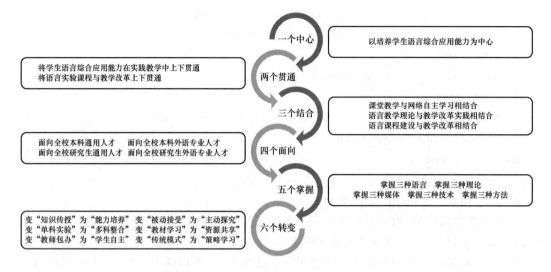

图 2-2　语言实验教学方法理念示意图

一个中心:以培养学生语言综合应用能力为中心,以语言知识与综合应用能力、学习策略和跨文化交际为主要内容,以外语教学理论为指导,并集多种实验教学模式和教学手段为一体[5]。

两个贯通:将学生语言综合应用能力在实践教学中上下贯通、将语言实验课程与教学改革上下贯通。即以培养学生的实践能力和创新能力为主干,横向上把语言基础能力、语言应用能力和自主学习、创新实践在教学中上下贯通;纵向上将外语实验课程、基础理论课程与外语教学改革的理念、教学模式、教学方法上下贯通。

三个结合:课堂教学与网络自主学习相结合、语言教学理论与教学改革实践相结合、语言课程建设与教学改革相结合[4]。

四个面向:面向全校本科通用人才、面向全校本科外语专业人才、面向全校研究生通用人才、面向全校研究生外语专业人才。

五个掌握:掌握三种语言、掌握三种理论、掌握三种媒体、掌握三种技术、掌握三种方法。其中,三种语言指中国语言与文化、外国语言与文化、计算机语言与文化。三种理论指教育理论、语言习得理论、跨文化交际理论。三种媒体指小媒介(投影、声音、视频等)、大媒介(网络教学系统)、综合媒介(计算机技术、通信技术结合构成的信息网络)。三种技术指信息采集技术、媒体编辑技术、信息维护技术。三种方法指教学方法、科研方法、创新方法。

六个转变:变"知识传授"为"能力培养"、变"被动接受"为"主动探究"、变"单科实验"为"多科整合"、变"教材学习"为"资源共享"、变"教师包办"为"学生自主"、变"传统模式"为"策略学习"[5]。

多个平台:大学英语实验与评估平台、外语网络教学平台、外语资源服务平台、远程交互学习平台、机器翻译智能平台等。

2.2.2 语言实验教学内容

1. 语言实验教学的"三个层次、多个模块"

语言实验教学内容包括"三个层次、多个模块"的实验教学体系。三个层次是指按照"语言基础""技能技巧""设计研究"三个层次,构建由"语言基础训练""技能技巧训练""设计研究型训练"三大实验教学板块组成的相对独立的"一体化、三层次"的语言实验教学体系。多个模块是指按照听说写译技能目标在每个层次设计多个模块多个实验项目。实训化是指将语言活动拓展到课堂之外,指导学生在课下依然能有目的、有步骤地完成语言仅能训练项目,以提高学生的实践能力、交际能力和创新能力。

(1) 语言基础训练。语言基础训练主要是在课堂完成,充分利用数字网络语言实验室系统的各项功能以及发挥网络教学平台的作用,由任课教师主导、实验技术人员协助,完成学生语言基础知识和技能训练的、侧重于语言基础知识的训练和强化,在数字化学习环境下,教师设计各种不同的学习情境,通过协作学习、会话讨论、教师点评等形式获取知识,提高语言技能和各种交流技能。这一层面的实验教学包括技能基础训练模块、语言习得模块、知识验证模块,如各语种的语法训练、阅读训练、语音语调跟读训练、视听说技能训练、写作基础、翻译基础等基础型实验。该层次的实训活动以辅助教学、夯实基础为主线,主要对应如基础英语、基础日语等核心基础类课程,是课堂教学的有机延伸和扩展,内外互动,相辅相成,以强化外语专业人才培养的实践性[5]。

(2) 技能技巧训练。技能技巧训练立足于语言基础板块之上,为进一步提高学生的语言能力和技能所进行的能力训练与提高式的实验教学。其充分突出语言自主学习能力的训练,培养学生自主学习的意识和方法,提高学生自我规划、自我监控、自我评价的能力,从而提高学习效果,使外语学习成为真正意义上实践能力的培养。这一层面的实验教学主要集中于支撑报刊选读、写作等语言"能力类"课程,如复述、听力技能训练等课程的教学。开设的实验模块主要有各语种的访谈、演讲、视译等技能技巧实验[5]。

(3) 设计研究型训练。设计研究型训练主要以自主创新实验等培养学生进行研究、创新以及独立工作的能力。针对语言技能和交际能力要求高的课程,融合国内外先进教学理念,充分利用现代教育技术手段为学生的创新性思维提供教学保障的新型教学模式,满足学生个性化发展需求。这一层面的实验教学主要应用于高技能和高交际能力的课程训练。学生以学术专题形式进入自主创新性学习,通过自主课题研究进入实验室研究,可以参与教师课题等形式进入设计研究实验,可以通过大学生创新项目培养自主学习能力、团队协作问题、创新能力。设计研究实验的主要内容有开放型实验项目,例如本科生进行数理统计中因子分析在语言测试中的应用、同声传译训练的探索与实践、外语电视访谈节目与外语素质与能力提高的探索、网络环境下自主学习模式的探索、电子化教学实验等设计研究型实验[5]。

2. "教-学-练-创-考-评"一体的"互联网+语言实验教学"新模式

线上线下结合:围绕教学目标,采用"微课学习+直播答疑+共建共享",制定目标,创设任务,扩展资源。学与考结合:利用在线平台交互、实验平台任务和纸质单元测试,学生自觉地投入以目标为导向的复杂的学习活动,隐形性评估和形成性评估相结合,实时反馈学习效果。练与用结合:学生以单元话题为主线,基于虚拟仿真实验平台、App 移动终端,自创、自编、自导、自演、自拍视频。实施课后实践"两展示":展示英语才艺,展示应用技能的"每每工程",操练拓展,反映语言能力,培养了学术专业能力、跨文化交际能力、思辨能力、团队合作能力和创新能力,使学生可以根据自身特点和需求发展听、说、读、写、译等单项技能。

"教-学-练-创-考-评"一体的"互联网＋语言实验教学"新模式促进了教学从经验型、粗放型向精细化、智能化转变,网络平台是学生语言输入基石,"课堂导学-网络自主-项目驱动-实践促学"是学生巩固知识舞台,有效评估是学生不断进步的动力,将教师包办变为学生自主,将被动接受变为主动探究,将知识的传授变为能力的培养,"目标牵引"与"过程渐进"的融合实现了自主化、个性化、协作化的语言学习。新模式的创建驱动了教学模式的重塑、评价体系的重构、研究范式的转型、教学决策的创新、教育管理的变革。"教-学-练-创-考-评"教学模式如图 2-3 所示。

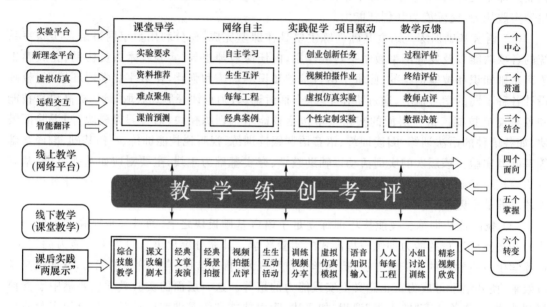

图 2-3 "教-学-练-创-考-评"教学模式

3. 分级别、分任务、分类型、分项目、分难度、分项指导的基础＋拓展实验课程体系

《大学英语教学指南》指出"大学英语教学应贯彻分类指导、因材施教的原则,依据三级教学目标和教学要求,结合学校、院系和学生的实际情况,确定具有本校特色的教学目标和教学要求,以适应个性化教学的实际需要"[7]。考虑到语言学习的复杂性和情境性,语言实验课程是按照分级别、分任务、分类型、分项目、分难度、分专项指导的基础和拓展阶段设计语言实验课程体系,覆盖英语听、说、读、写、译五大技能。实验体系既符合学习动机,设置听说、阅读和写作实验,又符合现实情境,设计新闻报道、访谈、辩论、模拟现场、脱口秀等实验项目,还符合学习本质,分为基础(如跟读、词汇测试、改错实验、评价实验等)、技能技巧(如图片描述、情景模拟、角色扮演、听后评述等)、综合(命题演讲、视译、文章理解、视频写作)和探究(微型调研及展示、创意写作),如表 2-1 所示。

语言实验教学体系的是对传统语言课程体系的创新与发展,以实践为纽带、情境为桥梁,引导学生在情境中分阶段、分层次地习得语言知识和语言应用能力。新实验课程体系不仅体现了阅读听说并重,并且突出了通用英语与专门用途英语的结合,还彰显了跨文化交际能力的培养,有效解决了"重语言输入、轻语言输出,重通用英语教学、轻专业英语培养,重语言基础教学,轻跨文化交际培养"等问题,满足不同层次学生的个性化学习需求。

表 2-1 语言实验教学方法的课程体系

听说实验			阅读实验			写作实验		
实验项目	实验类型	实验难度	任务模块	实验名称		实验类型	实验级别	实验难度
跟读	基础	初级	词汇实验	词汇测试(T1)		评价实验	基础	初级
会话仿写	技能技巧	中级	Text 1 阅读实验	文章理解(T1)		区分实验	基础	初级
听力技能训练	技能技巧	中级		词汇学习(T1)		改错实验	技巧	中级
复述	技能技巧	中级		句型掌握(T1)		扩充实验	技巧	中级
图片描述	技能技巧	中级		段落写作(T1)		提纲实验	技巧	中级
情景模拟与角色扮演	技能技巧	中级	Text 2 阅读实验	文章理解(T2)		改写实验	技巧	中级
访谈	技能技巧	高级		词汇学习(T2)		填写实验	综合	中级
命题演讲	综合	高级		句型掌握(T2)		仿写实验	综合	中级
新闻报道	综合	高级		段落写作(T2)		综合运用实验	综合	中级
微型调研及展示	探究	高级	写作技巧	写作技巧专栏		局部写作实验	综合	高级
				创意写作		全篇写作实验	综合	高级
						视频写作实验	综合	高级

4. "量规化、多维度"的语言实验教学评估体系

"量规化"体现每个实验项目依据其特点量化的评价标准,保证这些标准具有系统性,设计出评价表或量规,如图 2-4 所示。"多维评价"体现在评价内容、评价方式、评价手段的多元化,评价内容从对语言知识、听力、阅读等技能的评价,转向语言综合运用能力和跨文化交际的综合性评价;评价方式从终结性评价转向过程性评价,评价手段从试卷答题,转向大数据分析。从而全面评价学生的语言交际能力和综合应用能力,为教学改革提供真实而详尽的信息,形成个性化、动态、长效的语言教学评价体系。

"量规化、多维度"的过程性评估是对学生的语言学习过程和语言应用能力发展情况做出更加科学的检测,完善学习过程的监督与评价,实现教学管理过程的可控性和评估的科学性,有效解决了"重终结性评估、轻形成性评价"、学习过程监控难的问题。语言实验教学方法的设计体系如图 2-4 所示。

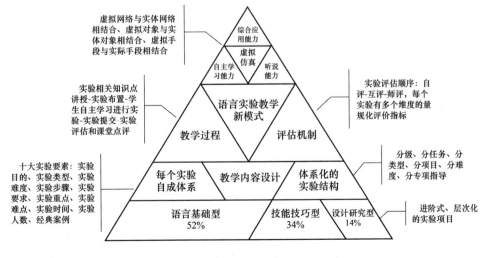

图 2-4 语言实验教学方法的设计体系

5. 实验教学的技术支持环境

语言实验教学和科研的重要支撑点应该依托信息技术的优势,构建多学科交叉、视野宽广的高性能、可靠的、可扩展的英语实验教学平台,支持学生的网络化学习,进行语言技能的全方位训练,对学习效果进行全面评价。其能有效地将教材学习变为资源共享,将单科实验变为多科整合,更加精细地刻画了语言学习中教与学的关系,并为学生提供个性化的教学内容,为学生提供语言实践良好的生态环境和语言实验教学的技术保障体系。从而促使教学能够更有效地关注个体,真正实现因材施教,培养出符合信息化时代所需要的个性化创新型人才。

总之,语言实验教学突出学生的主体地位,发挥教师的主导作用的"双主"教学指导思想,意在保证学生外语知识的掌握和外语应用能力的提高,是符合大学英语课程特征的教学方法[4]。这种模式是从多媒体网络教学的特点出发,结合英语课程内容设计一系列基础型、技能技巧型、综合型和探究型四个层次的实验项目,每一个实验项目按照教学目标制定详细的实验要求、实验步骤、评价标准等,对每名学生的实验成果进行评价,形成完整的实验教学体系,具有鲜明的针对性和可操作性。大学英语实验课将被动输入式的英语学习转变为主动参与、既有输入又有输出的完整过程,实现真正意义上的教师指导下的自主学习。

2.3 语言实验教学的原则

1. 教师引导、学生自主的原则

教师是实验教学活动的设计者,在教学实验项目中指导和监督学生,而学生作为学习的主体在教师的指导下掌握知识点,学会如何协作查阅资料,并充分发挥语言实验室和网络的功能。由学生自主确定方案,运用已有的语言知识技能进行实践活动,并及时总结经验,撰写实验报告。整个实验教学过程调动了学生的学习情趣,激发了学生独立发现和解决问题的兴趣,有益于学生自主学习能力和自我管理能力的提高。教师的引导作用在于:教师是实验项目的设计者,在语言实验过程中指导学生选择适合的实验,讲解实验中的知识点,解答学生在实验中的问题,以及对实验报告的评价和课堂讲评,从而保证实验项目的完成质量。

2. 一体化、层次化原则

实验教学作为把教学和学习从课堂之中延伸到课堂之外的拓展,形成独立的教学体系,在自成体系的同时兼顾与理论教学相互渗透、相互兼容,使理论教学得到有效的扩展和延续。根据理论课程合理安排实验,使课堂理论教学与课下实验有机融合,体现实验教学过程的科学性。

3. 语言基础与综合能力培养并重原则

语言基础型和技能技巧型实验设计非常重要,教学中要夯实学生在听、说、读、写、译的基本功。学生语言基础知识的训练注重在课堂上利用数字网络语言实验室进行语言基本功的训练和强化;在语言技能训练中着重培养学生对语言点的逐层领会、逐层复用、逐层活用,以加深语言运用的技能技巧;综合能力的培养则是着力于多项语言技能培养的自然融合和贯通,实验项目的设计着眼于专题式的自主探究性学习,培养学生自主学习、自主评价的能力,重点在于学生个性发展需求,这既包括语言综合能力,也包括合作精神、心理素质、创新能力与创新精神的培养。

4. 多元化评价的原则

学生自评通过与优秀实验案例的对比,帮助学生更加清楚自身实验水平,了解评价标准;互评能够让学生相互了解、相互学习,可以明不足、找方向,相互促进;教师的评价是学生最为看重的,对实验项目的监督和评价可以起到激励作用。由教师、学生、教务处、用人单位等构成多维评价主体,自我评价+他人评价、定性评价+定量评价、形成性评价+终结性评价构成评价形式的多元化,具体形式有课堂评测记录和课外活动记录、学生自我评价报告、学习档案记录等。知识评价+能力评价、学习内容评价+学业内容评价构成评价内容多元化,包括实验项目所提出的语言知识、语言技能、文化意识、学习策略、情感态度等[8]。

5. 思辨能力与研究能力培养相结合的原则

思辨能力即思考和辨析,通过现象看本质,从分析信息入手,通过推理判断形成决策或结论的能力。而研究能力是整理、分析、总结、理解、创新的能力,以及对某事物或者现象提出探究问题,获取数据信息,进过思考总结,辩证地提出创新性结论的能力。思辨能力既是研究能力的基础,也是研究得以进行的必备条件,而研究能力有助于思辨能力的提升,使思辨更严谨、视角更敏锐、评价更客观。因此,两种能力的培养是相辅相成的,在进行实验项目设计时要充分考虑将两种能力的培养进行融合,以思辨促促研究能力的发展。同时,通过要求学生遵循严谨的研究过程,实验成果严格按研究要求完成来促进缜密思辨习惯的形成[3]。

本 章 小 结

语言实验教学法是在教育信息化条件下,以语言学理论研究和长期外语教学实践为基础提出的现代化的外语教学方法。本章首先分析语言实验教学的语言学理论基础,其次基于实验的基本要素对语言实验教学法进行剖析,最后阐述了以语言实验教学法为基础的语言实验教学体系和教育信息化技术支持。

本章参考文献

[1] 肖学敏.大学英语精读课的课堂教学改革及教学模式创新[J].海外英语,2017(10):98-103.

[2] 曾文雄.现代电化教育环境下的口译教学[J].外语电化教学,2003,(04):49-53.

[3] 郭艳玲.英语专业实验教学模式探索[J].实验技术与管理,2014(8):211-214.

[4] 范姣莲.信息技术环境下外语实验教学体系的实践与思考[J].中国电化教育,2011,(07):111-114.

[5] 王海波,范姣莲.语言实验教学体系建设的研究与实践[J].现代教育技术,2010,(12):80-83.
[6] 范姣莲,张璐妮.注重实践教学 推进语言实验教学中心的建设[J].实验室研究与探索,2011,(11):93-96.
[7] 王守仁.大学英语教学指南[J].大学外语教学研究,2018(01):1-8.
[8] 刘爱军.大学英语实验教学体系的构建与实施[J].外语界.2012,(04):87-89.

第3章　信息技术与语言实验教学

3.1　信息技术与教育领域的整合

信息技术的产生本身就伴随着对其他领域的影响,特别是对教育领域的影响:教育信息化就是信息技术与教育深度融合的一个重要概念。本节主要是以教育信息化为基础,首先讨论了信息技术和教育技术的概念,其次讨论了信息技术与教育相整合的历程及信息技术与课程的整合,最后对我国教育信息化的现状进行分析,以及对发展未来进行展望。

3.1.1　信息技术与教育技术简介

信息技术[1](Information Technology,IT)一般是指在信息的加工、处理和传播过程中所使用的技术。狭义的理解,信息技术是指利用计算机、网络、广播电视等各种硬件设备及软件工具与科学方法,对文、图、声、像各种信息进行获取、加工、存储、传输与使用的技术,它主要是指利用电子计算机和现代通信手段实现获取信息、传递信息、存储信息、处理信息、显示信息、分配信息等的相关技术。一般而言,信息技术主要包括以下四方面。

(1) 基于人类感觉器官扩展的"传感技术"[2]。这类技术扩展了人类获取信息的感觉器官功能,它包括信息的识别、提取和检测等技术,它几乎可以扩展人类所有感觉器官的传感功能。科技的进步催生了遥感技术,遥感技术是在传感技术和测量技术的基础上结合了现代通信技术,进一步提升了人类感知信息的能力。

(2) 基于信息从一种状态向另一种状态转移的信息传递技术[3]。这类技术的主要功能是实现信息快速、可靠、安全的转移。

(3) 信息的处理与再生技术[4]。这类技术分为两个层次,一方面为基于信息处理的信息的编码、压缩、加密技术等;另一方面称为信息的"再生",是指依靠一般信息进行处理而形成的更加高级的可供决策的信息。不论是信息的处理,还是信息的再生都是基于现代电子计算机卓越的计算能力所产生的。

(4) 基于指令信息对外部事物的运动状态和方式实施控制的控制技术[5]。控制技术是多种多样的,常用的控制技术有信息控制技术和网络控制技术两种。

由以上分析可知,信息的传感技术、通信技术、信息处理与分析技术以及控制技术是信息技术的四大基本技术,经历了信息获取、信息传输、信息处理分析和信息施用等基本过程,其中现代信息处理技术和信息传输技术是信息技术的两大支柱。

根据最近的 AECT 2005[6]对教育技术的定义：Educational technology is the study and ethical practice of facilitating learning and improving performance by creating, using, and managing appropriate technological processes and resources(教育技术是通过创造、使用、管理适当的技术性的过程和资源,以促进学习和提高绩效的研究与符合伦理道德的实践。)

中国的教育技术[7]起初是将音频、视频技术引入教学之中,主要依托广播电视技术和卫星通信技术进行远程教育(即电视大学),促进了教学组织、教学手段、学习方式的变革。这期间,各高校电教中心的录音机、幻灯等电化教育手段开始在外语教学中发挥作用。20世纪80年代后,科技促进了信息处理技术和信息传输技术的进步,这极大地促进了教育技术的发展,教育方式也发生了重大变革。教育部先后颁发了《关于加强高等学校教育技术工作的意见》《中共中央国务院关于深化教育改革全面推进素质教育的决定》(1999年),进一步明确了教育技术在教育教学改革与发展中的重要地位和任务,并提出应大力提高教育技术手段和教育信息化程度,让教育技术为教育教学改革提供保障。现代教育技术的应用是教育改革发展的要求,也是社会发展的要求,并且现代教育技术逐渐从教育改革的边缘转移到了中心,呈现出前所未有的重要性,也奠定了教育技术在教育系统中的重要地位[8]。

3.1.2 信息技术与教育相整合

美国的教育技术发展最早,也是最先将信息技术有效地整合于学科教学的国家,并且历来重视信息技术在教育技术领域的应用。根据何克抗教授总结,自1959年美国IBM公司开发出第一个计算机辅助教学系统以来,共经历了三种不同方式的信息技术与教育相整合的历程[9]。

(1) 应用于20世纪60～80年代中期的计算机辅助教学(Computer-Assisted Instruction, CAI),这种方式主要是利用计算机的快速运算、图形动画和仿真等功能,辅助教师解决教学中的某些重点、难点,这种方式以辅助教学为主。

(2) 应用于20世纪80年代中后期的计算机辅助学习(Computer-Assisted Learning, CAL),这种方式主要是强调要利用计算机作为辅助学生自主学习的认知工具、探究工具,使计算机教育应用逐步从辅助"教"为主转向辅助"学"为主。

(3) 从20世纪90年代中期开始信息技术与课程整合(Information Technology and Curriculum Integration,ITCI),这种方式又可大致分为WebQuest(基于网络的探究)阶段、TELS(运用技术加强理科学习)阶段和TPACK(由"学科内容、教学法和技术"这三者整合而成的一种新知识)阶段。

在我国,随着信息处理技术和信息传输技术的迅猛发展及其在教育技术中的应用,教育自身也在形式、方法、内容、组织形式和目的是发生了重要变革,课程明显从以书本、粉笔、黑板,甚至电视、录像、幻灯片为基础的传统教学中解脱出来,出现了以信息技术为基础的整个教学体系的全面改革。总结起来,我国的信息技术与教育相整合始于2000年,经历了效仿、改革、创新的历史阶段。

2012年3月,教育部正式印发《教育信息化十年发展规划(2011—2020年)》。该规划属于我国关于现代教育的顶层设计,在开篇即明确了我国教育事业发展的战略选择,就是要以教育信息化带动教育现代化,制定和实施该规划;就是要建立教育信息化体系,覆盖到城乡的各级各类学校,利用信息技术实现教育教学全方位的创新,推进信息技术与教育教学深度融合,实现优质教育资源的普及和共享。该规划所提出的关于教育技术的理念与设想,对于构建学习型社会,实现我国教育事业的现代化发展具有重大意义。

3.1.3 信息技术与课程相整合

整合意为融合、综合、集成、成为一体等,可以理解为把一些零散的资源通过某种方式而使其彼此衔接,从而实现信息系统的资源共享和协同工作。整合的精髓在于将零散的要素组合在一起,最终形成一个有价值、有效率的整体。这种要素组合是指系统内部各要素的整体协调、相互渗透,使成为一体并发挥最大效益[10]。因此,可以把教育、教学、信息技术中的各个要素重组,使其成为一个系统,并且该系统中各要素相互渗透、整体协调,以发挥教育教学系统的最大效益。

关于信息技术与课程整合(Integrating Information Technology into the Curriculum)的概念,何克抗教授做了如下定义:所谓信息技术与学科课程的整合,就是通过将信息技术有效地融合于各学科的教学过程来营造一种新型教学环境,实现一种既能发挥教师主导作用,又能充分体现学生主体地位的以自主、探究、合作为特征的教与学方式[11]。可见,教学课堂经过与信息技术的整合,将促使课堂的教学结构发生彻底变革,从根本上改变了以教师为中心的课堂教学,充分发挥了学生的积极性、创造性,促进了学生实践能力与创新精神的培养。另外,李克东教授也对信息技术与课程整合进行了定义:信息技术与课程整合是指在课程教学过程中把信息技术、信息资源、信息方法、人力资源和课程内容有机结合,共同完成课程教学任务的一种新型的教学方式[12]。这两种定义都不约而同地将信息技术作为有机组合的基本要素,由此可见,信息技术在整个融合过程中的基础地位。

何克抗教授和李克东教授对信息技术与课程整合的定义都是站在推动教育技术发展的基本高度,都将侧重点放在课程整合上,他们都有着共同观点:将传统的教学模式打破,构建出新的教学结构并开创新的教学模式,从而促进教学效果达到最优。随着信息处理技术和信息传输技术的迅速发展和在各个领域的快速渗透,在教育教学过程中,主动引入和应用各种信息技术用来实现教学方式、教学内容、教学过程、教学手段和教学资源的信息化、网络化、共享化。信息技术与课程整合的最终目标是借助信息技术手段来提高教育教学质量,促进学生身心素质的全面发展,这同时也是当前新课改的最终目标。而教育技术的最终目标同样也是通过对学习过程和学习资源的总体设计、开发、利用、管理和评价,以达到合理的、科学的、提高绩效的、符合伦理道德规范的理论与实践。

根据信息技术简介可知,信息技术包括传感技术、通信技术、信息处理与分析技术和控制技术。研究的对象主要是信息的获取、传递、处理和施用。在教育教学领域中信息技术是教育教学的资源和手段。信息技术与课程相融合主要包含以下内容:信息技术与课程整合研究的对象是信息手段和学科课程,整合的任务是通过对这二者的融合形成合理的教学结构、教学模式和教学技巧,整合的目的是优化课堂教学、提高绩效;教育技术研究的对象是学习过程与学习资源,教育技术是创造、使用和管理合适的信息技术手段、合适的资源设计出科学的、符合伦理道德的教与学的过程,其任务也同样是形成合理的教学结构、教学模式和教学技巧,其目的是优化课堂教学、提高绩效;基础教育新课改主要研究的对象是课程目标、结构、内容、实施、评价、管理等。其目标同样是形成合理的教学结构、教学模式和教学技巧,从而优化课堂教学、提高绩效[13]。

3.1.4　我国教育信息化现状与展望

教育信息化是信息技术与课程整合发展的基础之上实现了信息技术与教育技术更全面有机结合的高级产物[14],它充分利用现代教育技术多媒体化、数字化、网络化、智能化的特点,促进包括教学模式、教育管理、教学科研等方面的改革与发展,改变了传统教学模式,实现教学过程的交互与协作,实现教育资源的开放与共享。

2010年7月,教育部颁布的《国家中长期教育改革和发展规划纲要(2010—2020年)》为我国教育信息化指明发展路径和方针,同时也将会有力地推动我国教育现代化的快速发展。同时,为了加速我国教育信息化发展,推行教育改革,培养出适应快速发展的信息社会要求的新型人才,国务院、教育部等先后出台了一系列配套的扶持政策和指导性意见,如《国家教育事业发展第十二个五年规划》《教育信息化十年发展规划(2011—2020年)》《关于进一步加强教育管理信息化工作的通知》《教育部等九部门关于加快推进教育信息化当前几项重点工作的通知》等。

2015年10月29日,中国共产党第十八届中央委员会第五次全体会议通过的《中共中央关于制定国民经济和社会发展第十三个五年规划的建议》更是明确提出了"推进教育信息化,发展远程教育,扩大优质教育资源覆盖面。"通过以上政策指导性文件和纲领可知,将"应用驱动"和"机制创新"两个轮子共同来拉动我国教育信息化这辆大车,使得信息技术与教育、教学深度整合来彻底改变我国教育发展现状,实现我国教育现代化。

推动教育现代化的最主要手段就是全面开始教育信息化,通过教育信息化全面提升教学质量,采用先进的技术手段为教师的"教"和学生的"学"提供最佳方案以及优质的教育资源,实现全面培养学生创新能力。我国的教育信息化虽然在近年来刚刚起步,但已经得到迅猛的发展,同时也面临巨大的挑战,主要体现在以下四方面。

(1) 信息化基础设施呈现区域发展不均衡现象。由于我国经济发展为东部发展快速,中西部发展缓慢,特别是东部沿海地区经济发展远远领先于西部地区,这种经济发展的不平衡也造成教育信息化的建设水平在东部沿海地区发展较高,而西部偏远地区的教育信息化建设水平表现为整体相对滞后。无论是基础设施建设,还是软硬件信息化软环境的建设都存在不小的差距。

(2) 软硬件投入水平比例不协调。当前,我国教育信息化发展过程中还存在着注重硬件环境的投入而忽视软环境建设的问题,导致投入产出比不高,效果不理想;也存在部分信息化建设与教学实践脱节,致使应用水平不高,难以发挥信息技术带来的高效性优点的问题。

(3) 相对匮乏优质的信息化教育资源[15]。目前,教育信息化资源主要包括媒体素材、数字化音像教材、多媒体案例、多媒体课件、文献资料、数字化题库、虚拟化教学工具等多种类型。但是,我国当前教育信息化系统的整合只是刚刚完成了"校园一卡通"教育生活管理层面,而真正的学科资源的整合还没有大规模展开,还停留在单一学科、单一功能的软件系统设计和开发层面,缺乏可供大规模推广的综合各个学科的教育一体化系统的范例;另外,还存在教育资源系统重复性建设、标准化程度低、社会资源难以引入教育系统等问题。

(4) 缺乏有效的信息化资源共享机制。目前,我国的教育信息化建设主要还是以区县、学校这样的基层单位为具体实施主体,往往各个基层单位各自为政,缺少普遍的资源共享机制。这种相对封闭的方式,从我国教育信息化的整体来看,是极不科学的,并且也不符合国家关于教育信息化发展的总体要求。

未来,随着中国教育信息化进程的不断推进,信息技术也在教育中被广泛应用,包括 3D 打印、大数据技术、云计算、增强现实、虚拟现实技术、游戏化等新技术,将开放课程、开放数据、开放资源、开放教育、开放思维等开放理念引入课堂。

在我国,教育信息化正在快速推进,其中的云计算技术为教育信息化建设注入新的活力,通过云计算技术使互不兼容的教育资源优化重组得以实现,最大范围地整合各种资源,使之成为一个高效运行的、开放共享的公共信息服务平台,有效带领教育资源的建设迈入新的境界。因此,未来云计算与教育行业的接轨将成为资源整合和共享的主要方式。与此同时,物联网的发展也将促进教育信息化向创新应用和创新服务发展,并成为变革教学模式和管理模式新动力。

3.2 信息技术与语言实验教学

语言实验教学的基础是外语教学的语言实验法,它和信息技术有天然的可结合性;信息技术为语言实验教学的实施提供了基础环境和客观条件,可以说没有信息技术的支持就没有语言实验教学的产生与发展。本节首先从实验教学的产生展开论述,从实验教学的视角讨论实验教学与语言教学的整合、信息技术对语言实验教学的支持、信息化条件下的语言实验教学的发展;其次,对信息技术在语言实验教学中应用的途径与方式进行了简要分析;再次,阐述了语言实验教学中的信息技术手段;最后,对语言实验教学的信息化趋势进行了展望。

3.2.1 语言实验教学及其发展历程

语言实验教学[16]是一种对教学模式变革的探索,是信息化语言教学实践发展的必然结果,也是在对语言教学中长期存在问题的思考、尝试、研究基础上进行教学革新实践的结果。以"教师为主导,学生为主体"的原则以及"形成性评价与终结性评价相结合的多元评价"的原则去实现语言教学活动的系统性和个性化教学,并提高学生的学习兴趣、语言综合能力和创新能力的新型教学模式。语言实验教学的核心思想是改变传统的外语教学中偏重理论知识的传授而轻语言实践能力的培养,借鉴理工科先进的实验教学理念,在语言实验教学中选择典型的实验案例,详解实验的组成要素,解析实验的具体步骤,开创性地在语言实验教学环节中设立了教师推荐案例示范展示、学生实验案例示范展示和中外教师合作点评等环节,指导学生更高效地完成实验报告的提交、求证和分析,实现了实验结果的查看及师生间实时、有效地互动反馈。

在人类生活早期,生产力水平极为低下,人们要把生产劳动中生活经验和技术知识不断积累并传承,就需要进行各种实验教学活动,才能理解和吸收这些经验和知识,这些所谓的"实验教学活动"只是早期人类学习的一种初级方式。真正意义上的实验起源于西方大学诞生之后,尤其是在 16、17 世纪,随着当时社会生产力的发展,人们开始对自己感兴趣的自然科学进行大量的实验,如伽利略单摆实验、牛顿三棱镜实验等。这时,虽然对某种现象进行了科学验证性活动,但也不是现代意义上的"实验教学"。第二次世界大战结束后,各个国家,特别是发达的欧美资本主义国家开始重视国内的教育发展,经过教育改革者的积极探索和实践,加上教学设备和环境等硬件设备的不断改善,"开放式"的教学组织模式逐渐兴起,这个时期出现了现代意义上的实验教学。

在我国,纵观实验教学总体发展,实验教学首先应用在理工学科,但是随着教学实践的不断深入和教育技术快速发展,实验教学的应用也渐渐的不仅仅局限于理工科。[17]

学者Spolsky[18]认为,不管语言学习者拥有什么样的学习背景、天资、语言习得机制、态度、知识储备及接触过的语言和语言学习经历,他们的学习效果很大程度上取决于对所学语言的接触量和内容。

在信息技术快速发展的当代,随着计算机技术与网络技术的普及,在基于多媒体计算机和网络的外语教学中,因为网络的开放性和共享性,以及多媒体资源的可复制性和易于编辑性,可以随时向学习者提供大量的语言信息资源,并能够以灵活多样的方式对学习者进行反复的强化训练[19]。也就是说,在语言教学活动中,多媒体技术和网络技术的引入为学习者提供了最大可能地优化语言的学习环境,并能满足学习者对所学语言量的要求。

基于上述分析,将多媒体技术引入语言课堂教学确实能够满足学习者"对所学语言的接触量"的要求,但正是因为学生通过计算机网络获得了大量的多媒体语言资源,而从海量的信息中却很难找到学生本身所需要的内容,即带来了获取所需内容的困难性。

那么,什么样的多媒体资源是学生学习语言真正需要接触的内容呢?冯忠良教授[20]在《教育心理学》中提到,美国著名认知教育心理学家布鲁纳认为应当给学生提供具体实践学习素材,方便学生自主"发现"自己的编码系统。由此可见,在语言教学过程中使用各种多媒体教学资源,使学生从"被动接受知识"转变为"主动获取"。束定芳教授[21]认为基于真实的实践材料编写的课程教学对英语教学起很大作用,因此,在语言教学课堂上,迫切需要从根本上融入接近真实的实践材料,一方面将教学从"教师'硬塞式'教、学生被动学"转变成教师辅助、学生主动学";另一方面,这些接近真实材料的素材也满足学生对所学语言内容的要求,"语言实验教学"模式正是以这个理论作为基础发展起来的。

2003年,教育部开始启动大学英语教学改革。在此背景下,大学英语教学模式也逐步向基于网络化的教学发展。2004年,教育部印发《大学英语课程教学要求(试行)》,其中在教学模式环节就明确要求"各高等学校应充分利用多媒体和网络技术,采用新的教学模式改进原来的以教师讲授为主的单一课堂教学模式。新的教学模式应以现代信息技术,特别是网络技术为支撑,使英语教学不受时间和地点的限制,朝着个性化学习、自主式学习方向发展,新的教学模式应体现英语教学的实用性、知识性和趣味性相结合的原则,应充分调动教师和学生的积极性,尤其要确立学生在教学过程中的主体地位"[22]。可见,以信息技术为依托的外语教学新模式不仅体现在技术上的交互性,更重要的是突出学生自主学习的作用,不受时间、地点限制的学习,则更加地依赖教师的引导和监督,这给广大教育管理者和外语教师提出了更大的挑战。因此,各个高校都以此《要求》作为指导思想不断的探索新的语言教学模式。

北京邮电大学(以下简称"北邮")是一所以信息科技为特色、工学门类为主体,工管文理相结合的多科性大学。长期以来,北邮本着以培养高素质创新人才为宗旨,深化语言实验教学改革[23]。1980年,学校建立了当时国内最先进的语言实验室,体现在技术和教学功能两个方面。从技术上采纳了超大规模的集成电路,在功能上实现了听说对比(Audio—Active Comparative,AAC)型教学。1998年,北邮语言实验教学中心成立,该中心在组建之初即确立了实验研究和实验教学在语言教学和外语人才培养工作中的核心地位,将语言实验室归入中心的同时,为了满足专业及教师需要,还建设了语言情景创意实验室和语言测试实验室。为信息领域培养了大批的优秀人才,为此中心被评为邮电部重点实验室。2002年,为进一步落实教育部"加强实用性英语教学,提高语言综合能力"这一国家发展战略,充分发挥实验教学中心的支撑和示范作用,加强语言课堂实验教学和网络教学模式研究与探讨,又扩建了专门用于语言课堂教学研究和创新性实验教学的实验室,先后建立了开放式数字网络语言实验室、语音智能实验室、网络自主学习中心。基于北邮语言实验教学中心的建设与发展以及教学模式的探索,2004年,中心主任范姣莲教授等[24]发表题为《对大学外语"以学生为中心"的教学模式的思考》,在该文章中,范姣莲教授对语言实验教学模式的基本思想、基本要素以及实施条件做了深入的探讨和分析。这篇文章在全国范围内首次详细分析和介绍了语言实验教学模式的内涵和外延,为后期北邮语言实验教学中心建设奠定了理论基础。

北京邮电大学语言实验教学中心在教学中投入使用实验中心自主研发的大学英语实验平台,全方位、系统地管理实验教学过程,清晰地展示学生在实验教学各环节的参与情况,为实验教学评估及教学改革提供翔实的数据支持。近年来,中心先后接待了北京大学、北京交通大学、北京航空航天大学、山东大学、南开大学、同济大学、达特茅斯学院等来自国内外100多所高校的同行来访与观摩,出席国内外应用语言学界最权威和最具影响力的会议30多次,并做主题发言,有力地推广了语言实验教学。

2008年,中心整合了语言技能训练实验室、中美实时语言互动实验室。2010年,中心建立虚拟仿真实验室,实现学科深度交叉融合的虚拟仿真实验平台,全面开展立体网络协同仿真教学模式,充实和丰富了语言实验教学的信息化支撑,满足不同层次学生的教学需要,引领全国语言实验教学理论和教学实践跟随信息化教育的浪潮不断向前发展。

3.2.2　信息技术在语言实验教学应用中的途径与方式

纵观语言实验教学发展历程,语言实验教学模式就是在教育信息化条件下发展起来的,计算机网络技术的发展为教学资源共享提供了可能性。在语言实验教学的基础上,为了更有效地实现教学资源共享,采用"实验室+校内教学基地+校外实践基地"的模式(如图3-1所示),依托搭建的网络实验教学体系平台,将语言实验室实验教学数据反馈给校内教学基地进行教学验证和分析,校外实践基地学生在语言实际环境中运用实验室和校内教学基地实践所学的语言技巧手段,然后将评估数据反馈给实验室和校内教学基地进行进一步教学分析,实现了教学资源和数据的夸基地深度融合。

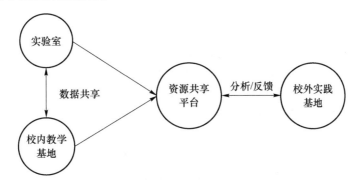

图3-1　教育信息化条件下的"实验室+校内教学基地+校外实践基地"的模式

这种教学资源共享模式面向本科生和研究生。同时,在这种模式基础之上构建各具特色的实验教学课程体系,在通用人才培养方面建立了由"语言基础训练""技能技巧训练""设计研究"三大实验教学板块组成的、相对独立的"一体化、三层次"的语言实验教学体系,每个层次又根据不同的教学目的,设计了初级、中级、高级难度各异、类型丰富、分层次、多模块、体系化的实验项目[25]。同时,在实验室任务上,依托教育信息化建设使每项"实验任务"自成体系,它包含实验目的、实验内容、实验步骤、实验报告、实验评价等相关要素。就北邮语言实验教学中心而言,其于2014年开发的实验项目就分为四个级别,共计28个单元,23个大类,280个语言实验项目(如表3-1所示)。

表3-1 部分实验项目列表

一级		二级		三级		四级	
实验项目	实验类型	实验项目	实验类型	实验项目	实验类型	实验项目	实验类型
词汇拓展	语言基础	会话仿说	技能技巧	情景模拟	技能技巧	会话仿说	技能技巧
情景模拟	技能技巧	情景模拟	技能技巧	命题演讲	综合	图表描述	技能技巧
小组讨论	综合	访谈	技能技巧	视译	综合	辩论	综合
采访	综合	命题演讲	综合	辩论	综合	模拟现场	综合
命题演讲	综合	新闻报道	综合	脱口秀	探究	命题演讲	综合
微型调研与展示	探究	微型调研与展示	探究	微型调研与展示	探究	微型调研与展示	探究

语言实验教学模式是一个开放的语言实验教学思路架构整合,随着在教育信息化条件下长期的教学实践和深入研究,正在不断地探索出新的途径和方式将信息技术运用在语言实验教学模式中。

3.2.3 语言实验教学的信息技术手段

根据北邮语言实验教学中心多年的建设发展和教学实践研究,信息技术在语言实验教学的应用手段多种多样,但总结起来存在以下两个层次的思路。

1. 语言实验网络环境构建

基于计算机网络的开放性和数据传输的共享性,首先需要构建一套能够支撑语言实验系统运行的网络环境。为了保证各个语言实验教学子平台稳定运行,语言实验网络环境必须满足以下三个方面的性能指标。

(1) 数据吞吐量。在语言实验教学网络环境中,各个子平台同时并发产生了大量的教学数据,这些数据需要相互交互,势必在网络设备中产生相当高的数据吞吐量。所以,在实验室网络环境构建过程中必须要满足数据吞吐量指标要求。

(2) 网络时延。各个实验子平台的实验数据交换的时序是复杂的,必须要考虑数据传输同步问题,否则在数据融合分析时会出现结果不准确等现象。所以,这就要求在构建语言实验网络环境时要考虑网络实验问题,将网络实验控制在可接受的范围内。

(3) 可扩展性和可管理性。一个开放和稳定的网络环境在构建时一定要考虑它的可扩展性和可管理性,同时应具有错误监测等功能,用以保障网络在教学时有效地、可靠地运行。

基于上述分析,根据语言实验室自身的特点,语言实验网络采用二层架构,同时为了保证网络数据传输的稳定,实验室核心交换机设备采用IRF双链路冗余技术。具体网络环境构建如图3-2所示。

2. 语言实验教学系统研究与开发

语言实验教学系统是语言实验教学模式在基于信息化条件下的教学实践中逐步探索和研

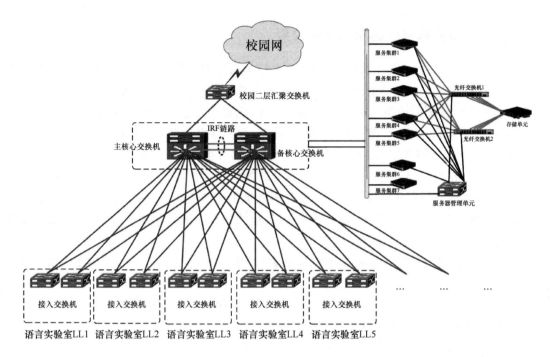

图 3-2 语言实验室网络环境设计架构图

究、设计、开发而形成的跨平台分布式的软件系统。由此可见,研究和开发语言实验教学系统的基础和核心离不开语言实验教学模式。语言实验教学模式和语言实验教学系统互为支持、密不可分,语言实验教学系统是语言实验教学模式的具体实施,语言实验教学模式是语言实验教学系统的服务对象。因此,语言实验教学系统研究与开发的过程就语言实验教学模式丰富的过程,也是语言实验教学实践的探索过程。

从总体上看,应当从以下几个子平台来构建语言实验教学系统:语言实验教学子平台、虚拟仿真教学子平台、网络自主学习子平台、同声传译互动子平台、语言技能训练子平台、实时语言互动子平台、教学资源点播子平台。

同时,这些跨平台实验数据是在语言实验教学系统中开放和共享的,需要对这些实验教学数据进行跨平台融合,因此在构建该系统时需要建立数据融合系统来实现跨平台数据共享。整体设计架构如图 3-3 所示。

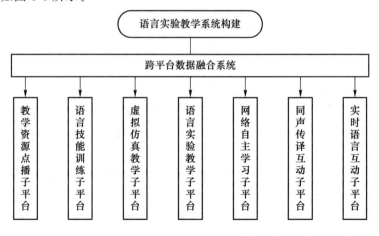

图 3-3 语言实验教学系统的构建

3.2.4 语言实验教学的信息化发展趋势

从 2007 年开始，教育部正式启动了"高等学校本科生教学质量与教学改革工程"，明确要求要大力加强实验、实践教学的改革，同时也推进高校实验教学内容、方法、手段、队伍、管理及实验教学模式等方面的改革与创新的发展。另外，也要求推进高等学校在教学内容、课程体系、实践环节等方面进行人才培养模式的综合改革，并倡导以启发式教学和研究性学习等模式为核心来推动探索教学理念、培养模式和管理机制的多方面创新[26]。

由此可见，在教育信息化条件下推进大学英语教学模式的改革已成为语言教学的必然选择，随着语言实验教学模式的提出并在大学英语教学中不断实践、探索与丰富，语言实验教学模式已经逐渐成为以启发式教学和研究性学习等模式为核心的推动探索教学理念、培养模式和管理机制的多方面创新的重要实践载体。

2011 年 7 月，教育部、财政部联合发布《教育部 财政部关于"十二五"期间实施"高等学校本科教学质量与教学改革工程"的意见》，明确提出"引导高校加强课程建设，形成一批满足终身学习需求，具有国际影响力的网络视频课程和一批可供高校师生和社会人员免费使用的优质教育教学资源。整合各类实验实践教学资源，建设开放共享的大学生实验实践教学平台；支持在校大学生开展创新创业训练，提高大学生解决实际问题的实践能力和创新创业能力"的建设目标。在大学英语教学实践中，就要求应用各种信息化技术手段使得各类教学资源相互融合，形成共享、开放和可复用的信息化教学模式。在这种要求和目标的指导下，语言实验教学模式已经形成了"平台数据共享＋语言实验素材整合＋大创新实践基地支撑"一体化语言实验教学模式。

2016 年 3 月，国家发布《中华人民共和国国民经济和社会发展第十三个五年规划纲要》，纲要明确提出进一步"推动现代信息技术与教育教学深度融合"。

根据《教育部办公厅关于开展 2015 年国家级虚拟仿真实验教学中心建设工作的通知》提出的建设任务和目标，在语言实验室利用虚拟演播室技术搭建虚拟仿真实验室也成为语言实验室建设的必要选择和必然趋势。原因主要有以下三方面。

(1) 虚拟演播室技术采用场景虚拟化技术，满足虚拟仿真实验教学中心"现虚实结合、相互补充、能实不虚"的建设原则，同时也便于构建出有利于学生习得的语言环境和突出在教学过程中学生的主体作用等。

(2) 虚拟演播室技术采用数字化场景素材，正是因为数字化素材具有可编辑和可复制等特征，在教学过程中可以对这些教学素材复用，这种教学素材的虚拟性有效地节约了教学硬件资源，提高了教学效率。

(3) 采用虚拟演播技术构建虚拟仿真实验教学中心也大大丰富和充实了语言实验室教学模式架构的内涵和外延。一方面，在信息化教学环境构建上能做到语言实验室教学与虚拟仿真教学的深度整合；另一方面，在具体教学策略实施上能将语言实验项目搬移到虚拟仿真教学中。

就目前来说，虽然语言实验教学模式的理论研究和教学实践都相对较少，但是随着信息化发展向教育教学领域快速渗透的同时，国家各级部门的教育发展政策都倾向于教育教学中的信息化应用。上述这些正是基于信息化发展的语言实验教学模式发展的基础，展望未来，语言实验教学模式将朝着以下两个方向发展。

1. 横向发展

（1）语言实验教学模式在我国高校中进一步推广和应用。目前，北京邮电大学国家级示范语言实验教学中心正在系统地实施语言实验教学模式，并积极通过学术会议交流和相互调研等方式向其他高校辐射。在未来，随着各个院校的相互交流，语言实验教学将会被进一步推广和应用。

（2）语言实验教学模式将进一步标准化。由于现实和历史原因，目前我国各个高校的语言实验室发展水平参差不齐，信息化水平发展也有较大差异。因此，各高级对语言实验教学模式的研究和实践的力度也不一样，再加上区域性差异以及学者自身对语言实验教学模式的理解不同，这就导致了目前我国各高校的语言实验室对语言实验教学模式的实施存在着一定差异。未来，随着教育教学资源跨高校整合和学术交流的进一步深入，语言实验教学模式也将得到进一步整合，形成较为全面的教学理论。

2. 纵向发展

（1）语言实验教学模式理论化发展。2004年，范娇莲教授发表的《对大学外语"以学生为中心"的教学模式的思考》一文为语言实验教学模式的发展奠定了理论基础。随着教学实践的不断深入，语言实验教学理论也得到了进一步发展和丰富，但目前在理论上尚未发展成全面、完整的理论体系。未来，随着语言实验教学理论研究的不断深入，语言实验教学将会朝着体系化理论发展，形成一门完备的理论体系。

（2）语言实验教学模式将更多地容纳新技术。目前，大数据技术、云计算技术和智能机器技术等作为引领时代发展的新技术，也必将影响语言实验教学模式的发展。例如，随着未来语言实验数据的跨高校整合，这些来自不同区域的语言实验数据通过大数据分析技术将实现深度融合；大数据分析技术本身也为教师和学者的教学实践和理论研究带来丰富的数据支撑。另外，云计算技术可以在更高层面实现实验教学资源和社会实践资源共享。

本章小结

上一章对语言实验教学法及其体系进行具体分析，从分析中可以看出，语言实验教学法是在语言实验室教学的基础上，将实验教学法和任务型教学法进行整合与创新并结合教育信息化技术而形成的一种新型的外语教学法。由此可见，语言实验教学法及其教学体系与信息技术有着紧密的联系，本章以信息技术为基础，首先具体讨论了信息技术与教育领域的整合，其次详细讨论了信息技术与语言实验教学的联系。

本章参考文献

[1] 李明. 信息技术与物理课堂教学整合策略的研究[D]. 济南：山东师范大学，2009.
[2] 李建中，李金宝，石胜飞. 传感器网络及其数据管理的概念、问题与进展[J]. 软件学报，2003，14(10)：1717-1727.
[3] 杜元清. 信息环境与信息传递样式[J]. Information Studies：theory & Application，2009，32(8)：16-20.

[4] 王珊,王会举,覃雄派,等.架构大数据:挑战、现状与展望[J].计算机学报,2011,34(10):1741-1752.

[5] 张胜康.信息控制技术对科技与经济的影响[J].中共四川省委省级机关党校学报,1997(4):93-96.

[6] 麦田守望者.教育技术学 AECT2005 定义概述[EB/OL].http://www.zbedu.net/jeast/002033.html.

[7] 赵岩.现代教育技术的发展对教学模式的影响[J].中国电子商务,2011(10):246-246.

[8] 兰士红.高等师范院校进行现代教育技术应用教育的途径[J].长春教育学院学报,2013,29(24):120.

[9] 何克抗.TPACK——美国"信息技术与课程整合"途径与方法研究的新发展(上)[J].电化教育研究,2012,33(05):5-10.

[10] 殷和素.信息技术与大学英语课程整合内涵诠释[J].外国语文,2011,27(03):117-120.

[11] 何克抗.信息技术与课程深层次整合的理论与方法[J].电化教育研究,2005(01):7-15.

[12] 李克东.数字化学习(上)——信息技术与课程整合的核心[J].电化教育研究,2001(08):46-49.

[13] 何荣杰.教育技术、信息技术与课程整合[J].现代教育技术(10):41-43.

[14] 刘云凤.加快教育信息化建设 促进创新型人才培养[J].中国教育信息化,2011(01):13-15.

[15] 杨蕴敏,张茹,张霞,等.国外教育信息化经验的借鉴[J].世界教育信息,2007(12):48-51+89.

[16] 范姣莲.大学英语实验教程[M].上海:上海外语教学出版社,2013:21-35.

[17] 何晓阳,蔡一林.高校实验室发展的历程与研究[J].实验室研究与探索,2007,26(11):126-129.

[18] Spolsky B. Conditions for second language learning: Introduction to a general theory[M]. Oxford: Oxford University Press, 1989.

[19] 冯青来.电化语言教学中的文化关照探微及反思[J].外语电化教学,2006(03):19-24.

[20] 冯忠良.教育心理学[M].北京:人民教育出版社,2000:135-136.

[21] 束定芳,陈素燕.宁波诺丁汉大学英语教学的成功经验对我国大学英语教学改革的启发[J].外语界,2009(6):23-29.

[22] 贾国栋.新模式,新要求,新发展——学习《大学英语课程教学要求(试行)》中教学模式部分[J].外语界,2004(05):18-24.

[23] 范姣莲,张璐妮.注重实践教学 推进语言实验教学中心的建设[J].实验室研究与探索,2011,30(11):80-83+138.

[24] 范姣莲,高玲.对大学外语"以学生为中心"的教学模式的思考[J].中国电化教育,2004(5):58-60.

[25] 王海波,范姣莲.语言实验教学体系建设的研究与实践[J].现代教育技术,2010,20(12):78-81.

[26] 张文璐,汪成楚.建设实验教学示范中心 加快高校创新人才培养——北京市高校实验教学示范中心建设工作综述[J].北京教育:高教版,2010(4):60-62.

第4章 国内语言实验室概况与发展

4.1 语言实验室概述

在之前的章节中已经提到,语言实验室一般是指借助现代信息化的教育技术实施外语教学的专业化教室,它主要是集中为外语教学提供现代信息化技术支持,便于在教学过程有效地使用这些技术及其资源,从而达到优化教学过程的目的。因此,从实质上讲,语言实验室是外语电化教学技术发展到一定阶段的产物。随着当前社会经济快速发展,人们对外语人才的要求也不断在提高。在这种社会经济背景下,将信息技术应用在外语教学中成为一种必然趋势,语言实验室就是外语教学方法创新和技术应用创新的一种体现。事实上,目前各个高校建设起来的语言实验室都是采用以信息技术为基础的现代教学媒体构建起来的外语学习环境。首先,其具有外语教学所特有的实时语音单向传输、双向交互无延时无断裂等特点;其次,其涵盖了一般的多媒体教室所具有的普遍特征和教学功能。教学实践证明语言实验室的各种媒体的运用为提高外语教学的听说能力起到重要作用,能克服多媒体教室的很多不足,提高外语教学质量。下面将具体介绍语言实验室的主要特点。

1. 集中的信息技术在外语教学中的应用

从语言实验室的结构与类型的讨论中可以看出,不论是传统语言实验室,还是新型语言实验室都注重将外语电化技术或信息技术应用在其中。特别是当前信息化社会快速发展,语言实验室建设更加重视将信息技术融入其中,新型语言实验室已经发展为以后台服务群集为中心,以软件系统为基础的计算机虚拟化、信息化语言实验室。在语言实验室构建时,还注重将信息技术与外语教学方法和思想进行整合,例如新型的语言实验室就是将信息技术与语言实验室教学整合的结果。这样,一方面在传统意义上实现了外语教学与信息技术的有效整合,使得教学变得更加便利;另一方面,又满足了以外语教学法为基础的个性化教学,将外语教学法的教学思想更方便、高效地发挥在外语教学方面。

2. 为听、说训练提供了便利的条件

现代外语教学将外语能力分为听、说、读、写等四项,要求这四项能力全面协调发展。而听与说是这四项能力全面发展的基础,因此应当在外语教学实践中充分重视对学生听说能力的训练。而在当前外语教学中,大家普遍对于听说能力训练的重要性认识不足,忽视了听说训练这一重要环节,因此极容易造成教学中的极大失误,产生事倍功半的负面影响。语言实验室在听说训练方面,具有较为明显的优势。

(1) 在语言实验室内,学生通过耳机可以听到教师播放发音纯正、地道的外语,所听的材料都是目的语本族人所录制的发音标准的有声材料,材料的音频内容包括目的语播音员或者演员录制的语音文件、经典外语电影片段、精选的电视访谈类节目等。这些纯正标准的音频为学生带来的感受是普通教师不能达到的。另外,地道的外语录音对学生发音具有较好矫正作用,对于提高学生学习的积极性有很大的帮助。

(2) 在课堂上,教师可以事先设计好交际情境,并选择具有口语特色的外语音频材料,根据交际情境,教师播放相应的音视频文件,引导学生进行模拟交际对话,以此让学生进行有意义的听说训练。这些音频材料应该具有口语特色,是真实的交际语言,而不是有声的书面语言。

(3) 在语言实验室环境能有效地完成听说训练,方便构建丰富的语音资料。由于在传统课堂上,学生所接触的语言范围过窄,并且听说课堂上每位教师发音也有差异,因此导致学生仅能听懂本班教师所讲的外语,而听其他外语教师的讲课就会觉得吃力,更不要说听懂外国人的讲话了。在语言实验室进行外语听说训练能有效解决上述问题:学生在语言实验室内,可以运用语音通话系统去反复听外语标准的发音,还可以将教师在每堂课前准备好的音视频资料存储管理起来,并以此构建一个目的语的电子资料资源库。学生可以随时访问这些资源库文件,能选择性地听音频资料。这些不同类型、内容丰富的音频内容能有效扩展音频内容的广度,因此可以有效地解决传统课堂上学生语言范围接触过窄的问题。

3. 提供开放自主的外语学习环境

传统外语教学中强调以"教师为中心",但是这种教学思想不利于教育发展,长期处于被动学习的学生会习惯性地接受教师的讲解,而丧失自主学习的能动性,体现为离开教师就不会学了,甚至学不会了。在这种思想的指导下,教师和书本是教学的权威,学生则不能挑战教师的权威和书本知识,也就丧失了教学过程中学生创新的教学环境。学生的创新思维受到制约,学生的创新意识与创新思维不能得到有效地锻炼和培养。一方面,语言实验室为学生提供了进行宽松的自主学习环境和相应的技术支撑,使得学生可以运用多种途径去访问和学习语言实验室提供的开放的、共享的、丰富的外语学习资源。在开放自主的外语学习过程中,学生学习的主动性得到进一步解放,从而有利于发挥他们的学习主体作用,有利于他们开动脑筋、思考问题。因此,在语言实验室环境也就能不断促进和发展他们的对新事物的质疑、探究、想象、发散等多种思维能力,从这种角度上来讲,语言实验室有利于培养学生创新思维的能力。

总之,语言实验室产生是外语教学与当代计算机技术及网络技术快速发展的必然结果,它代表一种教育信息技术发展的必然趋势,在教育教学中发挥着巨大的作用。语言实验室的发展也从传统模拟时代步入数字网络化时代,进而来到数字云时代、虚拟现实时代,并终将迈入智慧教育时代。

4.2 语言实验室的结构

语言实验室的结构在实验室建设初期是必须要思考的问题,在传统的语言实验室建设与设计过程中则不需要对实验室内的布局和结构进行详尽的需求分析,但必须要考虑的是实验室房间的尺寸、座位数、桌椅尺寸等,即结合一般的教学模式进行布局即可[1]。随着近几年信息技术的快速发展,语言实验室环境下的外语教学也出现了一些新的变化,同时也推动着语言实验室朝着开放、共享、高效的方向发展。这就对语言实验室的教学设备及布局提出了更高的要求,实验室的设备、功能及其结构必须适应外语教学思路、模式、方法的变化,从这个角度来说,在教育信息化条件下,优化的语言实验室结构及布局必须能促进外语教学方法的发展。接下来,具体分析语言实验室布局结构设计的基本要求[1]。

(1) 整体性要求。语言实验室设计要求布局结构和功能都应具有整体性,实验室内的各个功能设备(如语言实验室系统、网络传输系统、投影系统等)基于外语教学的要求在布局上将其构成一个整体。另外,还需要将这些功能设备与学生桌椅构成一个整体。

(2) 开放、共享性要求。现代基于信息技术发展起来的语言实验室,早已抛弃了20世纪90年代的以硬件为基础的功能相对单一的语言实验室结构,转而使用满足网络传输的语言实验室结构,使其满足实验室资源的开放性和共享性要求。从根本上讲,就是要构建一个开放的语言实验室教学环境和结构,基于软件模拟出真实学习情景,改变以往封闭、传统的布局结构。基于网络实现资源和信息的共享,在布局及结构设计时应当充分考虑网络架构设计的合理性,使其能够快速定位故障、便于管理等。

(3) 教与学的合理布局性要求。语言实验室设计要求布局结构应当满足教与学的要求,合理的布局结构应当是教师和学生座位以及学生和学生座位的距离适中、方位集中。学生能够利用整体型布局合理安排自主学习的方式,构建适合自己步调的学习模式。新型外语训练中心的构建对于师生的角色、地位发生了很大变化,这就要求中心构建能够充分考虑教学中师生的需要。

4.2.1 传统语言实验室结构

传统的语言实验室系统是由三部分构成,包括学生操作终端、教师操作终端、多媒体图像展示系统。接下来对实验室这三个模块进行具体讲解。

(1) 学生操作终端。该部分一般为学生提供相关操作功能,用以满足学生之间的交流或者学生与教师的交流。例如学生举手发言、学生分组讨论、师生对讲、示范练习等。学生操作终端由两个子模块构成:学生计算机系统和语言学习操作终端盒。子模块之间通过网线或者音视频传输线实现数据传输,一般情况下,学生操作终端置于学生桌位上为学生提供方便、友好的学习操作环境。

(2) 教师操作终端。该部分一般为教师提供相关操作功能,并与学生终端配合使用,该部分主要是为教师提供授课相关的操作。例如教师提问、教师示范、学生监视,控制学生操作终端,控制多媒体图像展示等相关操作。教师操作终端也由两个子模块构成:教师计算机系统和教学终端盒。子模块之间通过网线或者音视频传输线实现数据传输和控制信号的发送。一般情况下,教师操作终端置于讲台的教师桌位上为教师提供方便、友好的授课操作环境。

(3) 多媒体图像展示系统。该部分一般为教师和学生提供丰富的多媒体文件展示功能,可以将该部分理解成教师操作终端盒学生操作终端的连接部分,使整个语言实验室构成一个有机整体。多媒体图像展示系统分为大屏幕投影展示和教师、学生屏幕展示两种方式。

从以上三个部分的具体介绍可以看出,这三个部分是相互联系、构成一体的,并与学生座位和教师讲桌一起构成功能丰富、结构紧凑的语言实验室。其中,学生操作终端和教师操作终端通过网络联系在一起来完成消息转发、控制信息和数据信息传输等功能。多媒体图像展示系统则将学生操作终端和教师操作终端统一起完成实验室多媒体设备与教师、学生的交互。具体结构关系如图4-1所示。

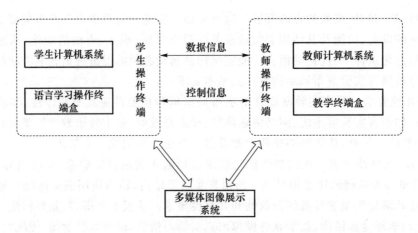

图 4-1　传统语言实验室结构图

如上图所示,学生操作终端和教师操作终端通过信息交互为外语教学提供信息技术支持,实现高效课堂互动和便利的外语电化教学;而多媒体图像展示系统为外语教学提供丰富的多媒体教学设备与外语教学参与者的交互。但是,传统的语言实验室各部分设备都是以硬件为基础的,这种设计结构存在以下三个方面的问题。

(1) 较低的设备资源利用率。这种以硬件为基础的外语教学多媒体设备需要固定在语言实验室内,但会出现以下情况:首先,实验室在上课的时候被使用,不上课的时候就被闲置;其次,实验室的座位数一般都是固定的,而外语教学班的人数也是固定不变的,教学班的人数很难被安排成与实验室座位数一致,这样在外语教学时容易出现部分语言实验室终端长期闲置。这样,闲置下来的设备就造成了传统语言实验室设备利用率不高。

(2) 单一的实验室功能,不便扩展。一般而言,以硬件为基础的语言实验教学设备需要基于各个不同的硬件模块实现不同的语言教学功能,如果需要增加或者改变一些不合适的功能,则需要变更或者增加相应的硬件模块,这种扩展成本和代价较高,不便实现。

(3) 呆板的教室布局。一般而言,传统的语言实验室在布局上与多媒体教室相差无异:学生桌椅整齐排放,教室最前端用来放置教师操作讲台。在基于电化教学的外语教学法快速发展的教育信息化时代,这种实验室布局就显得过于呆板,不适合当前外语教学模式发展的要求。

通过以上分析,传统的语言实验室布局虽然满足多媒体外语教学的基本需求,但是随着外语教育教学水平的发展,也存在着各种挑战。因此,我们需要进一步研究来创新发展语言实验室布局结构,使信息技术发展、外语教学模式发展以及个性化的语言实验室结构设计三者统一。

4.2.2　新型的语言实验室结构

1. 基于虚拟化技术的网络型语言实验室

新型的语言实验室是在信息化条件下基于语言实验教学法的语言实验室,这种语言实验室的重要特点就是充分利用信息化技术来服务教学,在实验室结构上更加突出结构个性化和精简化。这种新型的语言实验室结构是在传统语言实验室结构上发展起来的,保留了传统语言实验室的优秀功能,突出了语言实验教学法特点,形成了以软件为基础的,以计算机服务群集设备为核心的功能丰富的个性化新型语言实验室。总体而言,新型的语言实验室是应用后台服务器群集通过网络支持搭建起来的虚拟化的基础网络语言实验室。以下将通过图4-2所示的新型语言实验室总体结构图来进一步展示。

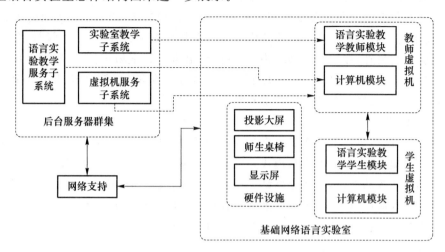

图 4-2　新型语言实验室总体结构图

从上图可以看出,与传统语言实验室相比,新型语言实验室内的硬件设备大大简化了,仅有一套投影大屏幕和相应数量的师生桌椅和显示屏。实验室所有的教学业务都由后台服务群集来完成,基础网络实验室仅实现与外语教学参与者的基本交互,这样就构成了典型的C/S的模式。

(1) 后台服务器群集。该部分包括了语言实验室教学子系统、虚拟机服务子系统和语言实验教学子系统。其中,实验室教学子系统主要实现实验室内教师与学生的互动教学,包括教师与学生的互动、学生与学生的互动、教师对学生机的控制以及监视、课堂测试及成绩统计等丰富的教学功能;虚拟机服务子系统主要实现语言实验室内虚拟机的运算处理服务和计算资源的管理服务等,将实验室内的学生和教师虚拟机提供相对独立的运算处理单元;语言实验教学服务子系统是新型语言实验室的核心子系统,它是一个机遇B/S架构的Web服务器系统,为语言实验室内的外语教学提供高效的语言实验教学法教学服务。

(2) 基础网络语言实验室。从功能上看,这部分主要为实验教学参与者提供前端交互,它是由硬件设备、教师虚拟机和学生虚拟机等三个子单元组成。其中,教师虚拟机为教师提供的操作虚拟平台,它是由服务端的虚拟服务子系统建构的学生计算机虚拟机并集成了语言实验教学教师模块,该子系统的计算机模块和语言实验教学教师模块都是由后台提供的软件虚拟服务;相应的,学生虚拟机也是同样原理,只是在语言实验教学学生模块对应的是学生端相应功能模块;同时,硬件设施被大大简化了。

(3) 网络支持。该部分为语言实验室提供了丰富的网络技术支持:语言实验室内所有操作都是经过网络的向后台相应的子系统发送请求以及返回响应的;通过这种网络支持能灵活的实现不同类型的实验室扩展,例如在现有的结构基础上可以相应的增加虚拟仿真语言实验室、同声传译语言实验室等。

通过以上新型语言实验室的论述,可以发现该类型语言实验室具有以下特点。

(1) 虚拟化的语言实验室服务。新型语言实验室从虚拟计算机到实验室教学模块,所有的教学业务处理都是在后台服务端进行的,前端不再有具体的教学终端盒和教师、学生计算机等硬件设备。这有利于集中教学资源,简化实验室内的结构布局。

（2）以网络服务为基础的个性化与易扩展的新型语言实验室。与传统的语言实验室结构相比，新型的语言实验室提供了一种以后台服务器群集为中心的易于扩展、稳定的网络服务支持。语言实验室的教学业务服务处理都放在后台服务器群集中，语言实验室通过网络访问这些服务，因此语言实验室设备布局与传统语言实验室相比被大大简化，易于设计出灵活、个性化的语言实验室。另外，在这种网络结构下，也使得语言实验室易于扩展：只要在网络设备上增加相应的接口支持网络地址规划，再加上相应的语言实验室的投影大屏、显示屏和学生桌椅等，就能够方便地扩展出一个新的语言实验室。

2. 同声传译实验室

从总体上看，同声传译语言实验室采用星 C/S 结构，即客户端到服务端的设计结构。客户端分为议员终端模块、与会者终端模块和发言人终端模块；服务端主要负责处理同声传译语言实验室的具体业务功能，然后将处理结果返回客户端，根据同声传译业务处理要求将部分结果存放在音视频存储磁盘上；音视频处理器是客户端和服务端的中间环节，主要负责音视频的实时处理与传输，完成客户端与服务端无缝衔接，将同声传译实验室软硬件系统构成一个完整的语言实验教学平台。具体设计机构如图 4-3 所示。

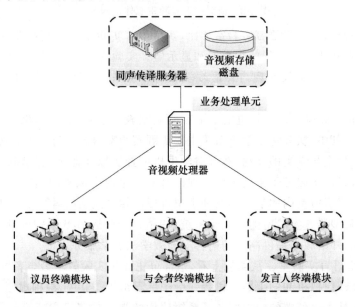

图 4-3　同声传译语言实验室基础架构图

上图展示了同声传译语言实验室的基本架构，以下结合上图所示分模块来进一步讨论该实验室的设计结构。

（1）议员终端模块。议员终端实现议员相关操作：首先，通关访问业务处理单元，读取指定发言人终端的音频信号，传输到本议员终端上使得该议员能听到发言人发出的原音声音；其次，议员根据要求将原音语言翻译成指定的目标语言，并且通过音频处理器进一步处理后转发给业务处理单元。

（2）与会者终端模块。发言人终端实现发言人相关操作：首先，与会者根据自己需要向业务处理单元发送语种请求；然后，后台服务端根据请求将目标议员的相关语言声音信号发送给请求与会者。

（3）发言人终端模块。发言人终端实现发言人相关操作：发言人终端设备采集到发言人的原音的声音信号后进行初步模数转换并做好标记,然后转发给音频处理器进行进一步处理,最后发送给业务处理单元进行业务处理。

(4) 音频处理器。该部分一方面对音频信号进行听觉处理,例如延时处理、均衡调节、信号放大、信号抑制、去噪等操作,另一方面完成音频信号的传输和转发等功能。

(5) 业务处理单元。该部分一方面完成议员、发言人、与会者的业务请求的实时处理;另一方面实现对音视频磁盘的管理和软件平台业务管理,例如人员管理、角色管理、音频录音管理等。

值得注意的是,同声传译语言实验室与语言实验教学软件平台进行有效集成主要体现在以下两个方面:首先,同声传译语言实验室的所有客户端模块都集成了语言实验教学软件平台的客户端,因此在同声传译实验室里可以方便地实施语言实验室教学法的外语教学;其次,同声传译语言实验室业务处理单元与语言实验教学软件平台服务端实现了教学资源共享,这在信息技术上实现了语言实验教学与同声传译教学的深度整合。

3. 虚拟仿真语言实验室

虚拟仿真实验室的拓扑结构采用虚拟演播室的基层架构,并通过网络与语言实验教学平台进行数据共享,将拓扑结构分为演播室语言实验区域和导控区域,分别负责音视频信息的采集和处理,具体拓扑结构图如图4-4所示。

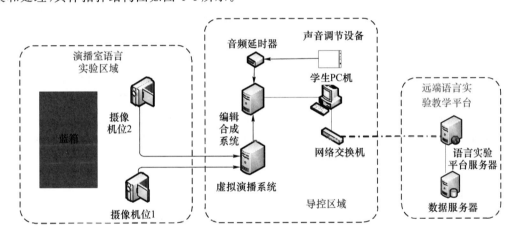

图 4-4　虚拟仿真语言实验室基础架构图

首先,系统采用高清摄像机进行拍摄作为前景输入虚拟演播系统中;然后,将导入的背景场景模板作为背景信号输入虚拟演播室系统,虚拟演播室系统对前景图像进行抠像处理并与背景信号进行混合;最后,输出一路合成信号,由编辑合成系统进行采集、录制、编辑,完成语言实验操作。用学生 PC 机将完成的实验脚本通过网络提交至远端语言实验教学平台,进而转入语言实验教学流程。

从上述虚拟仿真语言实验室拓扑结构图及分析可知:虚拟演播系统应当对摄像机姿态的变化以及摄像机的俯仰、变焦、平摇、角度变化及位移变化信息进行实时捕捉;同时,还应当实现摄像机状态变化数据与虚拟演播系统的三维图文信息的叠加合成,即实现在拍摄过程中将摄像图像信息与三维图文信息一起联动。因此,可将虚拟仿真语言实验室的实现分为摄像机传感跟踪技术和三维图形图像渲染处理技术两大关键技术。

(1) 摄像机传感跟踪技术。考虑到学生在虚拟仿真语言实验室的特定语言环境内进行包括对话和相应的肢体运动在内的语言表达，需要虚拟演播系统能对摄像机在一定范围内的摇臂进行捕捉并能确保其稳定性。本系统采用安装在摄像机云台上的机械传感器来实现对摄像机的姿态进行跟踪，这种技术方法具有实现简单、实时性较好等特点。

为了有效跟踪摄像机的位置信息，机械传感器被分布式安装到摄像机三脚架、基座、摇摄轴、俯仰轴、镜头变焦、聚焦环等位置，用来检测摄像机的聚焦、变焦、推、拉、摇、移、升降等运动参数。当摄像机运动时，安装在摄像机的传感器单元通过读取镜头聚焦环及变焦环的旋转，计算出摄像机的焦点信息变化；当摄像机俯仰、摇移及平移时，安装在云台上的传感器单元通过检测摄像机在云台上的变化读取到摄像机角度和位置变化信息。编码信息通过 RS232[2] 接口传输至虚拟演播系统主机，完成摄像机位置状态跟踪。

（2）三维图形图像渲染处理技术。三维图形图像渲染处理技术是虚拟演播系统的核心部分，它负责将摄像机采集的前景图像信息数据及虚拟演播系统的后景图像信息数据进行实时渲染及无缝融合。本系统的设计采用配置一个 Mariana 彩虹渲染引擎的 GPU 工作站，一方面负责导入预先设计的虚拟场景数据，另一方面还负责处理摄像机传回的前置图像信息及摄像机姿态信息，通过实时计算来处理三维场景的变化及前景图像目标的移动，实现输出图像的实物目标与虚拟场景无缝融合。为了保证三维图像信息处理的实时性，系统调用 DirectX[3] 提供的 Direct Graphics 组件对实时图像的进行三维渲染，这样在开发时只需要通过调用 DirectX 提供的统一接口而不需要直接访问复杂的底层硬件设备，一方面简化了开发的复杂度，另一方面由于 DirectX 有较高的执行效率使得图形渲染速度被大大提高；同时，本系统采用 OpenGL[4] 对三维图形进行建模、变换、光照及色彩处理等，由于 OpenGL 对三维图形数据处理的效率较高，因此也大大提高了图形渲染的速度，保证了三维渲染引擎的实时性。

另外，为了保证图像真实性，增加图像的仿真感，渲染引擎充分利用了 GPU 在并行运算、浮点运算、纹理处理、向量运算方面的高效性，提升了三维渲染的质感和流畅性并能够逼真地描绘出物体的凹凸贴图、片段光照、纹理材质、高光反射等细腻、真实的细节。这种处理能使学生在虚拟仿真语言实验室如身临其境般进行语言实验实施。

4.3　语言实验室的类型

从前面章节对语言实验室结构的论述可以看出，传统的语言实验室是以硬件为基础、功能单一的语言教学系统搭建出来适合外语学习的、具有现代化特征的学习环境，而基于语言实验教学法的新型语言实验室则是在传统的语言实验室基础上更加充分地利用信息化技术来服务教学的现代信息化教学环境。本节将语言实验室类型分为传统语言实验室和新型语言实验室来分别进行论述。

4.3.1　传统语言实验室

传统语言实验室是在外语电化教学技术发展初期就已经形成的专业化的外语教学环境，它具有以硬件为主导、功能相对单一等特征。因此，外语教学功能语言实验室可以被划分为以下五种主要类型。

1. 听音型语言实验（Audio Passive Language Laboratory）

这种语言实验室简称 AP 型语言实验室，它的结构比较简单，仅有一个单向传输的语音系统,包括了师生耳机、教师音频播放设备和语音单向传输设备。学生通过耳机来收听教师播放外语音频资料。教师根据教学要求,应当于课前准备好要播放的外语音频文件,上课时,教师通过音频播放设备将外语音频文件播放给学生。另外,这种类型的语言实验室还能提供单向的语音通话功能,但是不能够实现学生与学生之间或者学生与教师之间的双向对话功能。

2. 听说型语言实验室(Audio Active Language Laboratory)

这种语言实验室简称 AA 型语言实验室,这种实验室结构也相对比较简单。但是,它能提供具有双向音频传输功能的语音系统,包括学生耳机、教师音频播放设备和语音双向传输设备(传声器)。在这种类型的实验室环境下可以实现双向语音对话教学功能,进行双向教学。这种类型的语言实验室是对听音型语言实验室在一定程度上的升级:将听音升级到听说,实现了语言实验室的师生互动和学生之间的互动,为外语教学提供较为灵活的电化技术支持。课前,教师一般也是根据教学要求准备好适当量的外语听力材料和师生互动相应的主题,在课堂上可以灵活地应用教师讲解、师生互动和外语听音等方式。另外,有的听说型语言实验室可以提供学生分组等教学功能。为了保证实验室内的通话质量,一般这种语言实验都设置隔音座位。

3. 听说对比型语言实验室(Audio-Active Comparative Language Laboratory)

这种语言实验室简称 AAC 型语言实验室,它是听说型语言实验室的变形,仅仅在听说型语言实验室的基础上增加了双声道录音机构成对比听说系统。这种语言实验室包含了听说型语言实验室所有的功能,并且对听说对比功能进行扩展,将音频信号分为两个声道:一个声道用于学生听教师在课前备好的外语材料,另一个声道则用来录下学生自己的回答、跟读的声音,通过重放可以将标准读音和跟读语音进行听说对比。另外,这种语言实验室还可抹去跟读音,保留标准音,方便学生进行反复练习、多次比较、自我校正等强化训练。

4. 视听型语言实验室(Audio-Visual Comparative Language Laboratory)

这种语言实验室简称 AV 型语言实验室,这种语言实验室是对听说对比型语言实验室在视觉上的进一步扩展升级。它在听说对比型语言实验室的基础上增加了视频传输和展示设备:投影机、投影幕布、VGA 传输器等设备。在教学上增加了相应的展示电影片段、电子文档等图像的功能,可以创设形象、真实、生动的语言情境。在教学上,由于教师能方便地展示要讲解的声音图像信息,使得学生更能对教师讲解内容留下更为深刻的印象,提高学生外语课堂学习的积极性,并提高互动教学的效果。

5. 多媒体学习型语言实验室(Multimedia Learning Language Laboratory)

这种语言实验室简称 ML 型语言实验室,这种语言实验室与以上四种类型的语言实验室相比,其所具有的外语教学功能最为丰富,为外语教学提供了视听说功能。在设备建设上,在基于硬件功能设备的基础上革命性地采用了计算机系统,将语言实验室提升到计算机多媒体系统上。外语教师上课时能灵活地使用视听说等功能,例如将听说功能和学生分组功能综合到一起,实现在课堂上的小组讨论,从而增加课堂的趣味性和互动性。

4.3.2 新型语言实验室

上一节对传统的语言实验室的典型类型进行简要介绍,这些类型的语言实验室都是以硬件为基础,外语教学功能相对比较单一。传统的语言实验室在外语电化教学发展初期在创新外语教学方式和提高外语教学效率发挥过重要作用,但随着教育信息化技术和外语教育教学方法快速发展,这类语言实验室受到越来越多的挑战,难以满足当代信息化社会背景下对外语教学的要求。本节主要讨论在教育信息化条件下基于语言实验教学法的新型语言实验室。新型语言实验室根据其特点不同,可以被分为基础网络语言实验室、虚拟仿真语言实验室、同声传译语言实验室等类型。由于在第 5 章将对这些新兴的语言实验室进行更加系统、全面的讨论,因此本部分仅对其进行简要介绍。

1. 基础网络语言实验室(Basic Network Language Laboratory)

这种类型的语言实验室是在当前信息技术条件下,对传统语言实验室的延续和丰富,但它是以语言实验室教学法为依据搭建起来的语言实验室,这是基础网络语言实验室区别于传统语言实验室的本质特征。从教学功能上看,基础网络语言实验室可以实现听力教学、听说教学、视听说教学、精读教学、翻译教学和写作教学等丰富的外语教学。

2. 同声传译语言实验室(Simultaneous Interpretation Language Laboratory)

这种类型的语言实验室是在当前信息技术条件下,以语言实验室教学法为基础,基于软件服务搭建起来的同声传译语言实验室。这种类型的语言实验室完全抛弃了传统意义语言实验室呆板的结构布局,转而借助软件技术将同声传译教学与语言实验室教学相整合,构建出全新意义的语言实验室。另外,这种语言实验室由于具有同声传译的功能,因此也可以作为同声传译会议室使用。

3. 虚拟仿真语言实验室(Virtual Simulation Language Laboratory)

这种类型的语言实验室是在当前信息技术条件下,以语言实验室教学法为基础,基于软件服务搭建起来的虚拟演播室。和同声传译语言实验室一样,这种类型的语言实验室也是完全摒弃了传统意义语言实验室呆板的结构布局,转而借助软件技术将虚拟仿真教学与语言实验室教学相整合,构建出全新意义的语言实验室。另外,这种语言实验室由于具有虚拟演播室的功能,因此也可以作为虚拟演播室使用。

从上述介绍中可以发现,随着信息技术的发展,语言实验室的构建已经完全脱离了传统语言实验室的框架,在语言实验室教学法的指导下,将信息技术与其他教学思想相整合,以达到在当前信息化时代下外语教学的创新与发展。

4.4 语言实验室的新发展

具体来说,我国高等教育的语言实验室建设起步于 1984 年。随着教育改革的进一步深入,2000 年,高等教育的语言实验室建设进入高潮期。在 2000 年之前建设的语言实验室,基本上是以模拟电路技术为主的语言实验室,对提高学校的教学质量、培养综合型高级人才具有积极的意义和极大的作用。数字语言实验室起初独立承担外语信息化教学的任务,率先在外语教学课堂中引入数字技术,集图像、声音、视频、超文本等多媒体教学资源,极大地丰富了教学手段。随后,数字多媒体技术逐步进入普通课堂,成为教学中不可或缺的重要部分。教育技术的发展趋势越来越体现出网络化、集成化,因此数字语言实验室就和学校的信息化建设相结合,逐渐与当前热门的智慧教室融为一体,共同构成了以教学资源课程建设为中心的网络化教学平台。

随着信息技术的快速发展,在新技术的驱动下,语言实验室建设也被融入很多新的元素和思想。特别是近几年发展起来的云计算技术、大数据技术、物联网技术等都有力地推动着语言实验室的建设与发展。另外,技术的创新必然会带来效率的提高,也会促使思维模式转变。在互联网快速发展和普及的今天,在"互联网+"模式的影响下,也必然带动"互联网+语言实验室"模式的发展与创新。本节将主要讨论云计算与语言实验室、大数据与语言实验室、物联网与语言实验室、"互联网+"时代的语言实验室等,分析这些新的技术、模式与语言实验室的关系。

4.4.1 云计算与语言实验室

一般来讲,云计算是将任务处理的核心从传统的用户桌面上转化到网络上,也就是说,利用互联网中的计算系统来支撑互联网的各类应用。因此,云计算提供了一种全新的网络服务方式。云计算中的"云"可以理解成由分布在互联网上的、成千上万的计算机构成的大规模计算中心,由于所有计算和服务都在互联网的远端,所以形象地比喻为"天上的云"。云计算抛弃传统的本地计算或远程服务器计算,转而将数据的计算与分布在网络上大量的分布式计算机上,这就使得部门数据中心的计算与服务如同用户使用互联网:数据中心根据需要来使用分布在网络上的不同计算资源,就像用户在互联网上使用信息资源一样,当各个部门需要数据服务时,就可以将资源切换到相应的应用系统上,根据业务需求向云端的计算机和存储系统发出请求,使得应用提供者不再去关心烦琐的计算资源管理的问题,有利于专注实现自己的业务逻辑。可以说,云计算能将业务逻辑与计算资源进行分离,从而大大提高了一个业务部门信息化建设效率。另外,由于云计算对网络上服务进行了一定整合并将计算资源按需分配给各个业务需求,因此大大提高了当前计算资源的利用率。综上所述,可以用一个较为形象的类比来说明云计算:云计算就像电厂集中供电的模式,用电户的日常用电不是自己去购买发电机来发电,而是采用电厂的集中供电。电厂使用电网将电力资源传输给用户,而不用具体关心用户用电照明或生产劳动等用途;用户也不再关心电厂将用何种方式发电,而在需要的时候直接使用电即可,从而达到电力资源的高效使用。

具体而言,从云计算的总体架构上来讲,自上而下可以分成以下几个层次,即用户层、接口服务层、服务管理层、虚拟资源集合层、物理资源分布层等,以下将对各个层次进行简要说明。假如企业用户或个人用户需要访问拥有超级计算能力的云计算资源,仅仅通过简单的终端设备上的浏览器或客户端等交互软件就能实现访问,即实现了用户层的基本功能;交互软件访问云平台的资源,需要通过云计算服务的基于各种标准的用户端与云端交互接口,这些接口就实现了接口层的基本功能;服务管理层对云平台提供的各类服务进行有效管理,并基于用户需求动态将这些服务合理地分配给用户;虚拟资源集合层通过各种虚拟化技术对分散的各种计算资源进行管理,并将其虚拟成虚拟资源后提供给用户管理层;物理资源分布层主要是指分布在网络上的各种物理硬件服务器系统、磁盘阵列存储系统等,可以将其看成是一个超大的、能够提供超强计算能力的计算群集。从云计算的总体架构上可以看出,云计算大大扩展了软硬件资源应用模式,也使得用户的具体需求应用和计算机资源的管理分开来,既方便用户,也提高资源效率。

云计算是基于计算机技术及网络技术的信息技术发展到一定阶段的产物,它实现了计算资源的优化分配,在当前信息化时代具有较大的发展潜力。

(1) 采用云计算可以降低计算资源服务成本。这种灵活的资源分配方式仅在需要资源时使用资源并仅为之付费即可,并不需要投入硬件建设和运营的大量成本,使得企业或部门有限的人力资源或资金得以投到业务生成和技术创新上,减少了企业或者部门(特别是中小企业或部门)的负担。

(2) 云计算使得超大计算能力资源的使用更加灵活。相对于传统计算机服务,云计算用户可以在任何时间、任何地点通过网络运用简单的网络终端来使用这些云端计算资源。

(3) 云模型使得业务应用更加灵活。由于可以通过扩展或收缩整个基础结构来满足业务要求,因此采用云计算服务的企业或部门可以有效地满足快速变化的市场需求。另外,云计算具有传统计算模式难以比拟的高可靠性和安全性,当前云计算服务提供商能够提供最先进、最可靠、最安全的数据存储中心来存储用户数据。

从上述分析可以看出,云计算在信息化社会推进过程中发挥了重要作用。从这个角度上来讲,语言实验室也能借助云计算技术的东风得到长足的发展。语言实验室在云计算技术的支持下具有如图 4-5 所示的结构。

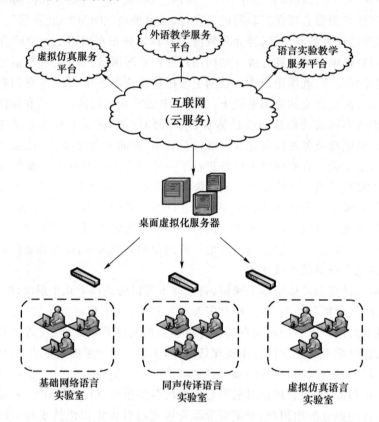

图 4-5 基于云平台的语言实验室基本结构图

如上图所示,在云计算技术的支持下,将原本运行在语言实验室服务机房的本地计算服务迁移到云端,使得实验室建设和修购变得更加灵活。

(1) 教师和学生使用操作系统的虚拟化桌面提供的本地语言实验教学终端通过网络来访问云端提供的语言实验教学服务。由于全部的语言实验室教学的信息化服务都在云端,因此大大节约了语言实验室建设的投入成本。

(2) 在实验室建设时,提前申请注册要使用的云端计算资源,实验室教师通过云平台的接口服务来将需要的语言实验室教学服务软件平台部署到云端,而不再关注云服务器的具体结构和搭建方式,仅仅根据教学需求使用必要的、相应的配置即可,并且可以根据教学需求灵活修改这些配置。

(3) 桌面虚拟化服务系统为语言实验室提供语言教学终端的操作系统,这种系统有效地利用了虚拟化技术,大大节约了本地信息化建设的投入成本,使得语言实验室机房和实验室教室联系更加紧密,搭建更加灵活,实现更加简便。

在这里,简单介绍一下虚拟化技术。从一般意义上讲,虚拟化是在计算机系统的虚拟化,是指计算机系统并不是利用本地资源进行运算,而是在计算机系统虚拟出来的系统中运行。也可以理解为由一套计算机系统化身为多个系统同时运行,虚拟化技术支持在一个硬件系统中同时运行多个操作系统,每个操作系统又同时执行多个程序,因此大大扩展了硬件的容量,而又减少软件配置过程,即实现了计算机系统运行的虚拟化。另外,随着部门业务需求的不断增加,对应的数据中心的需求也在迅速扩大。因此,部门不但要应对不断变化的需求,而且要提高硬件资源的利用率。虚拟化技术的出现较好地解决了这类要求。由于当前物理主机性能越来越强大,电子芯片也在不断地高速化和小型化,然而传统计算机软件运行模式的限制使得硬件资源并不能被完全的利用起来,例如一台服务器可能被多个部门来共同使用,然而常常出现各个部门对平台环境的要求不是很统一,有的需要 Linux 系统,有的则需要 Windows Server 系统。对于这种需求,为每个部门独立配置一台高性能的服务器会大大增加部门投入成本。虚拟化技术和云计算则能更加有效地解决这类问题。

4.4.2 大数据与语言实验室

从狭义上来讲,大数据就是海量的数据,即它包含了各式各样的数据,这些数据数量巨大,已经远远超出了传统数据处理技术的处理能力,必须要借助新的技术和新的工具进行处理。维克托·迈尔-舍恩伯格及肯尼斯·库克耶在《大数据时代》[5]中认为大数据是不采用随机抽样的方式来处理海量的数据,而是采用全新的数据处理技术对所有数据进行分析。IBM 公司提出大数据的 5V 特征,即 Volume(大量)、Velocity(高速)、Variety(多样)、Value(价值)、Veracity(真实性)。

一般而言,对于各行各业来说,大数据的应用的意义就是在于如何高效地从 5V 数据中获取到对自身企业或部门发展有用的信息,以及高效地利用这些大规模的数据。有一个比较形象的比喻来形容大数据:将数据比喻为蕴藏能量的煤矿。煤炭根据不同的性质可以分为焦煤、无烟煤、肥煤、贫煤等,而露天煤矿、深山煤矿的挖掘成本又不一样。因此,对于煤矿主而言,应当从投入产出比的角度来思考采用低投入量高产出量的挖掘煤矿的方式来获取有用的煤炭。对于大数据而言,不在于数据的大,而在于数据的应用价值,在教育教学方面体现在以下方面。

(1) 帮助教师改革教学方式。随着信息化教育的发展不断深入,学生的测试成绩、提交的作业文档甚至上课的考勤数据都是电子化管理,这些日常的与学习相关的电子数据可以通过大数据分析技术进行分析预测以帮助教师了解学生的学习情况和改善教师的教学方式。

(2) 大数据技术为语言实验室的教学提供支持。当今条件下,语言实验室可以看成是一个开放、共享的外语教学系统,教师和学生可以不受时间和地点的限制自主访问该外语教学的资源,因此会产生大量的行为和数据信息,对这些数据进行大数据分析,可以更高效地指导教师去实施在语言实验室环境下的外语教学。语言实验室搭建了外语教学平台、虚拟仿真实验平台、语言实验教学平台以及其他外语教学的信息化平台,在教学过程中会产生大量的符合大数据 5V 特征的数据,因此具有潜在的大数据分析价值。

以语言实验教学平台为例,在语言实验教学平台上实施语言实验教学法会产生以下类型的数据:语言实验项目数据,学生提交的音频文档、视频文档、电子文本文档等,实验结果评估数据等。另外,还包括一些访问数据,例如用户访问频次、用户访问时间、用户访问目标位置等数据。将这些数据应用于大数据分析可以为教师提供很好的教学研究和教学改革的数据支撑和指导。因此，在语言实验室构建的同时应用大数据技术能够更好地服务于外语教学创新。

4.4.3 物联网与语言实验室

互联网是将物理设备和通信分开对待的，其强调人与人之间的交流。而物联网则改变这一传统方式，其主要理念是面向物体与物体的通信，使世界朝一个大融合体的方向发展，在广域上实现物体的零距离连接。目前的网络还是集中体现在人之间的交流，但是随着信息技术进一步发展，人人通信的发展空间已经受到限制，人们迫切需要将通信的载体进行更高广度的扩展。物联网就是在这一背景下产生的，它的出现革命性地改变了传统的信息通信格局和理念。它的目标是融合各类物理物体到开放的大网络中，实现更加方便快捷的信息获取和传递。

物联网在各大领域都具有普遍适用性，这也就决定了它在市场上能形成一个完整的物联网产业链，例如从物联网的传感器、控制器、监控器等终端节点设备的控制和信息采集到协调器汇聚节点设备的信息传输，从网络信息的传递到数据的处理，都蕴含巨大研究开发的市场价值。可以说，由于突破了传统互联网的限制，物联网的发展将对整个信息化社会的进步起到强有力的推动作用。从物联网的内部架构来看，一般认为物联网可以被分为以下三个主要层次。

（1）感知层。该层利用二维码、传感器等技术随时随地地获取物体的信息。从总体上看，它是物联网获取信息的层次。因此，感知层需要满足信息感知的全面性。

（2）网络层。该层利用融合各种电信网络与互联网等，将从感知层获取的信息实时而又精确地传输到目的应用上去。从总体上看，该层是信息状态变化的中间层。因此，网络层需要满足信息传递的可靠性。

（3）应用层。该层主要是利用云计算、模糊识别等各种智能化技术手段，将感知层得到的海量数据和信息进行分析和处理，以实现对物体的智能化识别、定位、跟踪、监控和管理等。从总体上看，该层是信息状态变化的终点，即实现信息的最终应用价值。因此，应用层需要满足信息处理的智能化。

根据上述对物联网的简要介绍，在语言实验室内应用物联网技术也就成了一个值得讨论和探索的问题。事实上，在语言实验室内使用物联网技术具有较大的必要性，这种必要性主要是基于以下三点考虑。

（1）便于实现统一、开放的语言实验教学网络。将语言实验室的具体设施，包括语言实验教学使用的虚拟软件平台、实验室内硬件设备、校园网络、相关教学管理人员等全部整合在一起，形成一个统一的、互联的语言实验教学网络。这使得外语教学更加智能化，并能够进一步节约实验室的人力成本，在语言实验室的建设和管理过程中简化了一些传统模式下的必要但低效的环节。

（2）使语言实验教学数据采集更加丰富和全面。安装在语言实验室的各类传感器设备能更好地采集类型更加丰富的数据，包括在学生到达、离开实验的时间等数据。物联网应用层可以根据这些数据结合课表信息统计出学生迟到、早退、正常上课等情况，在自主学习时间段内可以统计学生自己学习的相关效率等。结合网络上教师学生访问的相关教学软件平台的数据信息，能进一步获得内容更加丰富的教学情况信息，有利于语言实验教学。

（3）构建智能安全的语言实验教学环境。语言实验室的传感器设备能够实时监控室内的用电、温度、湿度、空气质量，对于超过阈值的数据及时进行自动调节并记录，将不良记录及时发给管理告警。这样就能较好地保障教学环境的安全，并能及时消除安全隐患。

从上述内容可以看出，整合语言实验室与物联网有利于语言实验教学更高效、安全有效地实施。

4.4.4 "互联网＋"时代的语言实验室

近十年来,信息技术快速发展,例如移动互联网技术、云计算技术、物联网技术、大数据分析技术、语音智能识别技术、机器认知技术以及虚拟现实技术等,这些技术不仅在科技领域带来了颠覆式创新,同时也在悄悄渗透其他领域,特别是基于互联网的技术应用成为新一代的商业模式创新和人才创新的巨大孵化器。

1. 教育在"互联网＋"时代里新的机遇与挑战

2015年3月,李克强总理在《2015年政府工作报告》中提出要制订"互联网＋"行动计划;2016年3月,李克强总理又在《2016年政府工作报告》中再次强调将"发挥大众创业、万众创新和'互联网＋'集众智汇众力的乘数效应"作为当年工作重点。可见,"互联网＋"正深刻影响着各行各业的深刻变革。在"互联网＋"的大时代背景下,我国的教育行业也迎来一场变革,教师、学生、教学管理者也将面临空前的机遇和挑战。

在全球信息化背景下,基于互联网的世界范围的知识库正在快速形成,大大丰富了全球优秀的教育教学资源,这些资源又可以通过互联网被快速整合到一起,方便人们不限制时间和地点地访问,有效地提高知识获取和分享效率,为实现我国终身学习的学习型社会奠定了基础。"互联网＋"本身就有着"变革""创新""开放"等特征,这就意味着在教育教学领域内"互联网＋"的出现将给我国教育发展带来重大的机遇。

(1)"互联网＋"将加速教育转向开放化,教育发展历程就是一个不断走向开放化的过程,"互联网＋"的出现将有效地推动这一过程的发展。由于"互联网＋"本身就具有开放性,互联网技术为实现任何人都能随时随地的进行"知识的获取、知识的创造、知识的共享"提供了便利条件。这样就打破了原有的权威对知识的垄断,使教育更加开放化。

(2)由于在"互联网＋"的背景下,所有人获取知识的手段多样化、获取知识的方式也变得便捷化,使得出现了教师和学生的界定、正式教育机构和非正式教育机构的界定已经不再清晰。在传统的教育模式中,教师就是知识的权威,学生就是知识被动接受者。在传统思维中,经过正式的教育机构培养出来的学生才是所谓的"科班"出身,这些传统的教育模式在"互联网＋"的浪潮下都会得到有效的改变,因为在互联网背景下,知识的获取和分享都变得非常便捷,在知识面前淡化了所谓的"权威",学生也不再仅仅是单一知识接受者,而是知识的分享者甚至是创新者;教师的位置也不再是整个学习过程的中心,而逐渐转变成学生的引导者、伙伴,甚至是和学生一起成为知识的发现者。在"互联网＋"的影响下,淡化了不同教育实体在对知识的获取、分享和创新之间明显的鸿沟,在知识创新方面人人平等。因此,正式教育机构和非正式教育机构的界定也变得模糊了。

实质上,在"互联网＋"背景条件下,教育教学资源被再分配和整合。理论上讲,由于"互联网＋教育"能实现教育资源在全球范围内的共享和整合,例如在传统教育模式下,一位优秀的教师只能在特定范围内服务几十个学生,但是在"互联网＋"的模式下,这种优质教育服务已经远远突破了时间和地域的限制,能在全球范围内服务更多的学生。"互联网＋"加速了教育资源的快速更新,因为资源在全球范围内整合,所有的个体都能"访问"并分享教育资源,这样就有效地丰富了教育资源。由此可见,"互联网＋"的出现给教育带来新的活力,人人都是教育的创新者,人人又都是教育的受众,这种新型开放的教育生态更加适应了快速发展的信息社会。

2. "互联网＋语言实验室"模式的新特征

（1）尊重人性，重塑"语言实验教学"。互联网的力量本身也是来源于对人性的最大限度的尊重、对人体验的敬畏、对人的创造性发挥的重视。在语言实验教学模式上也会基于这种互联网精神，体现出对学习者人性最大限度的支持，尊重学习者学习语言过程本身的特点，以分享、合作的精神重构语言实验教学模式，实现语言实验教学的最大效能。

（2）"互联网＋"形态下的语言实验室与互联网深度融合。在传统意义上的语言实验室环境下，不论是实验室的教学模式创新、实验室管理，还是科研都仅仅局限于语言实验室本身，而很难跨越语言实验室环境并站在互联网的视角进行变革。"互联网＋"的重塑融合使得语言实验室的模式发生了变革，实验室基于教学数据、语言实验教学模式和实验室管理、科研模式与互联网的深度融合更加适应当前快速发展的信息化社会。

（3）"互联网＋"生态下开放的语言实验室。开放是创新的动力源泉，在"互联网＋"生态的驱动下，语言实验室将会更加开放。在开放的过程中，一个重要的方向就是要把过去制约创新的环节化解掉，基于互联网思维，把孤岛式创新连接起来，构成一个完整语言实验教学模式的创新体系。

随着"互联网＋"生态对语言实验室更深一步的影响，语言实验室教学数据、语言实验教学模式和实验室管理、科研模式等过程都会出现翻天覆地的变化，将深刻影响语言实验教学模式本身的发展。

本 章 小 结

本章主要介绍了国内语言实验室的发展概况，将语言实验室的发展历程分为传统语言实验室和新型语言实验室两个发展阶段，最后详细介绍了在信息化条件下语言实验室的新发展。

本章参考文献

[1] 孙立伟. 新型外语训练中心的构建与应用[D]. 济南：山东师范大学，2009.

[2] 邓素萍. 串行通信 RS232/RS485 转换器[J]. 电子设计工程，2001(7)：62-63.

[3] 吴应嘉. DirectX 3D 游戏引擎制作与实现[D]. 成都：电子科技大学，2014.

[4] 朱晓飞，万哲. 基于 OpenGL 的三维场景的模拟[J]. 电子技术与软件工程，2014(3)：103.

[5] SAS Insights Staff. What big data has brought to the privacy discussion [EB/OL]. [2018-07-18]. http://www.sas.com/en_us/insights/articles/big-data/big-data-privacy.html.

第5章 基于实验教学体系的语言实验室分析

5.1 模拟型语言实验室

传统的语言实验室是用语言学习系统搭建出来适合外语学习的具有现代化特征的教室,这一时期以松下、索尼、JVC、挪威天宝等模拟型语言实验室占据市场的主流。

5.1.1 模拟型语言实验室功能分析

模拟语言实验室功能丰富,如表 5-1 所示,具体分析如下。

表 5-1 模拟语言实验室功能汇总表

名称	功能描述
基本教学功能	全体通话、播放教材、变速不变调播放、示范教学、电子举手、回答对讲、监听学生会话、分小组会话、配对会话、听力随堂测试
自主学习功能	学生跟读练习
管理功能	通过标识信号实现点名基本管理功能、即时评价功能

(1) 全体通话。教师操作主控台面板按键进行控制,通过教师耳机上的麦克风对全体学生讲话,学生能从耳机中收听教师的讲话,还可以选择教室扬声器进行听课。

(2) 播放教材。教师通过控制台上的录音机播放录音带,一般都可以播放两套教材,由教师指定学生收听其中的一套教材,并可以通过切换设备以播放录像带材料,学生通过实验室内电视机收看,在播放教材时,教师可以通过麦克风混音功能插话。

(3) 变速不变调播放。变速不变调是指播放录音时只改变说话人的语速,而说话人原有的音调和音色是不变的,一般变速播放的变速范围是-30%~+40%。S,P,SP,SSP,SPS,SPSP 编辑播放功能的含义分别是:S 为 Sentence 句子,P 为 Pause 停顿,SP 为播放(学生收听)—停顿(学生跟读),SSP 为播放两遍(学生收听)—停顿(学生跟读),SPS 为播放(学生收听)—停顿(学生跟读)—再播放(学生收听做对比),SPSP 为播放—停顿—再播放—再停顿。

(4) 示范教学。教师在课堂教学过程中,操作控制台上的按键以选择某名学生,让一名或多名学生进行示范教学,并通过同一频道传给实验室内所有学生,整个过程其他学生可以听到,最多可示范 8 人。

(5) 电子举手。学生可以通过学生终端上的按键呼叫老师,进行提问,老师通过主控台上的按键进行响应,和学生通过耳机单独通话。运用师生对讲功能,教师可指定任意一名学生与其对话,而不让其他学生听到。

(6)学习检查。检查学生的学习情况(主要是听说能力的检查),通过控制台上的监听按钮可以进行轮寻式监听,或者选择式监听。

(7)小组会话。语言实验室系统自动分配小组,小组内学生可以通过耳机会话。组合是由系统预制好的分组,可以是左右,也可以是前后,一般分组成员可以是 2 人、4 人或 8 人。

(8)随堂考试。教师可随时进行单点知识的问答,检查学生的学习情况,学生操作学生终端按键 1~5 来回答问题,系统自动分析回答率、正确率,并在教师主屏幕上显示比例报告。

(9)跟读练习。学生可以在学生终端通过录音磁带上的原音进行自主跟读练习,练习内容录制在磁带上。

(10)点名功能。当学生终端打开电源时,教师控制台屏幕上显示出勤、缺勤、迟到情况。

5.1.2　模拟型语言实验室的设计架构

如图 5-1 所示,教师端设备是以 Z-80(CPU)单板机为中央处理器,配有只读存储器、随机

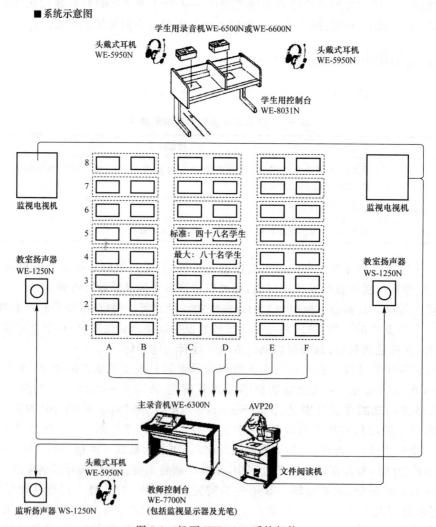

图 5-1　松下 WE-7700 系统架构

存储器,交互式通信同步、异步接收发送器和之路开关电路板,具有 IO BOARD 接口扩充板等;内置视频切换组件、视分器、教师监视器、教师头戴式耳机(WE-5950N)及监听扬声器(WS-1250N)。学生端由学生用录音机(WE-6500N 或 WE-6600N)、头戴式耳机(WE-5950N)以及电视监视器组成。

功能操作是由光笔及键盘通过阴极射线管 CRT 显示器来实现。主录音机(WE-6300N)及学生用录音机(WE-6600N)均采用"DD"马达,稳定性和可靠性强,并具有(SBL)重复放音、计数器定点存储(MEMORY)和复位(RESET)功能,主录音机具有四倍速录音功能等。

5.1.3 模拟型语言实验室的教学特性

在外语教学中,语言实验室起到了重大作用,成了提高外语教学水平的重要保证,因而语言实验室在 20 世纪 90 年代起得到了空前的发展。早年,模拟型语言实验室由于集成了录音机、电视机、录像机、幻灯机及控制电路,学生端则是带隔板的独立座位,每个座位配置有耳机,在 20 世纪绝对算得上是"高大上"的高端教室。语言实验室在教学过程中有以下特点。

(1) 提供了丰富的学习资源。语言实验室大量使用录音磁带、录像带,突破了单一书本学习资料,为语言学习提供了丰富的电子学习资源。

(2) 磁带是语言实验室授课最主要材料。通过控制台上的各种切换开关,实现播放、录音、提问、对话等功能,一举打破了"黑板+粉笔"的授课模式。同时,其具有听力测试、自动监听记录等功能,正确地掌握学生的练习与反应情况,能及时为教学效果提供判断和评价的信息。

(3) 教师对全部学生的掌控性更强,可使全班每一名学生都得到教师的个别关注。师生对讲功能可以有效克服学生在课堂上的语言焦虑,让不同水平的学生可以得到教师的个别指导,为因材施教创造了良好条件。

(4) 学生可以通过语言实验室的学生跟读机进行自主跟读练习。这不仅能提高其听力、口语能力,而且对提高其翻译能力也有帮助。

(5) 学生在这种"高端"教室中上课体验丰富。无论是物质环境,还是资源环境都会极大提高学生学习兴趣,对学生发挥自主能动性起到非常重要的作用。

5.2 多媒体语言实验室

5.2.1 多媒体语言实验室功能分析

多媒体语言实验室是把文字、声音、图形、图像、录像等各种不同的电子信息进行集成,通过电视监视器、大屏幕投影仪综合地呈现出来。在教学中,教师既可以给学生展现文本、图形、图像素材,还可以同时播放幻灯片、录像带等视觉形象,给学生提供丰富的听觉、视觉刺激,让学生感受到真实生动的语言情境,从而达到语言交互的快速反应,大大提高了课堂教学效率。多媒体语言实验室涉及音频采样、压缩、合成及处理技术,数据压缩与解压缩技术,语音、视频、图像的传输技术和多媒体网络、超媒体等关键技术。

多媒体语言实验室在继承模拟语言实验室功能的基础上又拓展了以下功能(如表 5-2 所示)。

表 5-2　多媒体语言实验室功能汇总表

名称	功能描述	
基本教学功能	全体通话、播放教材、变速不变调播放、示范教学、提问对讲、监听学生语音会话、分小组会话、配对会话、听力随堂测试	模拟语言实验室
	多媒体广播、屏幕广播（文本、视频、CAI 课件）	多媒体语言实验室
自主学习功能	学生跟读练习	模拟语言实验室
管理功能	通过标识信号实现点名基本管理功能、即时评价功能	模拟语言实验室
	评价记录保存功能	多媒体语言实验室

1. 多媒体广播

播放教材除了录音磁带、录像带外，还可以将 VCD、DVD 光盘、视频展台等外部资源广播至全体学生。

2. 屏幕广播

教师可以用教师机或者外接笔记本的屏幕画面将诸如超文本链接、影视动画、图形图像、教学课件等多媒体教学素材在授课操作过程实时广播至全体学生，学生通过二享一显示器或者大屏幕观看。

3. 评价功能

教师可以通过主控台操作给学生 1～5 评分，并显示在学生终端上且能保存评价记录。

5.2.2　多媒体语言实验室的设计架构

JVC 9700 多媒体语言实验室是占有相当大市场的典型设备之一，设备配备了功能强大的多媒体计算机，通过主控制台完成与学生跟读机的通信。其他设备还包括耳机话筒组、数字投影仪、VGA 分配器和录像机（后为 VCD/DVD 机所代替）等。主控制台配置丰富的接口用于连接各类媒体；教师控制台与学生跟读机建立通话通道，学生座位上聆听单元传送控制信号可以进行选择题的正答判断；主控制台与计算机相连，通过主控制器音频信号分配到各个学生座位的学生跟读机上；计算机通过多功能控制器及相关接口与录放像机、VCD、DVD 机、数字投影仪（实物展台）连接，使录放像机等视频信号通过多功能卡及 VGA 分配器传送到大屏幕上[1]，JVC 9700 设备图如图 5-2、图 5-3、图 5-4、图 5-5 和图 5-6 所示。

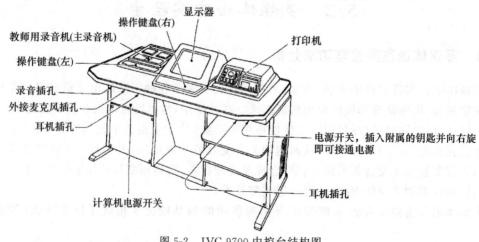

图 5-2　JVC 9700 中控台结构图

第 5 章 基于实验教学体系的语言实验室分析

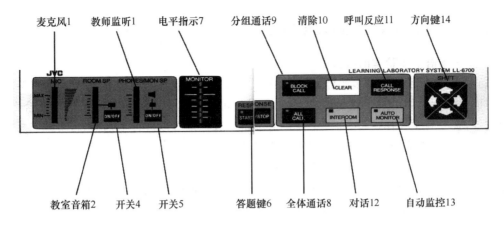

图 5-3 JVC 9700 操作面板图

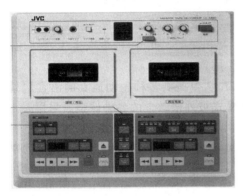

图 5-4 JVC 9700 主录音机

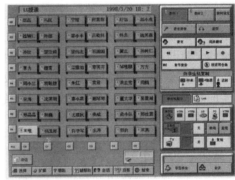

图 5-5 JVC 9700 教师界面

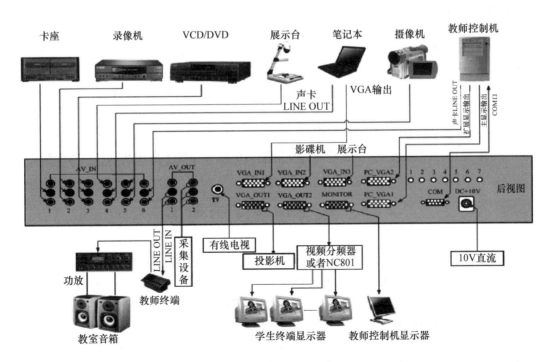

图 5-6 主控器连接示意图

5.2.3 多媒体语言实验室的教学特性

1. 多媒体语言实验室的模式

（1）个别化学习模式。多媒体语言实验室里每一个学生座位上都配有个人学习终端,这也使得面向学生个体的自主化学习成为可能,学生可以根据自己的语言水平选择适合自己的学习进度,独立自主操作设备,完成个性化的学习。教师也可以进行个别指导,实现因材施教,这种模式现在几乎适用于外语学习的所有课型。

（2）协作学习模式。知识往往是在理解和应用中传递给学生,语言能力更是这样。通过学生之间的主动交流把不同水平的学生分成协作小组,通过机上的分组会话、交流协商、解决问题,在这一过程中培养学生的语言技能。

（3）课堂教学模式。教师充分发挥主导作用,通过多媒体的多种呈现形式,给学生传递大量语言信息,实现有效地语言输入,综合训练听、说、读、写等各项语言技能。

（4）网络学习模式。网络学习将传统课堂转变为以学生为中心,学生通过网络访问互联网上的学习资源,主动获取知识,拓展了知识的广度和深度。此外,师生或生生之间通过网络进行广泛的交流与协作,也促进了学生内因发挥作用。

（5）模拟训练模式。多媒体技术可以给教师和学生提供各种生动逼真的语言情景,使学生在真实的场景中进行语言训练,这一模拟训练模式被外语教学的各种课型所采用[2]。

2. 多媒体语言实验室教学特性

（1）丰富和改善外语学习环境。通过语言实验室将大量而丰富的多媒体信息(如声音、影像、CAI 课件等)呈现给学生,极大地改善了语言学习环境,使传统的单维文字传递信息的状态得到根本改变,强烈地吸引和感染学生,提高学生学习语言的兴趣,使其可以保持持续旺盛的学习状态,学习内容经久不忘。

（2）变被动听音为主动学习。在多媒体语言实验室中,可以充分体现学生的主体性。学生可以完全根据自己的意愿控制学习,通过自主操作学习终端、自我录制、自我调节、自我调用CAI 课件等成为设备的主人,充分利用语言实验室辅助教学功能进行语言学习,改变被动学习的局面,增强了自信心,并且有效消除学习焦虑。

（3）为语言交际提供物质基础。多媒体是文字、声音、图像、视频,体现多层次、多维度的融合,共同作用于学生。各种语言情景的创设为学生提供丰富的语言环境,大大激发了学生的语言交际欲望。而愉快的心理环境使学生更乐于投入语言学习中,实验室提供技术保证了师生交互、生生交互、人机交互,为语言学习和交际能力的培养提供了物质基础和技术保障。

5.3 数字化语言实验室

数字语言实验室是将语音或音频经过 A/D(模/数) 转换,通过标准的网络协议实现教师与学生的传输。这种全新的语言实验室能够充分且合理利用资源,能满足教学多样化的需求。自 2000 年数字化语言实验室诞生以来,其逐步取代了模拟语言实验室。

1. 嵌入式技术的应用

数字化语言实验室主要采用嵌入式技术把语言实验室的主要功能,如语音处理、数据传输、操作系统直接烧录在硬件中,而不是像计算机把软件系统安装在外部介质硬盘上,这种以具体应用为中心的系统具有高可靠、低成本、低功耗、小体积等优点,更加便于操控。嵌入式系统是一个不断创新的知识集成系统,体现出技术密集、高度分数等特性。

(1) 嵌入式处理器 MPU 由通用型 CPU 演化而来,专门为用户某项应用而设计,对多任务有很强的支持能力,环境适应力更强;模块化设计使其体积更小、功耗更低、可靠性更高。面向数字语言实验室应用的嵌入式学生终端体现出集成度高、体积小巧、移动能力强等特点,在嵌入式数字语言实验室和网络的耦合度也很高,不仅能实现强大的教学功能,还能有效降低成本,节约空间。

(2) 嵌入式系统的硬件和软件结合了半导体技术和计算机技术经过高效率的设计,把用户的具体应用集成到一起,如东方正龙 NewClass 数字语言实验室终端的 Intel PXA255 嵌入式处理器,经过智能化、灵活的设计,能很好地满足语言学习系统的各种交互性能要求。

2. 语音传输协议

(1) RTP 实时音视频传输。对于数字音视频的实时性传输和图像质量而言,关键取决于其对传输层协议的选择,北京东方正龙数字技术有限公司的解决方案是采用"基于 UDP 协议的 RTP 实时音视频传输"的设计,较好地保证了语言实验室教学中数字视频传输的实时性和服务质量。

TCP 协议是面向连接的协议,是为提供非实时数据业务而设计的,TCP/IP 协议的检错和纠错机制导致这种协议在传输实时的音视频数据的能力较差,经常出现声音的延迟和断裂,因此利用 TCP 协议进行实时音频或视频通信的效果差强人意。RTP(Real-Time Transport Protocol)是一种应用型的传输层协议,是为音视频的实时传输而设计的传输协议。利用低层的 UDP 协议的组播和单播对实时音视频数据处理后,数字音视频信号的网络传输延时可以达到最小,因而在数字语言实验室的设计中可以很好地保证语音和视频传输的实时性。

(2) ATM 协议。在解决数字化语言学习系统中以太网络音视频传输的实时性和传输质量两点难题中,国内语言教学设备的龙头企业蓝鸽科技有限公司引入了 ATM 技术,这种以信道分配为原理的点对点的音视频传输技术解决了延时和断裂问题,极大减少音视频信号在传输中的延时,消除了语音断裂,实时流畅。同时,开发了"ATM+以太网"的二网合一网络交换机,既能保证教学中语音实时交互,又能实现学生自主网上学习。ATM 网络技术数字网络语言实验室的特点是在计算机的主控制机上安装 ATM 语音网卡,采用 ATM 网络技术实现数字控制信号,同时显示和声音部分也以数字信号形式进行传输,技术先进、价格较便宜、线路简单安全[3],很好地解决了数字化语言实验室网络技术的难题。

3. 静音抑制技术

静音抑制又称语音活动侦测(VAD),是将声音信号流中存在的静音期识别出来并加以消除,从而节省下网络中的带宽资源。充分利用语音源中的开关特性(静默特性),在没有侦测到语音时不发送语音分组,从而降低语音比特率,运用这种技术能够获得大于 50% 的带宽。

综上所述,数字语言实验室集成了嵌入式系统、网络传输技术,有效地解决了以太网中音视频传输的实时性和传输质量问题,双网合一的网络架构也使语言实验室系统更加简洁易用,这也是数字语言实验室最终取代模拟实验室的原因,也是技术发展的必然结果。

5.3.1 数字化语言实验室功能分析

数字化语言实验室继承了模拟语言实验室功能和多媒体语言实验室的功能,并拓展出更多地以数字信号为特征的教学功能。

1. 随堂录音

数字化语言实验室的最大特点是可以随时记录课堂上的授课环节，在教师端和学生端操控界面下都有一个录音按钮，当此功能启动后，系统会开始数字化双声道录音，无论是教师播放的媒体声音，还是教师授课语音，或是学生课堂交流活动，都会生成独立的音频文件，供学生课后学习。录音的回放功能可以任意指定一位学生进行示范点评。

2. 多媒体设备广播教学

相比多媒体语言实验室，数字语言实验室系统支持更多中音频设备的接入，有两种技术支持将视频信号广播给学生的显示终端，一种是利用VGA分配器将音视频信号进行广播，另一种是利用以太网技术进行广播，广播教学时还能支持250个频道的电视信号的播控。

3. 分组授课

在课堂授课中，分组教学能让学生积极参与到语言实践中，因而备受外语教师的青睐。数字语言实验室的分组功能支持任意8人的分组方式，既能遵循系统固定分组，又支持随机分组、手工分组等模式，方便教师对各个小组的监控和指导，做到因材施教。

4. 数字化教案同期生成

无论是教师的讲授，还是多频道广播，或是分组交流的口语活动，均可以通过音视频压缩技术进行录音，生成MP3格式的"授课录音教案"文件，供学生复制、保存，成为课后复习材料。

5. AOD点播

交互式音频点播利用了网络和多媒体技术的优势，在课堂中彻底改变了过去只能由教师提供收听节目的被动方式，由学生终端发出指令，从本地或者共享资源服务器调用音频资料，不仅能实现自由选择听力内容和收听时间，做到"即想即听"，还能根据教师和学生的需要任意选择并控制音频节目源，增加了交互性。

6. VOD视频点播

通过交互式视频点播系统，教师终端和学生终端可以从本地服务器或者互联网上的共享资源实现随时点播，彻底摆脱了传统电视、录像、VCD/DVD等受时空限制的束缚，点播资源不仅支持视频，还支持文本、图像、多媒体课件、网络链接等节目源，并且支持大量用户同时访问同一文件的并发点播。

7. 随堂考试

教师在课堂上可以随时发布一些测试题以考查学生对知识点的掌握情况，其中包含了屏幕广播、下发试题、测试过程、测试点评等环节，学生则通过学习终端的触摸屏或鼠标完成作答，系统自动统计有效试卷和正答率等信息供教师查阅。

8. 听力考试

教师从主控端选择媒体文件并播放给学生，试题同步传送到学生端的显示屏幕上，学生通过耳机收听音频，利用终端按键或者鼠标答题，系统则可以自动收集教师预制的答案，实现自动评分、分析、存档等功能。

9. 口语考试

学生分组后，教师发送语音资料或参考资料给学生，同组内学生以协同翻译的形式进行考试。教师发送语音资料或参考资料给学生，学生自己根据教师的口述或教师发送的文件进行口语测试，包括屏幕广播、发送资料、测试过程、选听录音、导出录音等关键环节，每个学生进行双轨式录音，独立生成MP3压缩文件，便于测后评判及保存。这不仅支持单人形式的口语考试，还能完成小组形式的口语考试，有效支持数字化大规模的口语考试。

10. 电子阅览

电子阅览室功能是模拟语言实验和多媒体语言实验室所不具备的功能,其能提供电子文献阅览、影视欣赏、网络学习等多种有益于自主化、个性化的学习方式。

11. 终端移动存储

传统的模拟语音学习存储设备往往是磁带,数字语言实验室时代存储设备普遍采用移动存储介质,为语言学习带来更大的便利。

12. 远程管理

教师可以远程控制学生的学习桌面,检查学生的学习内容,还可以将学生的桌面转播给全班的学生进行示范。远程管理还包括统一控制学生终端,实现重启或关机;实验技术人员远程发送命令完成学生终端的参数配置和软件安装。

13. 档案管理

档案管理是指学生利用数字语言实验室学习时,其各自学习情况都被记录在案,包括使用终端的时间、时长、学习内容等,这种信息化支持为教师随时掌握学生的学习状态提供了帮助。

数字化语言实验室功能如表 5-3 所示。

表 5-3 数字化语言实验室功能汇总表

名称	功能描述	
基本教学功能	全体通话、播放教材、变速不变调播放、示范教学、提问对讲、监听学生语音会话、分小组会话、配对会话、听力随堂测试	模拟语言实验室
	多媒体广播功能、屏幕广播(文本、视频、CAI 课件)	多媒体语言实验室
	双声道数字录音、卫星电视信号广播、分组授课	数字语言实验室
考试功能	数字化随堂测试、听力测试、大规模口语考试	数字语言实验室
自主学习功能	学生跟读练习	模拟语言实验室
	AOD 点播、VOD 点播、电子阅览、移动存储	数字语言实验室
管理功能	通过标识信号实现点名基本管理功能、即时评价功能	模拟语言实验室
	评价记录保存功能	多媒体语言实验室
	远程配置学生终端管理、学习档案管理	数字语言实验室

5.3.2 数字化语言实验室的设计架构

典型的数字语言实验室系统主要包括三部分:教师控制台、学生终端、网络通信。教师控制台是多媒体语言实验室系统的灵魂,集成了各类多媒体控制器的硬件和软件资源,形成教学的控制与决策中心,在强大的多媒体计算机系统和基于教学的语言教学系统的协调控制下传递教学信息,实现教学功能。教师控制台包括教师计算机、主录机、教师控制终端、多媒体控制器、录放音设备、反应分析器、教师耳麦等多种设备,用于帮助教师完成外语教学各种功能的操作。

学生部分是学生接受教师的指导、获取学习资源、与同伴交流互动、自主学习所需要的设备,主要由学生聆听单元、学生计算机、耳机话筒组等成,其主要有三种形式:第一种是独立嵌入式学生终端,终端附带液晶屏,能完成基本听说交互式教学;第二种是嵌入式学生终端+标准显示器,教师通过VGA分配器以广播的形式展现给学生,能完成文本查看、视频点播等教学功能;第三种是嵌入式学生终端+标准计算机,支持AOD音频点播、VOD视频点播、文本点播自主学习,支持课堂教学各种语言交互、小组对话、师生示范的教学功能以及接入互联网的网络平台(系统)学习,进而演化为数字网络型语言实验室。

网络部分数字化语言实验室的底层基础,保证与校园网、互联网相连,实现信息资源的存储与传输,主要由主交换机、分交换机、网络线路组成,辅助设备还有VGA视频矩阵、音频交换机、音频矩阵、大屏幕投影仪、实物展台(近年已逐渐从语言实验室标准配置中去除)等。典型的数字语言实验室结构图如图5-7、图5-8、图5-9和图5-10所示。

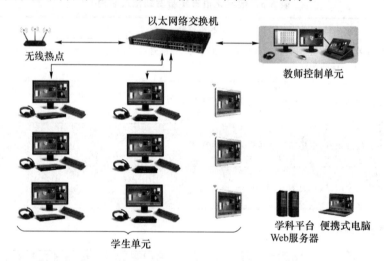

图5-7 NewClass DL-940C系统架构示意图

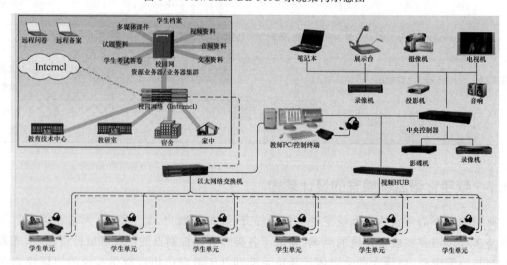

图5-8 东方正龙NewClass DL500E系统结构图

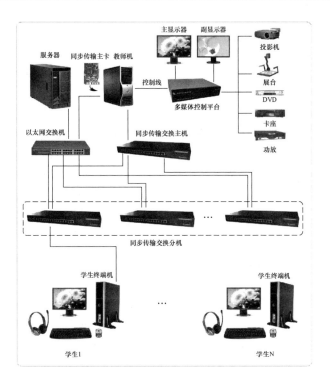

图 5-9　蓝鸽 LBD2002-NV 型系统结构图

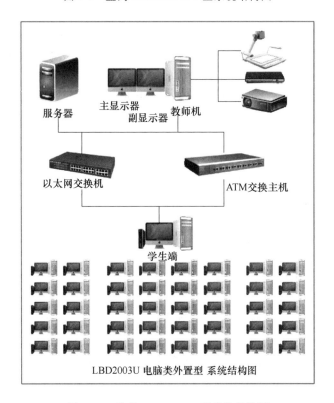

图 5-10　蓝鸽 LBD2003U 型系统结构图

5.3.3　数字化语言实验室的教学特性

一般而言,数字化语言实验系统采用专业语音网络技术,实现了高保真语言和媒体的同步,极大地促进了外语教学发展,具体体现在以下三个方面。

1. 丰富教学手段

在课堂教学中,数字化语言实验系统继承发扬了模拟语言实验的功能,利用网络融合声音、图像给学生带来视觉上的刺激,激发了语言活动的欲望。用于广播教学的资源来自本地或者共享服务器,这些资源可以分发给不同的学习小组,并通过教师机实时监测每位学生的学习状况,从而掌握自己的教学效果;而每一位学生或者每个小组则可以依据自己的学习水平自主选择、调节节目进度,教学手段的多样化给教师和学生带来新的学习体验,激发学习兴趣,提高了教学效率。

2. 更好发挥自主学习能动性

数字语言实验室为外语学习提供了丰富的教学手段的同时,也促进自主化、个性化的学习,更好地发挥学习的能动性。听说技能训练更加自由,学生在创设的语言情景中,建立自己的学习档案,将自己的语言与情景库中的对话进行反复对比练习,还可以将练习的内容复制下来,便于在课后自由练习。根据自己的语言水平和学习进度自由的选择适合自己的内容进行学习和测试,从测试中得到学习效果的反馈,随时掌握自己的学习进度,不断调整学习进度和学习方法,数字语言实验室带来的资源优势为学生提供了更广的学习空间。

3. 提高语言考试效率

无纸化考试是数字技术发展的必然结果,这个功能可以进行语言评测,基于数字语言实验室的无纸化考试实现了系统自动评卷,为达到评测的信度和效度,还可设置相应的难度系数等参数,迅速生成学生成绩、分数段统计,并对知识点掌握的熟练程度等多种考试结果统计分析数据,帮助教师实时了解学生听课情况和对知识的掌握程度,以检验教学效果,真正发挥了数字语言实验室的效用[4]。

5.4　网络化语言实验室

网络化的特点是准确、高效,实现资源共享。网络化语言实验室学习系统的关键是网络技术构架的先进性、语音技术可靠性。

5.4.1　网络化语言实验室功能分析

网络化语言实验室功能丰富,具体功能如下。

1. 可视化授课

人类的学习中,视觉能创造直接经验,视觉化的记忆最高效。可视化教学符合大脑认知规律,当学生从终端显示器上看到教师的头像时,特别是看到面部表情和发音口型时,因为其生动的形象从而添加了学习动力,这种视觉的刺激比单纯地听更容易帮助理解。

2. 广播教学

广播教学是课堂中最常用的教学手段,在示范教学、小组讨论、随堂测试等各个环节都会使用广播教学功能。可任意选择素材库中的文本教案、音视频教材、CAI 课件、网络资源等多种格式广播到学生终端,支持个别化广播、分小组广播、全班广播三种模式,学生端最多可接收多达 10 个频道,并可在其中任意切换。

3. 分组会话

支持固定自动分组、手动任意分组、随机分组等模式。手动分组时,支持鼠标拖拽任意学生图标进行移进、移出的分组调整;分组成功后,教师将教学素材广播给各小组,小组成员分别扮演不同角色,以完成小组内会话交流;教师作为监督者,可与指导者进入大殿任意小组中监听会话过程、指导会话训练;分组会话可与广播教学、小组示范、口语测试等功能组合使用。

4. 发送文件资料

教师可以将 PPT 课件、Word 文档、MP3 音频资料以文件的形式分发给学生,学生从语言学习终端接收文件,并下载至本地硬盘,或者将这些音频和阅读资料使用移动存储设备拷贝下来,带离课堂继续学习。

5. 电话交谈

学生可以呼叫自己的伙伴,以通电话的形式进行口语交流,这种交流方式打破了由教师强行指定或者由系统随机分配的硬性指派,而放权给学生,让学生有更大的自主权限来选择自己中意的交流对象,从而促进口语交际能力的提升。

6. 口语聊天室

教师在每个聊天室设置了不同的话题,学生可以选择任意进出某一个聊天室就自己感兴趣的话题展开口语交流活动,聊天室氛围轻松活泼,激发学生的好奇心和探索欲望,配合多频道广播功能可以完美地完成一堂视听说课程。

7. 翻译训练

停顿翻译:将原音按照句数或者段落进行分割,练习时播放该段落,然后口头翻译成另外一种语言,同时将原音和译音录制在不同轨道上,供复听和评判。同声翻译:练习时,原音不间断的播放,学生将其口译成另外一种语言,同时进行双轨录音,供学生和教师复听[5]。教师根据教学需要,可以将学生设定不同身份进行翻译训练,设定成译员的学生可以给全班做示范,其他学生收听;也可以利用系统功能进行全体学生同时翻译训练,之后由教师通过录音回放进行逐一点评。

8. 同声传译

教师可以分别指定 2~8 名译员,教师播放原音包括教师口述、音频文件、视频文件以及互联网上的有声资源,在同传过程中译员进行翻译,而其他学生选择任意一名译员收听,收听模式有原音、左原音右翻译、译音、原音译音混合。译员的录音在教师端和学生端支持双备份,结束同传训练后,教师和学生都可以选择任一译员收听回放。

9. 标准化数字考试

支持标准化考试听力、阅读的客观题的单选、多选;利用文件分发功能将试卷发送至学生端,学生接受试卷后则进入考试状态,通过鼠标和键盘完成客观题和主观的作答。配合题库,结合试卷模板可以方便灵活的组卷,一键完成大学英语听力考试、口语考试以及各类语言考试的全部过程。

10. 写作考试

学生终端一般配置标准计算机,支持人机交互,教师结合广播教学、文件分发、分组教学等功能,将写作题目传送至学生计算机桌面,学生通过键盘输入完成写作,并在学生终端本地和服务器做双重备份，保证考试的数据安全。

11. 口语考试

口语考试包括单人口语考试、口语对话、小组会话等形式，分为朗读、回答问题、复述、图片描述、翻译、视译等多种考试类型。系统支持双轨录音，将每名学生口语考试的录音结果集中发送到远程服务器，同时保留在本机，实现双冗余备份，防止数据丢失。考试结束后，教师可以回放录音进行评判打分，对于双人口语对话支持左、右声道分别录音。

12. 网络学习

教师在执行"自学"功能时，学生可以上网浏览相关网页，支持英语出版社提供的数字资源，支持各种网页资源浏览。

13. 自主点播

学生可以点播本地服务器以及互联网上的共享资源，包括音视频、文本材料、CAI 课件、网络资源以及其他格式的资料。对于语音训练，播放器功能可以支持变速不变调的复读，双轨录音生成 MP3 格式文件，录音回放时支持双轨波形对比，回放模式支持原语、译语、左原右译、原译混听等，实现句子复听复读、段落复听复读。

14. 电影配音

在教学实践中，电影配音深受学生喜爱，无论是在课堂活动中，还是自主学习中，学生都可以随意选取视频资料进行配音练习。配音中实行双轨录音、变速不变调录音、原音对比录音，配音回放时可以显示语音和配音的波形对比，以便检查配音练习质量。

15. 自助考试

自助式考试类型支持听力、阅读、写作、翻译、口语、综合等多种考试，学生通过调取本地资源服务器试题库中的试题进行考试，系统自动完成阅卷。

16. 阅卷评估方式管理

对于本地服务器中的试卷，支持自动和手工阅卷方式。远程阅卷可以通过设定权限进行访问、接管服务器中的试卷，进行阅卷操作。

17. 试题库管理

教师和管理员可以对试题库进行管理和维护，支持自主建立听力、阅读、翻译、写作等试题补充到题库当中。

18. 自动组卷管理

自动化组卷可以非常便捷地根据学生水平选取听力、阅读、写作、翻译等试题，快速组合生成标准化试卷。

19. 成绩档案管理

学生各类考试可以生成档案，便于管理，支持成绩查询、统计分析、综合评判、成绩导出、打印等操作。

20. 工作日志计费管理

系统自动登记每台学生终端的使用情况，包括学习时间、学习时长、学习内容等情况，便于教师对学生的学习情况做全面掌握，方便管理。

21. 设备检测

在课堂教学或考试前，系统支持对所有终端、耳机、麦克风进行自动检测，以保证正常教学秩序，极大地提高效率。

网络化语言实验室功能如表 5-4 所示。

表 5-4 网络化语言实验室功能汇总表

名称	功能描述	
基本教学功能	全体通话、播放教材、变速不变调播放、示范教学、提问对讲、监听学生语音会话、分小组会话、配对会话、听力随堂测试	模拟语言实验室
	多媒体广播功能、屏幕广播(文本、视频、CAI 课件)	多媒体语言实验室
	双声道数字录音、卫星电视信号广播、分组授课	数字语言实验室
	可视化授课,多路信号广播教学灵活组合、随机手动任意分组、发送文件资料、电话交谈、口语聊天室、翻译训练、同声传译训练	网络型语言实验室
考试功能	数字化随堂测试、听力测试、大规模口语考试	数字语言实验室
	标准化数字考试、写作考试、口语考试双备份	网络型语言实验室
自主学习功能	学生跟读练习	模拟语言实验室
	AOD 点播、VOD 点播、电子阅览、移动存储	数字语言实验室
	网络学习、自主点播口语练习、电音配音、自主考试	网络型语言实验室
管理功能	通过标识信号实现点名基本管理功能、即时评价功能	模拟语言实验室
	评价记录保存功能	多媒体语言实验室
	远程配置学生终端管理、学习档案管理	数字语言实验室
	试题库管理、自组卷管理、评估方式管理、模块化评估管理、工作日志及机房计费管理、学习终端机麦克风自从检测	网络型语言实验室

5.4.2 网络化语言实验室的设计架构

网络化语言实验室的设计架构如图 5-11、图 5-12、图 5-13 和图 5-14 所示。

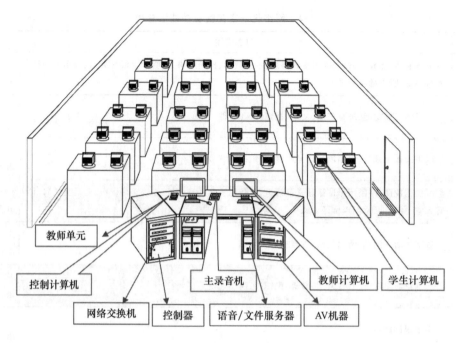

图 5-11 松下 LL6000 语言实验室布局图

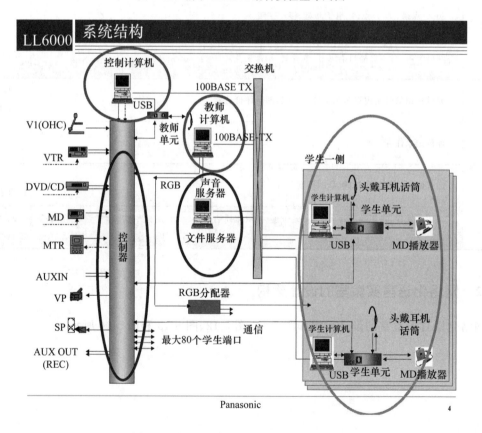

图 5-12 松下 LL6000 语言实验室系统结构

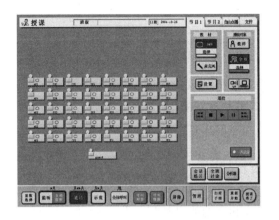
图 5-13 控制机授课操作界面

图 5-14 学生机操作界面(打开课件中)

5.5 云数字语言实验室

云数字语言实验室是数字网络语言实验室依托云桌面技术,把应用软件和计算集中到远程服务器上,由服务器负责运算,完成用户所需的功能。云数字语言实验室由功能强大的服务器采用桌面虚拟化技术(Virtual Desktop Infrastructure),生成多个独立运行的桌面操作系统,并将这些专有桌面系统推送到学校终端,在学习终端形成独立操作系统,实验室应用软件的计算依然借助于学生终端的硬件资源来完成,即"远程推送本地运算"。桌面虚拟化技术可以依靠服务器虚拟出多个应用环境,如 Windows 7、Windows 10、Linux 等,实现单机多用户,用户根据需要从服务器调用某种环境的应用;并且根据用户权限随时随地访问自己的桌面语言实验室系统,云数字语言实验室示意图如图 5-15 所示。

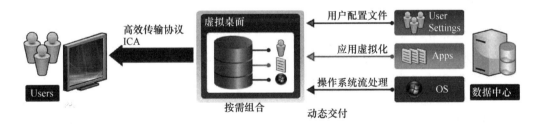

图 5-15 云数字语言实验室示意图

云数字语言实验室在外语教学中,得益于桌面虚拟化技术,实现了实验室各种教学环境的快速部署和应用,将用户和系统管理有效分离,教师和实验技术人员可以结合教学情况自主灵活地搭建和配置一种或多种外语教学专属云桌面,在服务器端一次性部署,分发至所有终端,实现集中维护、动态管理,也保证了桌面使用的安全性和灵活性。

新一代云数字语言实验室不仅满足了课堂教学使用,还在外语课堂之外满足了协作学习需要。虚拟化的多系统仿真环境满足了不同科目教师的专业化教学的需求,让专业课程具有很强的安全性,也保证了教师教学的私密性,其优点和特性完全顺应了语言教学的发展趋势。

5.5.1 云数字语言实验室功能分析

1. 无线屏幕广播

系统支持将笔记本计算机、平板计算机、智能手机等移动设备通过 WiFi 无线网络方式同屏广播到学生终端或者投影仪上，这种无线连接方式的教学讲解、播放在线视频、实现多屏互动进行示范教学，使得教学活动更加灵活方便，有助于探究式教学模式的开展。

2. 无线屏幕共享功能

系统支持将任意学生的笔记本计算机、平板计算机、智能手机等移动设备通过 WiFi 无线网络方式同屏共享到学生终端或者投影仪上，以满足语言训练和测试的教学要求；可以对学生座位进行扩展，满足不同班型的教学需求；特别是无线共享功能将教师从讲台上"推送"到学生中间，使教师在课堂讲解时更具亲和力感染力。

3. 电子画笔

电子画笔的使用，终于让教师找回了"粉笔时代"的自然性、流畅性，在教学资料上任意的勾画、标注、划线的"妙笔生花"使教学内容重点突出，起到画龙点睛的作用。

4. 电子作业

电子作业使得课下的语言活动更加清晰明了，布置起来方便快捷。支持音视材料、影视材料、文本材料和图形图像等多媒体材料的相互组合，同屏广播或者以文件分发的形式推送给学生，丰富了课后语言训练的手段。

5. 电子词典

电子词典功能支持鼠标"划过"取词，当鼠标指向某词时，系统自动弹出关于词的发音、解释、例句等信息，并且教师还可以根据教学内容进行词典的维护。

6. 远程阅卷评估

基于互联网可以利用笔记本计算机、智能手机均可以完成远程试卷调用完成阅卷工作，支持脱机阅卷，将试卷下载到移动存储设备，在家中或者办公室即便不联网，也能阅卷，阅卷之后成绩导入系统，实现与考试信息管理系统无缝对接。

7. 远程管理

基于桌面虚拟化技术，只需要对远端云服务器系统设置的用户环境进行软件安装、更改设置等维护管理，即可完成实验室学生终端系统的配置，随时随地远程控制，包括远程重启、关闭，修改配置等，实验室设备的运行一切尽在掌握之中。

8. 多频道环境部署

虚拟化技术支持为每台学生云终端分配适合 CPU、内存、硬盘、网络带宽等硬件资源，为每个独立的教学场景分配适合的软件资源的环境配置，包括操作系统、应用软件等，可以随时快捷地切换、恢复应用环境，安全可靠。

9. 远程监视

可以远程登录云服务器，查看学生终端的运行情况，包括系统资源占用、应用软件使用情况，通过对所有学生端运行桌面的批量扫描，实现远程实时监视。

10. 镜像链接

设置镜像连接，完成统一系统的软件安装和环境部署。通过教师即可以实现一键恢复学生机操作系统，安装和卸载学生端应用程序和智能手机的 App，快捷方便。

11. 身份认证计费管理

语言实验室数据库与校园一卡通数据库融合,实现学号和密码的统一身份认证,登录实验室教学系统即可进行计时、计费管理。

5.5.2 云数字语言实验室的设计架构

1. 网络架构

标准以太网络结构 + 企业级无线路由器,构成云数字化语言实验室的基础架构。通过 VLAN 技术的逻辑分区将各个语言实验室划分为同一虚拟网络,避免不同网络之间的语言实验室的数据串扰,以满足教学核心数据、文本资料、音视频资源的网络传输。多校区之间采用光纤专线连接,满足跨校区的远程互动教学需求;结合企业级无线路由器,利用扁平化的大二层网络架构,形成双网冗余架构,实现跨校区的无线 WIFI 组网,保证智能移动设备无缝接入;通过架设 VPN 虚拟专用网,保证教师和学生在学校之外和校园保持透明可靠地通信,整体结构简洁,易于管理与维护。

2. 教师单元

教师单元在传统教师控制台上分别由"教师控制机"和"教师演示终端"组成,教师控制机安装 Windows Server 操作系统或者嵌入式操作系统,完成实验室基本设置及教学中与学生的交互控制,实现教学演示和训练互动功能;教师演示终端包括高性能多媒体计算机、无线教学设备(笔记本或移动终端),以完成更加丰富的媒介演示教学需求。

3. 学生单元

学生单元有两种形式,一种是嵌入式终端一体机,基于 ARM 的 WINPE 操作系统,8 寸以下液晶板显示,低功耗、结构简洁、便于维护;另一种是标准计算机,采用有线网络终端和无线网络终端混合接入,本地计算的功能强大,可以更好地支持互联网各种媒体资源的播控;通过双网冗余架构,保证在出现网络故障时依然能通过终端面板按钮实现师生的互动。

4. 移动单元

学生移动单元由移动终端和无线嵌入式软件组成。移动单元满足语言实验室系统全部教学训练功能,可以和有线学生单元混合使用,并可以实现任意的交互训练;采用双冗余备份技术,在学生进行口语训练和口语考试时,学生的录音资料实时在云服务器和学生单元本地硬盘中进行保存,这种同步双冗余备份技术可以有效保护口语考试数据不至于遗失。

5.5.3 云数字语言实验室的教学特性

1. 教学模式更加多元化

新一代全数字化云网络的综合语言实验室,融入可视化教学、移动学习、实现跨平台应用,拓展了听、说、读、写、译的课堂教学功能,使得课堂教学更加灵活。利用智能移动终端可以增强教师和学生之间的交流,更加便捷地进行单独辅导,是对原有教学模式的一种改进与拓展,教学模式更加多元化,实现一室多用,推进语言实验室向智慧型教室迈进。

2. 改善教学环境

服务器统一集中部署在核心机房,将教师终端和学生终端的教学环境推送下来,实验室内终端通过网络连接至服务器群,从云端服务器群获取教学资源,为学生提供一个远程虚拟语言实验室环境,学生通过计算机终端或者手机 App 就可以享受到实验室的各种教学功能。由于服务器核心交换机都集中存放,降低实验室内由于服务器运行带来的噪音,也让环境部署更加简洁明快,学习环境更加安静舒适。

3. 降低投入,便于管理

云数字语言实验室适合于多校区、多环境的应用,利用"物联网＋大数据＋智能终端"等技术,优化安防管理,实时检测空间环境,实现智能空间的一体化综合管理,推送虚拟化桌面到实验室外的校区云端上使用,减少异地校区的投入,有效增强空间利用率,便于远程教学的开展。实现对实验室设备的集中控制管理,简化教学环境的部署流程,有效提高了管理效率,提高了空间服务质量。桌面云可以实现资源的统一分配,有效降低学习的硬件配置要求,还能推送个性化的桌面系统给学生,为学生提供其符合学习环境所需的教学资源,满足学生在信息化学习需求。

5.6 同声传译语言实验室

随着我国全球化发展越来越深入,越来越凸显出国际会议同传人才的需求。高校是培养同传人才的基地,需要专业的同声传译的设备来进行同传训练。这些训练包括跟读练习和原语段落概述练习、数据翻译练习、原语概述练习、译入语概述练习、文本视译训练、交替传译训练、同声传译训练以及同传模拟会议功能等[6]。而很多专门的会议系统并不是为同传教学而设置,只能模拟仿真会议的功能,不能满足同传教学需求。传统的语言实验室首先从功能上缺乏针对上述同传的专业训练功能,再者实验室从整齐划一的布局上来讲,不能给学生提供面对面交流的机会,对于译员更需要面对听众进行翻译才能有临场感。传统语言实验室只适合学生单独做口头翻译练习,根本达不到同传训练的效果,因此同声传译语言实验室应运而生,以适应于专业口译训练和同声传译模拟。

会议型同声传译实验室能完全模拟国际会议的工作布局和流程,配备的多个译员间,是用于国际性同声传译会议,为不同语言的会议代表提供同声翻译的密室间,通常的语言翻译教学中,更多是单外语语种的翻译实训活动,多个译员间的译员同声传译实训实验,能够加大同声传译的实训效率,每位代表席上可选择监听到各译员的同声传译,使会议型的同声传译实验室能直接从感观满足学生的体验起到另一种新的教学实验效果[7]。教学型同声传译实验室教学训练功能较全,与语言实验室完全融合,几乎涵盖了语言实验室教学的所有功能,既可以完成语言教学的一般听说读写功能,也可以完成交替传译、同声传译等口译专业的训练。

5.6.1 同声传译语言实验室功能分析

同声传译教学与普通口译教学不同,有很多同传特有的教学训练方法,如跟读训练、影子训练、视译训练、交替传译训练、同传会议训练等。在语言实验室实现,同声传译语言实验室功能除了满足一般语言实验室的教学功能外,还应具备如下功能。

1. 口译进阶训练

同声传译的初级训练帮助学生解决发音、语速的跟读训练、句复读、段复读功能。教师进行自动断句播放,在播放时,可进行随堂录音,利用双轨录音技术,将教师朗读或播放的声音和学生训练的声音分别录制在左、右声道。进阶训练过程中,可以进行干扰训练、倒数训练和笔记法等训练。

2. 视译训练

视译训练指译员看着发言稿进行边看、边听、边翻译的训练,译员在专属译员间内透过玻璃观察窗可以看到整个会场情况,系统传输发言人的特写镜头以及发言稿到译员显示器上,译员在翻译时要在短时间内浏览发言稿,了解主要内容,对梳理语言和专业知识的难点做译前准备。

3. 可视化交替传译训练

交替传译训练是同传课堂教师通常采用的一种口译训练,不是进行整段翻译,而是逐段、逐句地下发原音,学生听原音做记录再做口译,便于教师把握整体的训练节奏,锻炼学生听力、速记、口译的能力。采用交替传译功能时,可以利用 SP 编辑模式,预制播放原音的长短和停顿时间,实现自动化流水式的训练,并对传译过程进行录音,供复听自评和讲评。

4. 手拉手传译训练

教师可以在系统内预制原音的长度和停顿时间,在手拉手传译训练时以接力的方式完成一句或者一段的口译,即译员 A 对原音进行翻译,译员 A 翻译的结果再作为原音传给译员 B,译员 B 翻译后再传给译员 C,依次类推完成训练。这种训练方式增加课堂的趣味性,使得口译训练变得妙趣横生。

5. 随堂录音

同声传译系统支持一键录音,将课堂上教学训练的各个环节进行数字化双通道录音,主席、译员、会议代表等各自录制成独立的文件并保存在学生终端本地硬盘及教师机硬盘中,形成每一个人的训练档案。回放操作有播放原音、播放译音、左原右译、原译混听四种模式选择。

6. 可视化同声传译训练

在译员间中的译员通过从显示器传来的视频信号,清晰地看到发言人的特写镜头,观察发言人面部表情,感受发言人的情绪变化,体会发言人的语音语调,从而更好地处理传译过程中的语言翻译。

7. A/B 语言通道切换翻译训练

在一般实际的翻译场景中,会有英文和中文两种语言的发言人和一名译员,当英文发言时,译员要将英文翻译成中文,将中文通道打开供代表收听中文;当中文发言时,译员将中文翻译成英文,英文通道打开供代表收听英文。针对这种场景需求,同传语言实验室支持 A/B 语言通道切换翻译训练模式,同时在同声传译会议中提供 A/B 翻译模式。

8. 多译员交替同声传译训练

多译员同声传译是国际会议中常用场景。在同声传译模拟训练时,多名译员在独立译员间或者虚拟译员间,对同一语种进行协同翻译训练。

同声传译实验室一般支持多个译员间、多译员交替同声传译训练。即设置多个译员间,每个译员间针对一个语种通道,根据房间座位数和训练需求,最多可设置 128 个虚拟译员间;每个译员间可以设置多名译员,具体每个房间的译员数量可根据训练需求进行设置。

9. 256 路译员通道

国际标准会议系统中的译员通道数通常为 8 路或 16 路,同声传译语言实验室突破性地将通道数提升至 256 路,这样可接受更多的学生进入译员通道参与全程的同传训练。国内最为出色的当属东方正龙公司 DL-960A 同声传译"嵌入式并发多用户实时操作系统"。

10. 角色转换,代表变译员

同声传译实验室在建设中由于受场地限制,不可能建设更多的议员间,一般都在 10 间以下,供最多 20 名学生进入议员间进行训练,另一部分学生则在实验室内当作会议代表,训练一个阶段后再调换角色,而在多译员通道的技术下,可以实现不换"位子"换"角色",实现随时随地任意更换角色,而不受译员间数量上的限制,最大化地利用场地,最高效地提高受训时间。

同声传译语言实验室功能如表 5-5 所示。

表 5-5 同声传译语言实验室功能汇总表

名称	功能描述	
基本教学功能	全体通话、播放教材、变速不变调播放、示范教学、提问对讲、监听学生语音会话、分小组会话、配对会话、听力随堂测试	模拟语言实验室
	多媒体广播功能、屏幕广播(文本、视频、CAI 课件)	多媒体语言实验室
	双声道数字录音、卫星电视信号广播、分组授课	数字语言实验室
	可视化授课,多路信号广播教学灵活组合、随机手动任意分组、发送文件资料、电话交谈、口语聊天室、翻译训练、同声传译训练、	网络型语言实验室
	无线移动设备屏幕广播、无线移动设备屏幕共享、电子画笔、电子作业	云数字语言实验室
	同声传译训练特有功能,包括高级口译训练、视译训练、可视化交传训练、手拉手翻译训练、可视化同声传译训练、A/B 语言通道切换翻译训练、多译员交替同声传译训练、256 路译员通道、代表议员角色互换	同声传译语言实验室
考试功能	数字化随堂测试、听力测试、大规模口语考试	数字语言实验室
	标准化数字考试、写作考试、口语考试双备份	网络型语言实验室
	远程阅卷评估	云数字语言实验室
自主学习功能	学生跟读练习	模拟语言实验室
	AOD 点播、VOD 点播、电子阅览、移动存储	数字语言实验室
	网络学习、自主点播口语练习、电音配音、自主考试	网络型语言实验室
	电子词典	云数字语言实验室

续表

名称	功能描述	
管理功能	通过标识信号实现点名基本管理功能、即时评价功能	模拟语言实验室
	评价记录保存功能	多媒体语言实验室
	远程配置学生终端管理、学习档案管理	数字语言实验室
	试题库管理、自组卷管理、评估方式管理、模块化评估管理、工作日志及机房计费管理、学习终端机麦克风自从检测	网络型语言实验室
	远程云终端管理、远程控制云桌面、多频道云环境部署、远程云监控终端、云镜像链接、一卡通实名认证	云数字语言实验室

5.6.2 同声传译语言实验室的设计架构

以圣纳科 LAB 100 型同声传译语言实验室为例,同声传译系统的设备及特点有以下特点。

1. 主要设备

同声传译语言实验室除了包含一般数字网络语言实验室所有的设备以外,还配置一些独特设备以完成同传训练的功能。这些设备包括教师单元充任主席单元、学生单元充任译员单元和代表单元。主席单元由主控计算机、教师终端、显示终端、发言台、鹅颈麦克风、摄像头等组成。学生译员单元包括议员终端机、耳机话筒组、终端显示器和摄像头等设备,帮助学生担任不同的角色完成同声传译训练。

2. 音质特点

同传训练中,为确保清晰传达语言教学中的齿音、唇音、爆破音、轻音、摩擦音,要达到高信噪比>70 dBA、无延时<1 ms、失真度<1%、频率响应从 20 Hz~15 KHz、麦克风输入阻抗 2.2 K ohm、耳机阻抗 200 ohm,以帮助学生掌握纯正的语言技能。

3. 线路特点(POE 供电系统)

采用 POE 供电系统则无须额外的电源,仅用一根网线 5V 供电,既能保证数据的传输,又能保证系统供电,没有了音频线、电源线的布线烦琐,安全性和可靠性大大提高。

4. 学生终端机

LCD 显示屏面板式终端,采用 5 类双绞线 5V 低压供电可靠稳定、发热量小、低辐射,保证长时间超负荷运转;终端控制面板有 0~9 的数字键满足同传课堂人机交互,面板接触式按键可以控制 12 级音量调节。

5. 耳机话筒

耳机采用电话式耳机电缆及接头,5 类非屏蔽双绞线,接头为 RJ12。话筒采用指向性接收,灵敏度高,良好的封闭性可以防止外部声音的干扰,特别是耳机线内部的梅花型构造,保证线缆不易损坏。

6. 终端扩展性

每个学生终端面板可以接两副耳机,即一个终端可以保证两名学生的收听,具有良好的拓展性。

7. 多语言文字操作界面

无须重启系统即可进行 23 种语言界面的任意切换，既满足多语种同声传译教学课堂教学，又可支持小语种外教教师的使用。

NewClass DL-760A 同声传译实验室结构如图 5-16 所示。

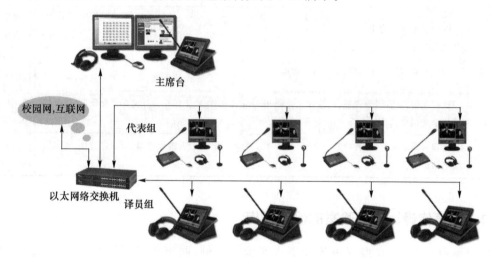

图 5-16　NewClass DL-760A 同声传译实验室结构示意图

5.6.3　同声传译语言实验室的教学特性

同声传译活动是复杂言语交际活动，在听、说、读、写的基础上，还要掌握同传的程序、原则和方法，了解同声传译的注意力分配模式和认知过程，课堂教学中以听句分析、注意力分解、断句、预测、暂留记忆贮存等传译技巧为主线，加强学生短时记忆能力，并训练其注意力分配能力，训练学生同声传译的总体能力和各项基本技巧。除了注重词汇、句式积累，掌握听辨原语语音等技巧的同时，要拓展学生的知识面，做到能借助主题和认知知识进行分析、推理，理解听到的信息，实现学生的语言综合应用能力和跨文化交际能力的培养。课堂教学应发挥学生的主体作用，以任务为中心，采用形式多样教学活动，让学生积极参与到讨论式、发现式和研究式训练中，充分激发学生的主观能动性，如英语演讲、模拟会议、辩论、模拟记者招待会、田野采集等，并利用同声传译实验室现代化的语言教学手段丰富课堂教学内容，提高外语教学质量。

1. 教学手段先进高效

同声传译训练室综合了文本学习、技能学习和训练，是语言学习的高级形式，因此同声传译实验室功能应更加强大，不仅具有示范教学、听力训练以外，还有视译训练、可视化交传训练、手拉手翻译训练、可视化同声传译训练、A/B 语言通道切换翻译训练、多译员交替同声传译训练、256 路议员通道、代表议员角色互换等众多功能，这些功能可以很好地完成口译记忆技能、口译听解技能、口译表达技能的学习，具有很强的实战意义。例如视译训练融入高清可视化技术，结合视频会议功能，学生可以从显示器上看到多个实时高清画面，系统支持画面的任意放大，用以观察源音演说者的细微面部表情，从而更容易体验演说者的话语情境，先进的教学手段，保证了教学的高效性。

2. 拓展教学资源多元性、广泛性

口译的突出的特点就是能紧跟时事,反映民生。因此,在使用固定的、经典的口译材料的基础上,教师在选择同传教学内容时需要考虑的教学知识的广博性、教学题材的多元以及训练技能的多样性,会增补大量符合时代特色的流行的语言元素和材料,保持教学内容常保活力,才不至于与时代脱节,包括来自视频会议系统中的节目源、实时卫星信号、网络流媒体文件以及教师录制的音视频文件,直接将外部资源这些连接到系统中,为同传教学提供丰富的原语支持。一般同传实验室节目源输入系统软件支持中、英、法、德、俄等 19 种以上语言界面的任意切换,方便实际教学需求。

3. 教学场景的真实性

语言学习中特别注重真实语言情境的创设,尤其口译更是一门操作性很强的专业技能,无论是语境反应能力、语料速记能力,还是心理承受能力或应对突发事件的处理能力都需要在大量的实践环节去锻炼。同声传译实验室从建设形式与一般国际会议室真实场景类似,通过桌椅的摆放、墙面顶棚的装饰以及灯光色彩等环境的模拟,教学中让教师和学生仿佛置身于真实的国际会议场景之中,按照会议中的各类人物进行角色扮演,包括会议主席、会议代表、列席者,译员等,让学生切身感受到国际会议现场的效果,培养学生临场快速反应以及应对能力,这种仿真式的教学可以很好地激发学生的学习热情和参与的积极主动性。

5.7 智慧语言实验室

智慧语言实验室教室是智慧学习环境的重要组成部分,专门为语言学习提供智慧生态环境是语言实验室的高端形态。这种智慧学习环境包括有形的物理空间和无形的数字空间,物理空间通过智慧型媒体呈现设备、学习情境捕捉设备和环境感知调节提供舒适和谐、利于语言学习活动的教室;数字空间包括人员信息、学习进程、能力测试评估以及设备资产等数据信息,以促进学生知识学习和语言能力提升。智慧语言实验室通过物理语言实验室空间与数字虚拟空间相结合,为教学活动提供人性化、智能化的互动空间,改善学生与学习环境的关系,助于语言学习的交流、协作和共享,促使语言学习更具个性化、学生方式更加开放,使提供无时不在的语言学习服务成为现实。

数字网络语言实验室与未来智慧语言实验室的关系如表 5-6 所示。

表 5-6 数字网络语言实验室与未来智慧语言实验室的关系

	数字网络语言实验室	智慧语言实验室
概念内涵	构建丰富多媒体视听说语言学习环境,为语言教学提供丰富手段,实现差异化教学、个性化教学、自主化学习,精细化管理学习数据	通过构建智慧学习空间,呈现"真实+虚拟仿真"的混合式多模态语言环境,智能提供个性化学习服务,精准指导学习,促进学习者智慧学习、终身学习
技术作用	技术是工具,提供资源、管理数据	技术是智慧,识别情境、感知环境、联结社群、分析决策
核心技术	物联网、云计算、大数据、人工智能	脑机融合智能、类人智能、传感器技术、认知工程、情感计算

续 表

	数字网络语言实验室	智慧语言实验室
教学方式	慕课教学、翻转课堂、混合式教学、被动学习、自主学习、视听辅助、计算机辅助、教学交互偏向于"教"	智能课堂、人机协同教学、沉浸式教学、体验式教学、实践性教学、教学交互偏向于"学"
核心设备	网络设备、数据存储中心、个人计算机、移动终端	物联网、环境传感器、体感传感器、情感传感器、智能可穿戴设备
评价与管理	基于数据的评价、智能测评、大数据分析决策	全过程动态评价、智慧评价、智慧化治理
建设内容	智能化设施、可视化资源、云平台、智能语言实验室	智慧教育生态空间、智慧教室、智慧校园、智慧社区
时空形态	物理空间真实实验室,封闭式、固定形态	虚拟空间实验室、开放式、流动形态
路径关系	数字网络语言实验室是路径、前提,推动智慧教育实现	智慧教育是目标、愿景,引领智能教育发展
发展阶段	当前形态,现在进行时	未来形态,将来完成时

5.7.1 智慧语言实验室的设计架构

智慧语言实验室是基于物联网技术、虚拟现实技术、脑机接口技术、情景感知技术、传感器技术、认知工程、情感计算、云计算技术、大数据技术等建立起来的高级智能语言实验室,其主要特征为:①构建由智能工具、学习资源、学习社群所组成的新型语言学习环境;②为语言学习提供一种能够识别学习语言能力特征、感知语言学习情景、智能评测语言学习效果、按需推送适配的语言学习资源,以促进语言能力发展的学习空间;③构建语言学习社群,用以增加语言学习者的学习经验和扩展学习交互范围。

智慧语言实验室是以学习为中心,强调自主学习、个性化学习和协作学习,物理空间实验室布局要打破原有影院式的语言实验室格局,根据协作小组布置成3~6人不同组合拼接布局,以适应不同的学习方式。虚拟空间要能为学生提供特定语言场景的虚拟实验室形态和可供学生自由选择组合式的虚拟场景,即针对不同的教学活动提供相应的教学服务,通过语言实验室的空间环境建设,把传统多媒体教室、数字网络语言实验室、虚拟仿真实验室相结合,延展语言教学空间。在智慧语言学习环境中,教师与学生通过学习终端和教学终端(包括智能可穿戴设备),物联网接入学习空间,实现课堂教学、自主学习、无障碍交互。教学资源的部署将实验室私有云与学校公有云相结合、与教育机构混合云相结合、与社区教育云相结合、与国家教育公有云相结合,实现数据存储、教育管理信息、教育资源的共享,以满足国家人才培养以及个人发展需求。

智慧语言实验室的设计应遵循以下原则。

(1)通用原则。在所配置的设备包括智能课穿戴设备、智能移动终端,应支持在物理空间实验室和虚拟实验室之间以及相关教学系统之间具有通用性,支持不同身份不同设备在使用中跨平台、跨地域应用。

(2)协作原则。通过物联网技术、传感器技术,虚拟现实技术等将教师智能终端、学生的智能终端、智能可穿戴设备等相互联结构成"万物互联"的交互协作平台,以实现个性化、协作学习。

(3) 适应原则。智慧语言实验室的教学交互系统、教学管理系统和学习资源库应集中部署在智慧云端进行处理,提供相对简单方便的教学服务。现代个人智能终端的个性化功能越来越强大,因此相应的教学服务应能够满足为学习者的个性化移动终端提供合适的情境化教学服务和教学资源。

(4) 安全原则。智慧语言教学是以数据计算为核心的,在构建智慧语言实验室时要充分考虑学习信息的安全性,建立相应的防护措施,让学习信息保持完整性、可用性、可控性、保密性、不可否认性等原始真实的状态,避免学习信息泄露、丢失或者被蓄意地修改等,而严重影响对学习者有效评估及其他严重后果。

5.7.2 智慧语言实验室的教学特性

1. 构建智慧语言学习空间

所谓智慧语言学习空间,是指一种能感知语言场景,识别语言学习特征,记录语言活动过程、监测语言学习成果,并适时提供与学习者语言能力适配的互动工具,合理利用学习资源,以促进学习者在听、说、读、写、译等语言技能提高的物理环境。这种学习空间不仅有智慧教室,还包括智慧校园、智慧社区等。首先,通过语言实验室私有云和公有云相结合,利用大数据技术、虚拟现实技术对语言教学平台、语言专业软硬件服务进行融合优化,形成教学共享资源池,实现智能分析与决策。其次,对于语言情景的感知是通过各类传感器技术结合语言特征表、语言评测表等,获得感知学生内在学习状态和外在语言学习环境,并通过智能分析与预处理,形成决策结论,为智能控制提供依据。智慧语言实验室应当具备模拟人类处理教育信息、教学活动的机理,对用户状态信息、语言活动信息、语言目标、评估与监控信息等进行综合分析,形成结构化模型,并不断完善。[8]

2. 获得语言学习的牵引力

语言学习内容的适配性可以真正实现"因材施教",根据学生语言能力和个人发展需求获取和合理使用教育资源,按需开展、适配性地推送,从而形成语言的习得牵引力,引导学生逐步学习和提高语言综合能力,具体包括以下方面:①资源牵引,根据学生的学习水平、语言能力和发展需求,个性化推送音视频、云文件等多种学习资源或信息;②工具牵引,根据学生的认知特征以及学习目的,推送学习所需的各种认知工具、语言训练工具,如各类语言学习软件、训练系统、百科词典等;③服务牵引,根据学生当前的语言学习状态和学习需求,适时推送解决问题、智能答疑、线上指导等学习服务;④活动牵引,根据学生的学习轨迹,推送合适的语言实践活动;⑤人际资源牵引,根据学生的个体特征、兴趣爱好和求知内容等,适应性地推送人际资源,支持学习协作,包括教师、同学、专家等。

3. 多规格、多路径的新型教学模式

当信息技术越来越融入外语教学中,促使外语教学模式也发生重大的变化,呈现出教学内容越来越丰富、教学形式越来越多样化、学习形式越来越个性化,技术的发展带动教学手段不断变革,但技术的应用对传统的教学模式并不是彼此替代、彼此排斥,而是在相互依存中共同促进,智慧语言实验室正是在技术的不断更新迭代中而涌现出的新型语言实验室形式,从而催生出 4A+4S 型新教学模式,即任何人(Anyone)、任何时间(Anytime)、任何地点(Anywhere)、任何形式(Any Style),实现学生自主学习(Self-directed Learning)、自主创新(Self-dependent Innovation)、自主实践(Self-dependent Practice)、自主探究(Self-Inquiry),构筑语言学习多规格地从点到面、从局部到整体的多路径学习模式,真正实现以人为本的教育理念。

本章小结

　　语言教学的设备是随着现代科学技术的进步而不断发展起来的,由早期功能单一的录音放音功能到集文本、图像、视频为一体,具有视频播放、网页浏览、考试分析等功能,再到大数据存储与分析、云计算、虚拟现实、物联网,具有人工智能的教学功能,最大限度地把教育信息技术整合到外语学科中去,使语言实验室体现出多层次化、集成化、智能化等特征。根据语言实验室设备的发展历史、教学功能和技术复杂程度,本章重点论述了以下不同类型的语言实验室。

　　(1) 模拟型语言实验室(Simulated Language Learning Lab)
　　(2) 多媒体语言学习室(Multimedia Language Learning Lab)
　　(3) 数字化语言实验室(Digital Language Learning Lab)
　　(4) 网络化语言实验室(Web-based Language Learning Lab)
　　(5) 云数字语言实验室(Cloud Digital Language Learning Lab)
　　(6) 同声传译语言实验室(Simultaneous Interpretation Language Learning Lab)
　　(7) 智慧语言实验室(Smart Language Learning Lab)

　　建构理论特别强调外语情景教学在外语教学中的突出作用,创设更能让学生获得多模态充盈体验以及进行模态转化学习的环境,即建立与实际生活相符合的真实场景,学生通过呈现的真实场景而带入自身的生活经验进行外语知识的实际操练,学生的多种感官收到刺激后,能促进从不同角度、不同层面与语言材料进行感知,增强了直观性和形象性,对语言知识的理解和掌握会更加深入。虚拟现实技术具有沉浸感、交互性和想象性特征,在语言学习方面具有无可比势。构建高度仿真的虚拟语言学习环境,开展英语应用实训,不仅解决外语教学中缺乏场景、缺乏语境、缺乏沉浸感的痛点,还增强学生英语学习的趣味性,发挥创造性,锻炼语言交际能力,从而达到二语习得的最佳效果。关于虚拟仿真语言实验室的详细论述,包括技术特点、相关理论、教学设计、实验案例、虚拟仿真实验室的构建等,请见本书第 6 章的内容。

本章参考文献

[1] 范姣莲.多媒体语言实验室在外语教学中的作用[J].中国现代教育装备,2003(11):22;24.
[2] 刘晋婉.外语教学现状与多媒体技术[J].外语与外语教学,1999,(03):43-45.
[3] 邓子龄.目前国内数字化语言实验室的分类及特点[J].中国电化教育,2003,(07):92.
[4] 郑明,王虹.数字语言实验室的功能与提高使用效能的路径分析[J].电子世界,2013,(21):176-177.
[5] 傅坚.参与计分法在数字语言实验室的实现[J].教育信息化,2005,(01):28-29.
[6] 门斌,宋瑞琴.同声传译训练系统在同传教学中的应用[J].外语电化教学,2012(5):78-80.

［7］ 温建科.专业外语实验教学实践的探索与思考［J］.实验室研究与探索,2015(8)：194-196.

［8］ 张进宝,黄荣怀,张连刚.智慧教育云服务教育信息化服务新模式［J］.开放教育研究,2012,(03):22-28.

第6章　基于虚拟现实的语言实验教学

6.1　虚拟现实技术

6.1.1　虚拟现实的概念

1. 虚拟现实的定义

虚拟现实（Virtual Reality，VR），这是一种计算机仿真技术，最早应用在美国军事上。20世纪80年代开始，虚拟现实技术集各类先进的信息技术之大成，综合了多媒体技术、显示技术、计算机图形学、人体工程学、传感技术、人工智能等多个领域的最新成果，因而受到人们极大的关注。当前，关于VR普遍的描述是利用计算机技术生成一个逼真的，具有视、听、触等多种感知的沉浸式虚拟环境，用户通过使用各种交互设备，与虚拟环境进行交互，使之产生身临其境的感觉，达到交互式情景仿真和信息交流的一种全新体验，具有先进的数字化人机接口技术[1]。这种计算机系统给用户创建出来的虚拟世界，可以给用户带来极大视觉冲击和身心体验。关于虚拟现实的概念，目前尚无统一的标准，有多种不同的概念，主要分为狭义和广义两种。

狭义的虚拟现实是一种与数字世界交互的特殊的人机交互方式。通过计算机系统创建的虚拟三维交互环境，利用各种显示设备及控制接口，让参与者置身其中，观看虚拟环境中的景象，触摸到虚拟环境中的物体，听到虚拟环境中的声响，给参与者强烈的空间存在感，感觉来到另一个真实世界一样。

广义的虚拟现实是对虚拟想象或真实三维世界的模拟，它不仅仅是人机接口，更主要的是利用计算机技术、传感与测绘术、仿真技术、人工智能技术构建一个"真实"世界，再现某个特定场景，参与者在这个特定场景中可以接受和响应各种感官刺激，与虚拟世界中的人或物进行交互。因此，广义的虚拟现实包含了三个方面的含义：①虚拟现实是一种基于计算机技术构建的实时动态的三维环境，这个环境可以是现实世界的真实再现，也可以是超越现实的虚构世界。②参与者可以通过人的视、听、触、嗅等多种感官，与所置身的环境交互。③在交互过程中，人仅仅是窗口外部的观察者，而是沉浸在虚拟环境中的行为主体[2]。

2. 虚拟现实的特征

在计算机生成一种虚拟环境中，在满足用户视觉、听觉沉浸感的同时，多种传感设备将用户"投入"该环境中，识别用户的交互行为同时做出相应的响应，并与之互动交流、相互作用，借助对环境和所接触事物的感知和认知能力,获取各种信息,帮助参与者认知事物、了解原理、启发思维,其主要特征有以下五个。

(1) 沉浸性。虚拟现实最重要的技术特征就是沉浸性,让参与者身临其境,借助交互设备和自身感知系统,当参与者感受到来自虚拟环境的触觉、味觉、听觉、嗅觉、运动感知等刺激时,便会产生心理沉浸,虚拟世界与真实世界真假难辨,与虚拟世界融为一体,在环境中的角色实现由被动的观察者到主动的参与者的转变。

(2) 交互性。计算机系统中通过输入输出设备来实现人与计算机的对话,得到相应的反馈,传统的人机交互是利用鼠标和键盘来完成的,而虚拟现实系统中的人机交互更接近于人在真实世界中人与环境的自然交互方式,参与者置身于虚拟环境中,根本感觉不到计算机的存在,所有看到的、听到的、接触到的虚拟空间中的物体,包括物体的移动和位置改变,身体所接触物体的形态都是人体自然感受到的,而根本感觉不到计算机的存在。

(3) 多感知性。人在真实世界中的感知是多种多样的,通过眼睛、耳朵、舌头、鼻子、身体感官形成视觉、听觉、味觉、嗅觉、触觉等。理想的虚拟现实技术应该具有一切人所具有的感知功能,即虚拟的沉浸不仅通过人的视觉和听觉感知,还可以通过嗅觉和触觉等多维地去感受,包括视觉沉浸、听觉沉浸、触觉沉浸、嗅觉沉浸、味觉沉浸等[3],要实现这些功能,需要更加强大的设备才能完成,目前大多数虚拟现实中比较成熟的技术包括视觉、听觉、触觉、运动等。

(4) 构想性。也称想象性。参与者置身于虚拟环境中,与想象或者是模拟出来的物体进行交互,从而得到感性和理性认识。这种认识可以使学习者突破时空的限制,摆脱各种物理限制条件,根据自己的感觉与认知能力深刻理解概念、吸收知识、拓展认知范围,拓宽思维,认识产生飞跃,萌发智慧。

(5) 自主性。虚拟环境中的物体从受力到运动遵从真实客观世界中的物理定律,不会违背客观世界的规律。

虚拟现实技术被预言是未来最具应用前景的技术之一,不仅在工业制造、城市规划、医疗、旅游、金融等社会生产实践的各个领域发挥巨大经济和社会效益,也会将教育带到一个前所未有的高度,将彻底改变人类知识的继承与发展以及人类文明的传承。虚拟现实体验如图 6-1 所示。

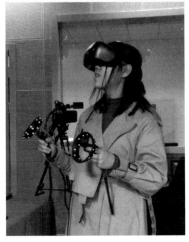

图 6-1　VR 虚拟现实体验

3. 虚拟现实和增强现实的关系

（1）增强现实的概念

增强现实（Augmented Reality，AR）是虚拟现实的一个分支，利用计算机技术创设的虚拟信息和真实环境进行无缝叠加和融合，此时真实环境和虚拟信息共同呈现给用户，虚拟信息是对真实环境中信息的一种有效扩充，强有力的增强了用户的感官体验。与虚拟现实技术相比，它是在虚拟现实基础上发展起来一种新型人机交互技术，综合了计算机视觉、计算机图形学、显示技术等新型学科创新成果，利用 VR 眼镜、头戴式显示器，将计算机图像和真实环境重合在一起展现给用户。

（2）虚拟现实和增强现实的区别

简单来说，虚拟现实（VR）是计算机系统虚构出来的，用户见到的场景是虚拟的、是假的；增强现实（AR）是将真实世界和虚拟信息融合在一起呈现给用户，所看到的人物和场景一部分是真，一部分是假，真假信息相互重叠、相互补充。

- 交互区别

VR 设备：主要用于显示虚拟场景的眼镜、数据头盔以及用于互动交互的数据手套、定位跟踪器、动作捕捉器等。

AR 设备：最关键的设备是摄像头，用以拍摄扫描拍摄画面，以实现虚实结合。

- 技术区别

VR 更注重用户在虚拟场景中的体验，而与真实世界的场景不相干。因此，主要的技术是充分利用图形处理技术创设出虚拟场景，多见于游戏娱乐上面的体验与应用。

AR 应用强调复原人类的视觉的功能，对周围事物进行扫描，自动识别跟踪物体进行 3D 建模，因此更多使用计算机视觉技术。

4. 虚拟现实和混合现实的关系

多伦多大学"智能硬件之父"教授 Steve Mann 提出的混合现实（Mixed Reality，MR）就是利用技术把真实世界中的场景或者物体融入虚拟世界中，即物理实体与数字对象相互叠加，真实现实、虚拟现实、增强现实彼此混合。但是，将虚拟对象叠加到真实场景中比较容易实现，而将真实世界融入虚拟世界难度要大很多，因为真实世界用摄像机捕捉到的是二维的，缺乏立体感，只有经过 3D 建模才能形成三维虚拟图像，进而融入虚拟的场景之中，这种结合真实世界和虚拟空间创造出新的可视化场景的技术，称之为混合现实。

混合现实技术将现实世界无缝融合到虚拟世界，是计算机交互媒体与增强现实进一步发展的结果，在虚拟现实中人类的感知系统处于计算机系统的控制之中，即将人的听觉、视觉、味觉、嗅觉、触觉等知觉感知延展到计算机中，人与真实世界不再有联系。而混合现实技术既能正常感知现实世界，又能通过虚拟世界与真实世界建立联系，虚拟对象的目的就是将它们真正放置在该世界中。根据现实世界的物体来锁定它们的位置，比如将虚拟的人物放置在现实世界的屋子中，并且如果有用户来回走动时，这种虚拟人物也会做出对应的反应。

混合现实和增强现实有很多相同点，但是两者在概念上还是有所区别，增强现实可以理解为是在真实世界中增加了虚拟物体。相比较而言，混合现实对真实世界和虚拟世界一视同仁，无论是将虚拟物体融入真实环境，或者是将真实物体融入虚拟环境，都是允许的[4]。

虚拟现实和混合现实的关系可以被总结为以下三点：①虚拟现实将用户带入虚拟世界，虚拟世界是假的，所有物体都是虚拟出来的；②增强现实是在真实世界的物体上叠加了虚拟对象，为现实拓展出额外的数字支持；③混合现实把真实的东西虚拟化，然后无缝集成到用户的现实世界当中,感觉真实存在。

5. 虚拟现实的关键技术

(1) 动态环境建模技术。VR 系统的核心内容是根据实际应用需求,获取实际环境的三维数据建立虚拟环境。

(2) 立体显示和传感器技术。在虚拟环境中用户主要的交互主要依靠立体显示和传感技术,主要设备是头盔显示器,给用户呈现场景图像,定位装置可以跟踪物体的运动;触觉传感器、力觉传感器负责传递交互信息。

(3) 实时三维图形生成技术。为确保三维图形能够实时生成,尽可能保证图形的质量和复杂程度,图形的刷新频率应高于 30 帧/秒。

(4) 应用系统开发工具。大量虚拟现实硬件设备层出不穷,但是如何给这些硬件赋予灵魂,就需要软件开发平台来完成了,功能强大的开发工具能帮助用户选择合适的应用对象完成实际需求。

(5) 系统集成技术。VR 系统由大量的感知信息和模型构成,这就需要有一个强大的集成系统提供保障,集成技术包括信息的同步技术、模型的标定技术、数据转换技术、数据管理模型、识别与合成技术等[5]。

6. 虚拟现实的分类

按照功能和实现方式的不同,可以将虚拟现实系统分为可穿戴式虚拟现实系统、桌面式虚拟现实系统、增强式虚拟现实系统、分布式虚拟现实系统。如表 6-1 所示。

表 6-1 虚拟现实技术的分类表

分类	特点	优点	缺点
可穿戴式	又称为"可沉浸式虚拟现实系统",用户穿戴头盔显示器、数据手套、数据衣等,进入虚拟环境中,通过各类传感器和跟踪器与虚拟对象进行交互	带领用户进入逼真的虚拟环境并完全沉浸其中	对硬件设备和场地要求高
桌面式	利用计算机显示器观察虚拟环境,通过追踪球、3D 控制器、力矩球等外部设备进行操控虚拟对象	成本低、经济实用、结构简单	缺乏沉浸体验
增强式	采用三维建模技术,多传感器融合技术,实时跟踪技术,场景融合技术,实时视频显示及控制技术,真实环境和虚拟环境信息的叠加等技术	实时交互性强	真实的三维空间上叠加、定位跟踪虚拟物体,制作成本高
分布式	将异地的用户通过网络连接到同一个虚拟环境中,共同活动、共同参与操作虚拟对象,如不同汽车工程师对虚拟环境中的零配件进行装配	异地共享同一个虚拟空间;同一时间空间下协同交互;参与者之间多种通信交流	系统复杂,对网络及硬件设备要求高

6.1.2 虚拟现实的关键技术

1. 立体显示技术

人类观察客观世界有 80% 是依赖于视觉,视觉信息是人类感知外部世界、获取信息最主要的传感通道,这就使得视觉通道成为多感知的虚拟现实系统中最重要的环节[6]。

为了使虚拟世界里的物体更加逼真和人们的沉浸感更强,立体显示技术是视觉显示技术中的关键环节,并与计算机平台相结合,是虚拟现实的最为重要的支撑技术,以实现在平面显示器上呈现立体景观。

立体显示技术的实现方法可分为助视 3D 显示和裸眼 3D 显示。助视 3D 显示是靠佩戴如偏光眼镜等设备来实现的,缺点是亮度不足、佩戴不舒适、体验感差。裸眼 3D 显示是人眼不用佩戴任何设备,利用光栅、集体成像全息技术以实现立体效果,是当前研究的热门课题,具有广阔的前景。

(1)立体显示原理。人的眼睛具有立体视觉的特性,人们眼睛观察到的世界是三维立体的,以此帮助人们感知物体所处的空间方位以及物体和物体之间的相对位置,人眼的这种属性我们称之为立体视觉。当人们的双眼同时注视某物体时,双眼视线交叉于某个物体对象上,叫作注视点,从注视点反射到视网膜上的光点是对应的,由于人两眼有 4~6 cm 的距离,所以实际上看物体时两只眼睛中的图像是有差别的,即双目视差,双目视差担负着立体空间知觉的核心任务[7]。图 6-2 所示为计算机和投影系统的立体成像原理:当图像传送到大脑,虽然是两副不同的图像,但看到的是却立体的 3D 图像。Marry 在 20 世纪 80 年代初,创立了视觉计算理论框架,着眼于信息处理综合概括了图像处理、神经生理学、心理物理学和临床精神病学的研究成果。

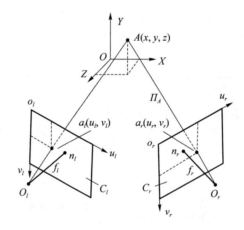

图 6-2 立体视觉的基本原理图

真实世界中人们看到的是三维立体景象,要在虚拟现实系统中还原三维立体效果,必须通过光学显示设备按照相关原理进行三维重构,重构方法有分色、分光、分时和光栅四种,为观看者提供两组拍摄位置错开的图像,都是以视差原理为基础,分别让左右眼观看,从而得到三维立体画面。

(2)分色技术。根据视差基本原理,让某些颜色的光分别让左右眼看到,即一部分进入左眼,一部分进入右眼,双眼看到的图像是交替叠加在一起的,从而呈现出立体影像。

人眼睛的四种感光细胞分别是感知颜色(红、绿、蓝三种波长的光)和感知亮度,感知颜色是通过感知红、绿、蓝三原色而推理出来的,感知亮度的细胞最多。而计算机中的图像一般都是以三原色存储的,这样就可以利用分色眼镜,将不同颜色的光分别送入左右眼实现立体显示,如红蓝眼镜,左眼收到红色图像,右眼收到蓝色图像,在大脑中叠加融合成立体图像,分色方法实现三维立体方便快捷,简单易成。

(3)分光技术。光子自然界传播时都会发出自然光和偏振光,分光技术实现立体显示的原理与分色原理类似,当图像部分光线进入左眼,另一部分进入右眼,即可形成立体显示效果,基于这种光的特性,采用偏光滤镜可以滤除偏振光以外的光,让相互垂直的偏振光通过偏光镜片,产生分光的效果,让两种方向的偏振光分别输出两种画面,从而实现双眼观看的三维立体图像。

(4) 分时技术。利用显示器刷新频率的特性,实现方法是不同的时间内播放两套图像,经过一次刷新,让左眼观看图像的同时,右眼则被专用眼镜遮住;第二次刷新,让右眼观看图像,则将左眼遮住。这样不断重复刷新,交替运行,利用人眼的视觉中暂留特性,最终观看到的便是经过大脑合成的连续立体画面。分时方法充分利用显示器潜力,同时配合液晶快门眼镜用于遮住左右眼使 LED 显示器和液晶快门实现同步,便可以完美实现三维立体效果。这种方法不用对原有显示器进行改动,只需要增加一套专用无线发射设备,实现信号同步即可,因而设备制作简单,成本较低且易于维护。

(5) 光栅技术。光栅技术的实现原理是在观看者和屏幕之间设置一层屏障,屏障由在显示屏幕在垂直方向上划分多个栅条组成,使左眼和右眼交错观看到栅条上的显示画面,左眼无法看到右眼的栅条,右眼也无法看到左眼的栅条,左右眼观看到不同的画面,这样经过大脑的融合便能观看到三维立体画面了。光栅技术和分色技术、分光技术、分时技术具有较大的差别,设备也复杂多样,如双摄像头采集图像技术用在光栅 3D 显示手机上,头部追踪技术则在光栅 3D 显示笔记本则得到采用,通过计算双眼的位置,动态光栅输出图像,最大可能的保证用户在移动中也能体验到流畅的 3D 图像。

2. 三维建模技术

虚拟现实系统中核心任务是创建三维虚拟环境,利用 3D 建模技术就是要在取得现实世界的三维数据的基础上,根据用户需求建立相应的 3D 模型,这种三维模型必须符合客观事物物理特性,才能获得可靠可信的虚拟环境。在当前应用中最普遍的是三维视觉建模,三维视觉建模可分为几何建模、物理建模、行为建模。

(1) 几何建模。几何建模技术是开发虚拟现实系统过程中最基本而又重要的工作。现实世界中的物体的几何模型由点和线构成整个三维物体的形状和边界,使用几何边界表示三维物体,由纹理、光照、颜色来表示物体的外观。几何建模就是要设计表示物体几何信息的数据结构和对该数据结构进行操作的算法,一般用建模用建模软件来完成,如 AutoCAD、3d5Max、Maya,或者工具软件 OpenGL、Java3D、VRML 等编校进行建模以及三维扫描仪对实际物体进行三维建模。

(2) 物理建模。物理建模是对客观事物的物理特性进行建模,这些物理体系包括重力、惯性、表明变形、表明硬度、柔软度等,不能违背物体在真实世界中的客观规律,如物体在力的作用下应朝着预期的方向,符合运动规律进行运动,物体之间不能彼此被穿过等。几何建模只有被赋予物理特性,与物体的物理法则相融合,才能建立真实感的虚拟环境。物理建模因为涉及承受重力、表面变形、受力反馈等物理特性,需要借助物理学与计算机图形学相结合的技术,在虚拟现实系统中物理建模较几何建模要复杂得多。物理建模中分形技术常常用于静态的物理建模,一般是具有自相似特征的数据集,如描述山川河流地貌特征;粒子系统是用来描述自然现象及物体运动,如刮风、下雨、河水流动、燃烧、烟尘还有人体、动物及其他物体的运动。建模原理就是用简单的元素实现复杂的运动,也是一种典型的物理建模系统。

(3) 行为建模技术。虚拟现实的本质就是客观世界的仿真或折射,虚拟现实的模型则是客观世界中物体或对象的代表。而客观世界中的物体或对象除了具有表观特征如外形、质感以外,还具有一定的行为能力,并且服从一定的客观规律[8],包括物体的移动、旋转和变形。方法是在行为建模时运用各种坐标系统来定义对象在三维环境中的相对位置关系,技术上采用基于物理的动力学和基于数值插值的运动学方法。

运动学方法是基于几何变换来描述物体的运动,包括物体的平移、旋转、变形等,在建模过程中如果遇到复杂的场景时将难以实现。运用物理运动规律来描述物体的行为时,是通过物体的质量和惯性、受力情况以及其他物理作用来计算和描述物体的行为,对物体运动的描述会更精确自然。

3. 虚拟声音技术

听觉是人类感知客观世界的最为重要的手段之一,在虚拟现实系统中通过声音通道给人的听觉系统提供声音显示,用户在虚拟场景中能准确地判断出声源的精确位置、符合人们在真实境界中听觉方式的声音系统称为三维虚拟声音[9]。核心技术是三维虚拟声音的定位技术,能给用户提供来自听着周围任何地方、符合真实的声音效果的声音,从而实现用户身临其境的真实感觉,体现出全向三维定位特征、三维实时跟踪特性。

人类最原始最自然的交流方式来自语音,同样语音技术在虚拟现实技术中也是最为重要的技术之一,通过语音与虚拟世界进行交互属于虚拟现实系统高级目标。语音识别,是指人与机器交流时,计算机识别和理解人类说话的语音,让计算机具备听觉系统,经过处理可以把语音构成对机器的指令或者转换为文字信息的技术。语音识别技术是人机自然交互技术中的关键环节,涵盖了声学、语言、人工智能以及数学、统计学等多学科的前沿技术。声音特征提取、声学模型、语言模型与语言处理构成语音识别的技术框架。

① 声音特征提取:模拟的语音信号经过计算机的采样获得波形数据,首先要输入到特征提取模块,提取出合适的声学特征参数供后续声学模型训练使用。

② 声学模型:声学模型的研究近年受到广泛关注与研究,隐马尔科夫模型 HMM 特性优良,是当前主流语音识别系统都采用的声学模型。2018 年,科大讯飞公司提出深度全序列卷积神经网络(DFCNN);同年,阿里提出 LFR-DFSMN(Lower Frame Rate-Deep Feedforward Sequential Memory Networks),该模型将低帧率算法和 DFSMN 算法进行融合,不仅解码速度大大提升,而且语音识别错误率降低 20%;2019 年,百度推出了流式多级的截断注意力模型 SMLTA,该模型可以比百度上一代 Deep Peak2 模型在线语音识别率上提升性能达 15%。

③ 语言模型:分为神经网络语言模型(由识别语音命令构成的语法网络)和统计语言模型,实现语言处理的语法、语义分析,对语音识别起到重要作用。

语音合成技术就是为了能让人和机器自然的交互,采用人工方法产生语音,给计算机装上能说话的"嘴巴",然后结合语音识别技术,实现用户在虚拟环境下简单的语音交互。在现实生活中,人们可以自由地用文字或者语音进行交互和传递信息,而虚拟现实系统则是通过语音合成技术进行交互。语音合成技术是一门具有前沿性的新技术,不仅包含了声学、语言学,还综合了计算机科学、数字信号处理等多门技术,其核心技术包括语音识别、语音文本转换和电子控制下的机械发声三种。首先,语音识别方面由于语音具有特殊的波形纹理和周期,识别过程包括语音信号的预处理、特征提取、模式匹配等数据处理的过程。其中,预处理又包括预滤波、采样和量化、加窗、端点检测、预加重等过程。特征参数提取则是语音信号识别中最为重要的一环[10]。其次,文语转换简称为 TTS,就是可以把文字经过语言学、声学和韵律学的一系列处理,输出语音方便人们识别和使用。最后,语音合成的理论基础是语音生成的数学模型。该模型表现的语音生成过程是在激励信号的激励下,声波经谐振腔(声道),由嘴或鼻辐射声波。因此,声道参数、声道谐振特性一直是研究的重点。基于上述原理,目前有几种语音合成方法,如共振峰合成法、LPC参数合成法、PSOLA合成技术、LMA声道模型合成法等[7]。

在虚拟现实系统中,当用户戴上头盔显示后,通过语音识别和语音合成技术,实现了虚拟环境下用户与虚拟对象进行语音交流,可以弥补视觉信息的不足,特别是当用户通过肢体动作与对象进行交互,双眼无暇注视图像时,这种语音的交流就成为在虚拟环境中交互的重要补充。

4. 人机交互技术

人机交互技术[11](Human-Computer Interaction Techniques)是指通过计算机输入、输出设备,以有效的方式实现人与计算机对话的技术,人机交互技术包括机器通过输出或显示设备给人提供大量有关信息及提示请示等,人通过输入设备给机器输入有关信息,回答问题及提示请示等。

人机交互技术是计算机应用中的重要内容,发展经历了四个阶段:①第一代人机交互技术阶段。采用命令符的方式通过键盘将指令传达给计算机,实现人机交互,这种交互过程单一,键盘和显示器是最重要的交互工具,传递内容是字符形式的命令行,输入的信息显示在计算机屏幕上。②基于鼠标和图形显示器的交互阶段。鼠标的出现大大提升了交互能力,使得交互自然而有效率,利用鼠标操作显示器中的图标和菜单,交互的内容有字符、图形、图像。③基于多媒体技术的交互阶段。此时的交互工具得到了极大的拓展,不仅有键盘和鼠标,还有语音麦克风、录像机(VCD/DVD)、视频摄像机、音响的输入输出设备,交互的内容也越发的丰富多彩,文字、图形、图像、语音、音频、视频等,多媒体接口界面成为流行的交互方式。④基于多模态技术集成的自然交互阶段。常规的人机交互由于输入输出设备性能及人体学的影响而并不理想,因为人类的交互更多的时候表现为面部表情、肢体动作、情感因素等多种形式,这种多模态的交互才更符合人类与环境更加自然的交互。此外,人类与环境之间的交互还是基于知识的,因为人类的行为动作均在思维的控制下进行,同样对反馈的信息也是在思维的支配下予以识别的[12]。在虚拟现实技术中,实现人机自然交互必然会更加依赖于基于多模态技术集成技术。

目前在虚拟现实系统中,人机自然交互技术的理论目标和实际应用还是有一定的差距,技术还不是很完善,主要表现在手势识别技术、面部表情识别技术、眼动追踪技术和触觉技术上。

(1) 手势识别技术

人类自然地利用手和手臂的肢体动作表达意图是自然的交互方式,虚拟现实中的手势识别就是摆脱输入设备的束缚,利用手势与虚拟环境的交互,类似于人与人之间的自然交流方式,即将手作为计算机的输入设备,计算机跟踪手势进行识别含义,并转换为计算机的命令,是一种易于学习的人机交互手段。整个过程可以是接触式的,也可以是非接触式的。手势交互系统分为基于接触式的传感器和基于非接触类的传感器两类。

手势本身在不同文化背景下所表示的意思不尽相同,因此手势实际上不仅受时间的影响还与空间上差异性和多样性有关,表现更为复杂的一面,对手势也会有不同的定义。一般把"手势"定义为:手势是人类在交流中通过手臂产生的各种姿势和动作完成表达意图,它包括静态手势和动态手势。静态手势对应空间里的一个点,而动态手势对应着模型参数空间里的一条轨迹,需要使用随时间变化的空间特征量来表述[13]。动态手势识别最终可转化为静态手势识别。手势识别的技术主要有模板匹配法神经网络法和隐马尔可夫模型法,模板匹配法是将手势的动作看成是一个由静态手势图像所组成的序列,然后将待识别的手势模板序列与已知的手势模板序列进行比较[14],即将动作传感器输入的信息和系统预制的手势模板数据匹配,校对两者的相似度达到手势识别的目的。

人工神经网络技术可以对模式识别提供良好的支持,因为这项技术基于统计和概率学方法的组织和判断,整个神经网络包括的全部神经元对于时空效能有较好的算法,据此可以对手势的细微动作进行判断,因此具有易控制和处理高效的自组织和自学习能力,是一种比较优良的模式识别技术。

隐马尔可夫模型法(Hidden Markov Model,HMM)是一种能细致描述信号的时空变化统计分析模型,用隐马尔可夫建模的系统具有双重随机过程,其包括状态转移和观察值输出的随机过程,适用于动态手势的识别。其中,状态转移的随机过程是隐性的,其通过观察序列的随机过程所表现[14]。

① 基于数据手套的虚拟现实手势识别。在手势识别技术中最常采用的是数据手套,数据手套作为人机接口的一部分,系统实时获取人手的动作姿态,并在虚拟环境中将手的动作复原出来,就如同在真实世界中人的手操作物体一样,实现人机交互。数据手套关键技术就是要测量手指、手掌、手腕、手臂的关节部位的弯曲动作,还有在弯曲动作姿态上的反演。完成反演主要取决于人体手部姿态的建模,最根本是要确定传感器测量数据和手部各关节运动姿态的对应关系[15]。基于数据手套手势输入的优点是自然、直接,依照人体动作特点,直接获得三维空间的数据信息,数据量小,速度快,能够实现实时的手势识别,可识别的手势种类多。

② 基于视觉的虚拟现实手势识别。还有一种手势识别可以通过摄像机捕捉手臂的运动图像,并将手部信息数据采用图像处理技术提取出来,分析手臂态势,进而实现手势识别,未来基于视觉的手势识别将会逐渐成熟,给人们带来有更广阔的交互空间,更灵活、更自然的交互体验。

(2)面部表情识别技术

人脸表情是最直接、最有效的情感识别模式,人类通过表情传递信息在相互沟通交流中发挥重要作用,面部表情识别是利用人脸识别技术,计算机提取人的面部表情特征进行归类分析,从而获得表情信息数据,识别和推断人要表达的含义,完成人机交互,对于虚拟现实中的人机交互有重要的价值。面部表情识别涉及生理学和心理学,相对于其他生物识别技术如人脸识别、指纹识别、虹膜识别等更加复杂多样,具有非接触性和非强制性等特点,面部表情识别技术一般包括以下三个部分。

① 人脸图像的获取与预处理。人脸表情识别首先要通过摄像头采集人脸静态、动态、位置、表情等信息,将面部特征、颜色特征等信息挑选出来,建立人脸模型,检测获取的人脸图像与人脸模型的匹配度。检测方法大致可分为以下两类:首先,基于统计的人脸检测是将人脸图像中最能代表人脸的信息特征挑选出来,形成空间中分布信号,并对这些信号进行核验、检测;基于知识的人脸检测是建立一系列规则,包括基于几何特征的方法和模板匹配法,将人脸检测转化为对这些规则和假设的验证。其次,基于人脸检测结果,采用信号处理的方式对原始图像进行光线补偿、灰度校正、噪声过滤、像素位置变换、几何校正、滤波以及锐化等预处理,使之最终服务于特征提取。

② 表情特征提取。表情特征是人脸表情识别系统中最重要的部分,是针对人脸的某些特征,如眼睛、鼻子、嘴、下巴等器官进行形状描述以及对构成之间结构关系进行几何描述,即人脸特征提取,也称人脸表征。根据图像性质的不同表情特征的提取可分为两种:一种是提取静态图像特征,是指提取表情的形变特征,也就是每一帧暂时的状态特征;另一种是提取序列图

像特征,就是要提取每一帧的表情特征和连续动作的特征。形变特征提取必须依赖中性表情或模型,把产生的表情与中性表情做比较从而提取特征,而运动特征的提取则直接依赖于表情产生的面部变化[16]。特征选取应尽量提取面部表情,保证足够丰富的信息量,保证提取的稳定性,尽量减少外界的干扰,并尽量容易提取降低提取成本。

形变提取法是根据人脸在表达各种表情时的各个部位的变形情况识别的,主要的方法包括主分量分析法、Gabor小波、运动模板法和点分布模型法。运动法是根据人脸在表达各种指定的表情时一些特定的特征部位会做相应的运动来识别的,典型的识别方法有光流法、特征点跟踪法和差分图像法[7]。

③ 表情分类。在图形获取与预处理以及表情特征提取之后,就是要做表情分类,根据表情特征提取图像中最能有效表示表情的特征,并在样本集的基础上确定判别的规则进行表情分类,表情分类的方法、准确度会影响表情分类结果,即设计表情分类器,良好的分类器减少分类的错误率,因而也是表情识别的关键。对于新的表征根据分类器的规则进行分类,达到识别的目的。一般常用的分类方法有以下五种:①基于样本间距离的最近邻法;②待测表情与每种表情模板进行匹配的模板的匹配法;③识别率高、工作量非常大的神经网络法;④根据表情图像的参数分布模型,计算被测表情的概率模型法;⑤基于支持向量机(Support Vector Machines,SVM)的方法。

(3) 眼动追踪技术

眼动追踪即对眼球追踪,早期用于研究心理学和视觉系统。眼动追踪的原理就是对用摄像头捕捉到的人眼或脸部的图像进行检测和分析,并按照一定的算法定位和跟踪用户视线的变化,从眼睛看到的地方判断用户的认知意图。在虚拟现实的体验中,眼睛能够实现输入并及时得到视觉反馈,补充了在虚拟现实中只能看到视觉信息的不足,极大地提升了头部追踪式的交互。

人类眼睛的特性是经常转动和变焦,自由灵活,是以眼睛的聚焦为中心的,是虚拟现实中交互成本最低、最轻松的交互方式,不会像看电脑时间长而脖子酸痛。眼球追踪主要有眼睛的位置和眼睛的运动两种,眼睛的运动分为注视和扫视,即眼睛的发现目标用的是扫视,从扫视到专注目标,视觉中心留下长长的尾巴,形成扫描路径。当眼睛跟随这一个运动的物体平滑跟随时,看到的画面是不会抖动的,是因为视觉系统的防抖功能。一般情况下,跟踪传感器被安装在虚拟现实设备的头盔中,用以跟踪头部的转动,跟踪器会随时头部的运动,而实时生成的图像也随之同步变化,从而实现实时视觉现实效果。典型设备如Oculus Rift的头戴式虚拟眼镜。

目前,我们主要使用光谱成像和红外光谱成像两种图像处理方法。光谱成像技术是以捕捉眼睛的反射光来定位的,因为在虹膜和巩膜之间形成的轮廓,通过捕捉这个特征来实现。红外光谱成像则通过跟踪瞳孔的轮廓来定位,实现方法是使用红外光来消除镜面反射以达到目的。

从现阶段来看,眼动追踪技术的应用还有待于技术的进一步发展和开发出合适的应用模式,才能给用户以完全沉浸的体验方式,以享受眼动追踪带来的无穷体验乐趣。

(4) 触觉技术

人类在获取信息时,视觉和听觉之外就是触觉了,在人类认识外部世界并与之进行交互时起到重要作用。实际工作中,只有接触物体并有效感知才能对物体进行精准的操作与控制。在虚拟现实中的触觉交互称之为"力反馈"技术,通过向用户施加某种力、震动或是旋转、运动,让用户真实感受到虚拟环境下受到的力的牵引,获得更强的沉浸感。触觉技术一般包含触碰感觉、皮肤感觉和运动感觉。触觉技术实现了在虚拟世界中有效的控制虚拟物体,例如可以对远程机械进程操控、模拟外科手术等高难度的工作。航空航天领域的自动控制装置是最早应用触觉技术的系统,当时这种触觉控制系统只是以空气动力学的方式将力作用于要控制的装置上,体现出单向传输控制的特点。贝尔实验室开发出了首套触觉人机交互系统,并在1975年获得了相关的专利[7]。

虚拟现实中,用户与虚拟空间对象进行交互时有虚拟传感器和实体传感器两种虚拟传感器是当用户与虚拟环境中物体对象建立相对位置的几何精确坐标后,利用算法让用户感知到与虚拟对象或者环境之间的距离,好像是通过"虚拟接触式传感器"获得感知似的。虚拟的"温度传感器"和一个虚拟的"纹理特征传感器"也是根据算法分析影像而计算得到虚拟对象的材质类别或表面细节特征,推算出虚拟对象的表面粗糙度、纹理和导热系数等特征。实体传感器是指实物类型的触觉传感器,当用户通过机械手臂且触觉交互的虚拟对象也有对应的实物对象时,虚拟对象可不需要精确建模而只是简单的VR拍摄即可,此时用户与虚拟对象的交互实际上是用户控制下的机械手臂与实际物体的交互,可以通过触觉传感器感知机械手臂与物体的交互过程,并实时反馈给虚拟环境中的用户,以帮助操作者获得全真的触觉体验[17],实物的触觉传感器主要包括接触觉、压力觉、温度觉、纹理觉等。

现实世界中力的相互作用过程才是触觉交互的本质,传感器就是感知接触力的变化,并采集这个物理参数,对虚拟对象发挥作用,接触力参数采集方法主要有机械式、电容式、压阻式、压电式、电磁式、光纤式及生物信号式等。

5. 并行计算技术

在虚拟现实系统中,决定系统性能的还是计算机,计算机作为虚拟现实系统中最核心的设备,随着技术的发展也越来越复杂,性能越来越高,计算机的并行计算能力也为计算机技术研究的中心,各大厂商也都致力于发展高度并行的超大计算能力的虚拟现实机器。

为能构造尽可能逼真、精细的三维复杂场景,实现低延迟、实时响应、实时绘制,就要对虚拟环境中的物体进行有效的组织和管理;为真实地模拟现实环境,就要对虚拟环境添加光照、阴影等特殊效果;为能实现虚拟环境中物体运动的真实感,就要计算虚拟对象的几何形状、相对位置关系等;并保持足够高的刷新率,以便将虚拟对象所呈现出来的新状态显示出来。所有这些对系统资源的消耗量非常大,其数据规模日益膨胀,产生虚拟环境所需的计算量极为巨大,这对计算机的配置提出了极高的要求。目前,虚拟现实系统都使用了性能及计算强大的超级计算机以满足对计算机资源的需求,所使用的技术有基于Pc集群的并行渲染技术、基于GPU并行计算技术和基于网络计算的虚拟现实系统。

(1) 基于GPU并行计算技术

① GPU概念。GPU(Graphics Processing Unit)图形处理器,专门用于提高视频和图形的性能的显示芯片,又称显示核心,是图形图像计算中主板上的重要元件,也是实现人机对话的重要设备之一,不仅在个人计算机、游戏机、工作站中的视频卡或主板中,还用在智能手机、平板电脑上做图像运算。计算机系统的显示信息一般都要经过处理,将扫描信号传输给显示器,而GPU就是"集中力量"专门处理复杂的图像运算,经过运算、转换驱动,控制扫描信号等迅速而正确的显示出来。图形处理器GPU与中央处理器CPU相比,CPU更善于管理、调度硬件资源,侧重于更强的协调能力,相当于一个多功能的优秀领导者;而GPU更注重计算能力,追求"更强大的算力",更像一个能完成大量工作的优秀员工。不同类型处理器结构图如图6-3所示。

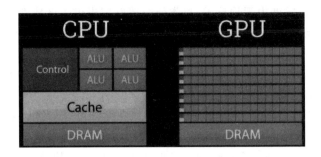

图 6-3　不同类型处理器结构图

DRAM 即动态随机存取存储器,作为与 CPU 内部交换数据的媒介,用于存储程序的临时数据,是常见的系统内存。Cache 是计算机中高速缓冲存储器,位于 CPU 和主存储器 DRAM 之间,容量小、速度快,目的是提高 CPU 数据输入输出的速率。ALU 是算术逻辑单元,是组合逻辑电路,用以实现多组算术运算和逻辑运算。CPU 擅长统领全局等复杂操作,适合对同一数据做很多事情,而 GPU 适合对大数据做相同的事情,擅长对大数据进行简单重复操作;GPU 可比喻为进行大量并行计算的体力劳动者,CPU 则是从事复杂脑力劳动的教授。自从计算机系统中增加了 GPU 把图形图像处理的任务接管之后,CPU 就"腾出手"来完成更多其他的系统任务,大大提高了计算机的整体性能。GPU 的性能决定了显卡的档次,当前市场上 NVIDIA 和 AMD-ATI 两家公司的图形处理芯片几乎包揽了大部分的显卡。

② GPU 的特点。GPU 支持大量数据并行计算,并行计算相比于串行计算,可以一次执行多条指令,用以提高计算速度,GPU 采用多核结构,且核心数目众多,可以解决大规模复杂的计算问题。GPU 具有更高的浮点运算能力,可以提供数十倍甚至上百倍的 CPU 性能,得益于其浮点运算能力,处理器的 3D 图形处理的一个重要指标就是浮点运算能力,可以在执行复杂的数学和几何计算中,特别是计算是图形渲染中表现出优异的性能,GPU 所集成的晶体管数量甚至比 CPU 还要多。

③ 如何发挥 GPU 的大数据处理能力。一般集成显卡是将 CPU 和 GPU 放在一起,公用缓存、公用散热风扇,会降低计算机处理性能,而独立显卡是将 GPU 与 CPU 分开来,专门设置显卡电路板,具有独立缓存、独立风扇散热,独享部分资源,并且为了提高效率,在处理大批量的数据时,需要更多的晶体管来并行工作,高性能的 GPU 显示卡现在都具有百亿级以上的晶体管数量。

另外,CPU 和 GPU 采用各自独立运算的异构模式,CPU 负责复杂逻辑事物的处理和管理,GPU 负责大规模数据的并行计算,两者相互配合,GPU 的高带宽和处理能力强,可以有效地分担 CPU 的工作,深度挖掘出计算机处理的潜力,有效地提高整体运算效率和处理能力。

(2) 基于集群的并行计算技术

目前,虚拟现实并行计算机的体系结构较多,集群就是其中之一。集群是一组独立松散的计算机系统,构成一个耦合的高度紧密协作完成计算的多处理器系统,集群相当于一台计算机,实现分布式计算,工作方式类似于人与人之间的协同工作。集群系统中的单个计算机是一个节点,都有自己的操作系统,通过局域网络实现通信和数据共享与交换。集群方式大大提高了计算机系统的运算速度和可靠性,由于一个集群可以包含上百个节点,当集群中某个节点出现单点故障,这个节点上的任务不会中断,而是会自动转移到其他节点当继续工作,而不影响整个集群的工作任务。当要拓展集群时,只需增加节点数量,存储容量、I/O 带宽就可以扩展整个系统能力。集群的发展为工程技术、科学研究等领域提供了低成本、高可靠、高可用、高效率、课扩展的应用性能。一般集群按照功能和结构可分为以下三种类型。

① 高可用性集群:集群中某节点失效,依然能保持系统的稳定运行,只不过这个节点的任务被自动切换到其他节点上继续工作,类似于磁盘阵列中的"热插拔"技术,可以支持单个节点离线维护再上线,而不会影响整个系统的运行。

② 负载均衡集群:当执行一个大型任务时,可以在前端设置负载均衡器,将大型任务分担到多个操作单元的节点上进行,采用负载均衡技术可以将工作负载进行分发,由后端的服务器分别处理多个小型任务,实现整个系统的高可靠性和高可用性,技术上和高可用性集群有相同之处。

③ 高性能计算集群:为完成某特定的计算任务,为提高算力将任务分配到不同的节点上进行计算,在科学计算领域应用较广,如某大型计算任务时各计算节点之间大量数据通信,当一个节点的中间结果会影响到其他节点计算结果的情况下,而专门设计了特定程序运行库以发挥并行能力。

网格计算专门优化具有多独立作业的工作任务,这些计算任务并不需要共享数据,运算的中间结果不会影响其他网络节点上的任务进程,主要是管理和连接相互之间没有绝对关联的计算机。因此,网格和集群相比可以支持更多不同类型的计算机的集合。

6.1.3 虚拟现实的硬件设备

利用虚拟现实技术构建虚拟世界时就需要利用虚拟现实技术领域的各类相关硬件产品,这些产品帮助人们完成虚拟环境的建模、将计算机建模后的虚拟世界呈现给人们、实现虚拟环境中的交互等,只有这些硬件设备相互配合,才能给人们带来真实沉浸感的奇妙体验,当前虚拟现实中常用到的设备有建模设备、显示设备、交互设备、声音设备、运动捕捉设备等。

1. 建模设备

三维建模是虚拟现实系统中非常重要部分,虚拟对象的建模是创设虚拟世界的基础,一般是通过 OpenGL 等图形库建立各种虚拟对象的模型,现实生活中因为有许许多多的物体是不规则的,无法通过图形库进行建立模型,可以利用辅助建模设备(如 3D 扫描仪)进行虚拟对象的建模。3D 扫描仪也称为三维立体扫描仪,是一种科学仪器,用来侦测并分析现实世界中物体或环境的形状数据和外观数据,形状数据指几何构造,而外观数据则是颜色、表面反照率等性质[18]。在虚拟世界中就可以依靠这些侦测到的数据经过三维重计算完成实际物体的数字建模。

三维扫描仪可以非常便捷地创建现实生活中的物体的数字化模型,通过非接触式地扫描实际物体获得物体表面精确的三维点云数据,而生成数字化模型,几乎完美地复制真实世界中的任何物体,具有速度快、精度高等特点。随着3D扫描技术的深入发展,其应用领域非常之广,涉及工业设计、快速原型制造、三维检测、逆向工程等领域,在机器人导引、医学信息、生物信息、地貌测量、刑事鉴定、数字文物典藏、电影制片、游戏创作素材等方面以数字化的形式逼真地重现现实世界。

2. 三维视觉显示设备

(1) 虚拟现实头盔显示器

头戴式显示器是沉浸式虚拟现实系统中最主要的硬件设备之一,通常被戴在用户的头上,类似于头盔的模样,因此也被称为头盔显示器。其装有位置跟踪器,根据头部转动实时测量出相关数据,将信息传递给计算机系统,系统接收到这些位置信息后,控制用两个 LCD 或 CRT 显示,向左右眼分别传送虚拟现实中的场景图像,根据双眼视差原理,两副图像在大脑中最终融合,形成三维立体效果。由于其封闭性强且小巧灵活,在军事演习、航天飞船、虚拟医疗、文化教育、虚拟旅游、虚拟游戏等中得到广泛应用。

安装在头盔上的显示屏最常用的有阴极射线管(CRT)和液晶显示(LCD)两种,此外,还有液晶开关显示器、等离子板、荧光管、微机械硅显示器等多种形式。在应用中,如果追求分辨率,那么应选择 CRT;如果希望得到更好的亮度,则 LCD 更有优势。有预测称,今后微机械硅显示器将会成为新型头戴式显示部件的发展主流。头戴式显示器的不足之处在于容易使眼睛产生疲劳,这是由于显示屏距离人眼较近,长时间、近距离聚集产生的人的生理现象。解决的方法可以采用专门的光学镜片以提供舒适的焦点,并且放大屏幕,尽可能地将图像充满人的视野。

定位跟踪器通常安装在头盔上,用以能根据用户头部的转动而随时调整改变视野中的三维场景,大多使用电磁波或超声波跟踪定位器,其性能特性将直接影响三维立体图像的实时生成效果。

目前,头戴式虚拟现实设备根据其硬件形态主要有移动端头显、外接式头戴设备和一体机头显三种类型。VR 眼镜盒子即为移动端头显,将人们最常用的手机放入盒子中就能够观看。实现原理和制作过程非常简单,利用凸透镜结合一些外设就能实现。操作便捷、成本低是其最大优势,有 Google 的一些 VR 爱好者发明了 Cardboard,自己动手就可以拥有一套 VR 体验设备。

当前,世界知名的三大顶级 VR 设备都是外接式头显,这种设备必须与计算机相连才能真正体验到虚拟世界带来的奇妙体验。当然,这种设备造价不菲,但随着越来越多的厂商进入市场,使得该设备的性价比正逐步提高。有预言,VR 一体机头显才是未来虚拟显示器的终极设备,它具有独立的运算处理器、独立的输入输出显示功能,不受空间和外部因素的影响,让用户真正沉浸在虚拟环境之中。

(2)桌面显示系统

桌面式显示系统是利用立体显示器和小型图形工作站产生虚拟环境,根据设备的不同,可以每人佩戴光学偏振眼镜或者主动液晶快门眼镜,并独立配置一个占地面积较小的小型设备间,通过计算机屏幕观察虚拟世界,支持协同操作,直观交互沉浸感强。有时还会借助专业通道立体投影显示系统以增大屏幕,提升观赏度。典型的有全息台、AR 台、普通显示器等。

全息台是通过佩戴超轻型人体工程学的立体眼镜的桌面显示系统,戴上眼镜后用户可以从多个角度观看虚拟对象,系统将根据用户头部转动的视角进行实时捕捉,利用交互手柄直接在自由的空间内与虚拟对象进行交互,在教育教学中为教师和学生提供一个即时交流的虚拟世界。

AR 台也称为 AR 互动台,下屏交互,上屏显示,其由感知识别模块、虚拟引擎、AR 模块组成,是一款桌面沙盘式显示系统,不仅适用于教学演练、虚拟模拟实验等教育教学中,还广泛用于展览展示、复杂逻辑内容仿真、产业设计、安全知识演练、军事推演等领域。

(3)大屏显示系统

虚拟现实中的大屏幕显示系统是把整个墙面作为一个屏幕来接收、处理、显示各种信息,将虚拟环境及虚拟对象以大型完整的全屏图像显示,给用户带来更强烈的视觉冲击,使之完全沉浸在虚拟世界中。常见的显示形式上有多通道投影显示,包括大屏洞穴式仿真投影和大屏拼接融合投影。从成像原理上,可将其分为大屏液晶显示、小间距 LED 屏显示等类型。在应用上,应依据对沉浸感、交互性等自身需求以及体验人数进行选择显示形式。

大屏显示洞穴式仿真投影 CAVE 沉浸式投影系统是利用多通道视景同步技术、高分辨率的立体投影显示技术、三维计算机图形技术,建立一个供多人参与使用的被三维立体投影画面包围的最小三面(或六面)立体显示空间,空间纵深越大,纵深感就越强,越有层次感,令人置身在被三维立体投影画面包围的"房间"中,使用户体验沉浸在虚拟仿真环境之中。借助数据手套、位置跟踪器等虚拟现实交互设备,在可视协同环境下,令人获得完全自由度的真实交互体验。在这种多通道视景同步立体显示的可视协同环境中,用户的所有视野都可以被投影面所覆盖,因此使用者身临其境的沉浸感受会尤其强烈。CAVE 系统一般由一人操作供多人体验,可无障碍沟通交流,在需要大型虚拟场景应用中有明显优势。CAVE 系统有多种投影方式和面数,从而构成多种类型,包括立幕式和地幕式的 L 形屏、双折幕、三折幕、可变形式。

环幕投影系统由环幕系统和环幕投影组成,采用多台投影组成环形投影屏幕作为虚拟环境的显示载体,通常屏幕半径宽度大,有 120°、135°、180°、240°、370°、360°不等,应用于大型虚拟现实应用场景,其关键技术是经过多通道视景同步技术处理和多幅数字图像边缘融合后形成一幅完整的超大三维数字图像,并实时显示在环形屏幕墙上,给观看者带来令人震撼的视觉感受,业内视典公司还创新性地为环幕系统集成了光学动作捕捉,以支持多人协同交互。

CADWall 系统是一种固定形式的平面显示屏幕统,又称直幕。其利用通道同步技术和投影接合技术将生成与实物 1∶1 的立体三维图像输出并展示在超宽幅的平面墙上,用户能体验到与真实世界的物体一模一样大小并且没有几何形变的仿真效果。该系统一般可以建立单通道、双通道、多通道几种显示环境。

3. 虚拟现实听觉感知设备

三维声音不同于立体声的概念,三维声音是一种由计算机生成的合成声音,其声源在实际空间的三维位置由人工来设定。这种声音技术不仅考虑到人的头部、躯干对声音反射所产生的影响,还对人的头部进行实时跟踪,是虚拟声音能随着人的头部运动相应的变化,从而能够得到逼真的三维听觉效果[19]。其原理是对生音的发生源和头部位置及声音进行采样,并传递两者之间的相位差函数,计算出声音源与头部位置的变化,声音源的位置会随着虚拟对象的位移而发生实时变化,为只有声音效果与实时变化的视觉相一致,才可能产生视觉和听觉的叠加与同步效应,如果听觉感知设备不具备这样的实时能力,看到的景象与听到的声音会相互矛盾,听觉就会削弱视觉的沉浸感[20]。耳机和扬声器是通常所采用的听觉感知的两种主要设备。

(1) 听觉感知设备耳机

虚拟现实中的听觉感知设备及耳机与生活中听音乐的立体声耳机有很大的不同,例如在学习中面对电脑,声音是从对面的电脑扬声器中传递到用户的耳中,如果用户转身或者移动,声音也会一直扬声器中传入耳中,但当戴上耳机后,会提供一个完全隔离的环境,耳机会实时跟踪头的位置,并实时计算跟踪的信息,使得电脑的声音永远固定在用户头顶周围。在虚拟现实中耳机会屏蔽掉真实世界的声音,使声源在虚拟世界中的相对位置保持不变,就如同真实生活中听电脑的声音,而此时体统会实时计算声源与头部的相对位置,使之会跟随用户的移动而改变。

(2) 听觉感知设备——扬声器

扬声器是一种位置固定的听觉感知设备,这一固定不变的特性决定了适合于虚拟现实技术,能很好地为用户提供声音。但由于扬声器难以精准控制人耳的两个耳膜收到的信号以及两个信号之差,因此在创建虚拟空间的立体声时比耳机要困难。在对参与者提供某种声音感知,当用户远离位置声音感知会随之衰减,当前的扬声器还没有实现头部跟踪,依照用户头部位置的改变而进行调节。

4. 虚拟现实硬件交互设备

（1）数据手套

数据手套是在人机交互中是一种全新的交互方式,大大增加了人与计算机之间的交互,从功能上区分,数据手套包含力反馈数据手套和虚拟现实数据手套。数据手套最大的特点是由力敏元件、柔性电路板、弹性封装材料构建成弯曲传感器,弯曲传感器通过导线连接至信号处理电路,再经过软件编程就可以实现在虚拟场景中对虚拟物体的抓取和实体物体一样进行操作。当前市场中的数据手套可以结合磁定位器技术,通过检测手指的形变姿态精准定位出手在虚拟空间的三维坐标,这种具备手指综合检测并实现精准定位的数据手套可以说是一种近似真实的手套,可以使操作者以更加直接、更加自然、更加有效的方式与虚拟世界进行交互,大大增强了互动性和沉浸感[21]。

力反馈数据手套是利用传感器和驱动器,将人手部的动作传递给虚拟环境中的对象,能够真实感受并"触摸"到虚拟物体,并实时得到虚拟对象的反馈信息,使得人机交互更直接、更自然、更有效。力反馈数据手套的作用在于:一是测量手部的姿态并在虚拟环境中呈现,二是通过驱动器将虚拟环境中物体的虚拟力反馈到人手上,用户真实感触到物体的移动和反应。应用领域包括游戏动画捕捉、数据可视化、医学康复、地质勘探等,功能上可以完成测量人手指和手臂地挥手、抓握等手势动作,高精度的手指角度传感器可以实现精准测量手指反馈和手指弯曲,具有很好的恢复精度,保持人手动作同步较好演绎3D手模型动画,提供真实的交互感。

（2）触觉反馈设备

现实生活中,人的触觉主要是对表皮和肌肉的感受,虚拟现实中通过硬件与软件的结合,将虚拟对象的作用力和振动等动作传递给参与者,再现真实触感,以完成对虚拟环境中物体的控制(如可以远程操控机械和设备)。按照触觉反馈的原理,通常手指触觉反馈设备有基于视觉式、充气式、振动式、电刺激式和神经肌肉刺激式五类装置。

目前,虚拟现实系统普遍采用的方法是基于视觉的触觉反馈设备,即通过视觉观察判断物体是否有接触。基于视觉的反馈由于手和虚拟对象没有实质的接触,不会得到任何接触的反馈信息,而是通过碰撞检测计算显示出虚拟物体的相互接触,还不属于真正的触觉反馈。

充气式触觉反馈设备的工作原理是利用气体膨胀从而达到压迫刺激皮肤实现触觉反馈,具体做法是在数据手套中充满微气泡,这些气泡的膨胀是通过两条细管与微型压缩泵相连,两条细管一条是进气管一条是出气管,压缩泵由控制器控制工作负责对气泡进行冲放气,当需要用户对物体有触觉时,通过控制压缩泵的压,让微气泡膨胀以刺激皮肤从而实现触觉感受。

如果将振动激励器集成在数据手套中,就形成了振动式触觉反馈设备。其中,一种是在拇指和食指的指尖上安装音圈,皮肤感受到音圈的振动以达到触觉体验,音圈相当于扬声器中的使纸盒振动的音圈,音圈受计算机触觉模拟信号的控制,由调幅脉冲来驱动,经过将模拟信号调制功率放大后进行传递。另一种采用轻型的记忆合金作为传感器的装置,之所以称之为记忆合金,是因为这种合金在通电加热时会收缩,而中断电流合金冷却则恢复原状,彷佛具有记忆功能,利用这种合金特性即可通过编制电脑程序来进行控制传感器的形状大小来实现触觉反馈。

(3) 力反馈设备

力觉和触觉实际是两种不同的感知,触觉包括的感知内容更加丰富如接触感、质感、纹理感以及温度感等;力觉感知设备要求能反馈力的大小和方向[22],其原理是通过计算机系统的反馈机制驱动力反馈装置对用户的手指、手腕和手臂部位等产生作用力,从而使用户感觉到所受力的大小和方向,力的反馈装置包括可独立作用于手部的力反馈部件,包括力反馈操纵杆、力反馈手套、桌面式多自由度游戏棒、吊挂式机械手臂等。虚拟环境中的力反馈系统是一种必需的设备,没有力反馈系统的虚拟现实将会使用户感觉"虚无缥缈",也就没有了沉浸型。

目前,较为常用的力反馈设备是桌面式虚拟现实力反馈系统,这种系统轻便灵巧、安装简单,重量轻且舒适感好不会让用户产生疲劳或者不适,这种设备通常集成有六个自由度是指沿 X 轴、Y 轴和 Z 轴的力反馈还有偏航、俯仰和侧滚三个转动自由度的力反馈,使用户在操作虚拟对象时感受到碰撞、挤压等作用力,以及遥控设备操控旋转等,就如同一个具有定位功能小型机械手,能实时侦测三维虚拟物体的位置等信息,当机械手在工作空间中运动时,系统侦测到数据,并在计算机屏幕上以指针的形式反映其位置信息;当指针接触到虚拟物体时,就会将"感受"的该物体的质量、表明纹理信息、软硬度等物理特性传递给系统,系统经过计算将与之物理性质相适应的作用力反馈给操作者,达到力反馈效应。

5. 运动捕捉系统

有比喻说动作捕捉技术是 VR 产业隐形钥匙,是带人"进入"虚拟世界的所必需的技术。它是一种基于计算机图形学原理,利用视频摄像机以图像的形式记录物体运动,准确跟踪、测量物体在三维空间运动轨迹,得到三维坐标数据,然后将数据传递给显示控制系统的技术。可将跟踪器安装在运动物体的关键部位,通过对目标上特定光点的监视和跟踪来完成运动捕捉的任务。其设备的类型包括:惯性式、光学式、声学式、电磁式等。

惯性式运动捕捉系统的主要工作原理是通过分析惯性陀螺仪的位移变差来判定运动物体的动作幅度和距离,可将惯性陀螺仪装置在人身体的关键部位。

光学式运动捕捉系统通常是基于计算机视觉原理,通过对目标上特定光点的监视和跟踪来完成运动捕捉的任务,即利用两台以上的摄像机对空间的某个光点拍摄,获得不同的参数,就可以确定当前该光点的相对位置,如要获得该点的运动轨迹,则只要使用足够高的速率连续拍摄即可。

声学式运动捕捉系统通过发送器、接收器和处理单元三部分协同工作来实现对运动轨迹的捕捉。由发送器发送固定的超声波,接收器(由呈三角形排列的三个超声探头组成)在接收超声波时会有时间差或者相位差,处理单元通过测量时间差和相位差,就可以计算并确定接收器的位置和方向。

电磁式运动捕捉系统比较常见,其工作原理是利用电磁场原理接收运动空间中传来的电磁感应信号,来实现运动捕捉。具体实现方法是:将接收传感器装置运动者身体的关键部位,在运动空间遍布一些发射源产生规律分布的电磁场,当运动者在电磁场中动作时,运动者身上的传感器便将信号通过有线电缆或者无线传输给数据处理单元,就可以确定对运动轨迹的捕捉了。

通过以上介绍得知,典型的运动捕捉设备一般由传感器、捕捉设备、数据传输设备、数据处理设备组成。其中,传感器负责传递运动者的位置信息,一般被装在运动者的关键特点位置;捕捉设备负责识别传感器的信号,捕捉到可供计算的数据,根据捕捉系统的类型而采用不同的设备;数据传输设备通过有线电缆或者无线方式负责将从捕捉设备识别到的数据信号准确实时的传送给计算机系统;数据处理设备负责将收集到的信号数据通虚拟空间中的物体相结合进行综合计算处理,从而得出运动者的动作轨迹。

6.1.4 虚拟现实的软件开发平台

硬件的发展为软件的开发创造了平台和前提条件,各式各样新型的虚拟现实的相关硬件设备大量涌现,但是软件和内容才是虚拟现实系统的灵魂。在软件工具方面,主要包括运行在VR设备上的系统平台软件和支持虚拟现实设备的信息处理软件,系统平台软件主要有虚拟现实引擎、三维建模、虚拟现实开发工具和相关行业应用等,信息处理软件主要负责视频采集、三维重建、人体跟踪与动作捕捉等。

虚拟现实系统能否实现理想的沉浸效果完全取决于系统平台软件,毫不夸张地讲,系统平台软件就是虚拟现实系统最核心的部分,也是最基本的物理平台,整个虚拟场景的开发和生成都是由系统平台来完成,同时连接和协调整个系统中其他各个子系统的工作和运转,与其共同组成一个完整的虚拟现实系统。因此,虚拟现实系统开发平台部分在任何一个虚拟现实系统中都不可或缺[23]。

1. 三维建模软件

虚拟现实系统中的核心内容是创建虚拟环境,虚拟环境是利用三维数据将现实中的物体或场景通过计算机绘制三维模型而建立起来的。目前,三维模型一般都是由专门的三维建模工具软件制作出来的,主流的建模软件有专业3D建模软件、CAD建模和产品设计软件、3D雕刻建模软件、基于照片的3D建模软件、基于扫描(逆向设计)的3D建模软件和基于草图的3D建模软件等。

(1) 专业3D建模软件

用计算机建立三维立体图形,是虚拟现实技术中最为首要的关键一步,当前最为常见的专门三维建模工具软件有以下五种。

① 3D Studio Max。3D Studio Max(3DS Max)由 Discreet 公司出品,后被 Autodesk 收购,是业内最优秀的专业建模软件之一,通常动画制作和三维建模都是在图形工作站上完成,3DS Max 率先将其移植到计算机平台,成为首个基于个人电脑系统的三维建模、动画渲染的制作软件,并制作了很多功能强大的专用插件以适应各类应用,无论是在专业设计还是在游戏娱乐上一般3D建模的需求都能满足,用户群体群最为广泛。常用于工业模型、建筑模型、室内设计等行业。作为当今世界销量最大的虚拟现实建模的应用软件,相比其他的同类软件上手容易、工作界面友好且与各类软件都具有良好的兼容性,建模制作流程通俗易懂、易学、易用,内置工具强大而丰富,良好的开放性使得与各个设计平台实现无缝连接,丰富的插件提供了极好的拓展性等优点,同时拥有最多的第三方软件开发商,成为虚拟现实系统在三维建模的首选工具。

② Maya。这是美国 Autodesk 公司出品的另一款世界顶级三维动画软件,由于 Maya 集成了 Alias、Wavefront 最先进的动画及数字效果技术,涵盖了三维立体和视觉效果所有功能,并且具有更强的专业性,能很好地支持在工业技术领域方面的建模,如数字化布料模拟、动物毛发渲染、高速运动匹配等,功能更加完善,渲染更加逼真,受到工业界尤其是电影特效、影视广告、角色动画等行业的青睐,是相比于 3DS Max 更高级别的高端制作软件。

3D Max 和 Maya 都属于世界顶级的三维软件。在操作上,3DS max 要稍微简单一些,很多功能比较智能容易上手,属于中端软件,更多面向的是室内设计、建筑动画、建筑漫游等;而

Maya 属于高端 3D 软件,在动画片制作、电影制作、电视栏目包装、电视以及工业设计方面显得更加专业,操作上也比 3D Max 更为复杂。两款软件的整个制作的思路和框架理念基本相同,以一个角色动画为例,两款软件都需要经过建模、贴图、绑定、动画、渲染等过程,而且相应的板块应用基本上是均衡的。在两款软件的选择上可以综合考虑,取长补短。

③ Cinema 4D。简称 C4D,是由德国 Maxon Computer 公司开发的拥有强大的渲染插件和极高的运算速度的强大的 3D 建模软件,Maxon 出品的软件向来以算力超强和操作简单著称,易于上手对初学者和业内资深高手都具有诱惑力。相比于 3D Max,它几乎在所有功能模块都能胜出,而且和各类软件(如 PS、AI、AE、NUKE、FUSION 等)都能无缝结合,因此使得 C4D 异军突起在影视后期行业超越了前辈,CINEMA 4D 软件已经发展得相当完善和成熟,在熟练掌握了 C4D 并与后期软件 After Effects 无缝衔接使用时,将会使用户徜徉在影视制作的快感中,成为无所不能的高手。

④ Rhino。Rhino 的中文名称为"犀牛",是美国 Robert McNeel 公司开发的专业 3D 造型软件,包含了所有的 NURBS 建模功能,不仅在创建 NURBS 曲线、曲面方面具有强大优势,而且还将 3DS MAX 与 Softimage 的模型功能整合一体化软件设计之中,在三维建模方面表现出更加强劲流畅的能力,并与其他三维软件兼容,导出高精度模型与其他三维软件平滑对接。更由于其安装文件很小,配置很低机器都能很好满足需求,因而广受工业制造、三维动画制作、机械设计以及科学研究工作者的喜爱。

⑤ LightWave。LightWave 是美国 NewTek 公司开发的一款 3D 动画制作软件,在生物建模方面"独步天下",其渲染模块采用光线跟踪算法和光能传递技术创建的人物角色品质几近完美,在电影、电视、印刷、游戏、网页、广告、动画等领域享有盛名,特别值得一提的是,LightWave 为电影《泰坦尼克号》制作了逼真、细致的船体模型,以及著名游戏《生化危机—代号维洛尼卡》《恐龙危机 2》等众多游戏场景中都展现出强大的能力。

(2) CAD 建模和产品设计软件

① AutoCAD。自动计算机辅助设计软件(Auto Computer-Aided Design,AutoCAD),是美国 Autodesk 公司出品用于平面制图和文档规划,在机械设计、土木建筑、工程制图、电子电路、装饰装潢、服装加工、城市规划、园林设计、航空航天等众多领域,采用 AutoCAD 技术人员只要掌握绘图知识而不用懂得编程,即可绘制平面布置图、地材图、水电图、节点图和大样图。只要是牵扯工科类设计行业都可以应用该软件,并且交互菜单或命令行方式从操作让非计算机专业人员也能很快地学会使用。

② CATIA。这是由法国 Dassault Systems 公司开发的 CAD/CAE/CAM 一体化的三维软件,支持产品开发的整个过程,即从概念(CAID)到设计(CAD),然后到分析(CAE),最后到制造(CAM)的完整流程[25]。其在实体造型和曲面设计方面具有优势,在工业领域,如机械行业、汽车工业、航空航天、造船工业等的设计、分析、模拟、组装及维护中得到广泛的应用。

③ SolidWorks。该软件最大特点是基于 Windows 平台而开发,用户界面和 Windows 界面有相同的风格,使得广大熟悉 Windows 的用户受益匪浅。Solidworks 因功能强大、易学易用、组件繁多而受到国内外教育机构的青睐,把 SolidWorks 列为制造专业的必修课。后被法国 Dassault Systems 公司所收购,该公司著名的 3D 建模软件就是之前介绍的 Catia。

(3) 3D 雕刻建模软件——笔刷式高精度建模软件

① ZBrush。该软件最大的特色就是可以支持绘画和数字雕刻,笔刷式的建模软件方便设计者的创作。这是由美国 Pixologic 公司开发的世界上第一款让艺术家自由创作的最先进的

3D 设计工具,这种直观式的工作模式给三维建模设计带来革命式的创新,能够雕刻高达 10 亿多边形模型的强大功能,给艺术家们的创作带来无限的想象空间。

② MudBox。Autodesk 公司出品的 MudBox 和 ZBrush 类似,也是一个专门支持纹理绘画和 3D 数字雕刻的设计软件。从功能上来讲,它和 ZBrush 相比,各有千秋。由于 MudBox 开发设计来源于娱乐界(电影、游戏等)和设计行业的工程师和设计师,因此在虚拟物体的纹理方面更有独到之处,可以说是 ZBrush 的"超级杀手"。

③ 3D-Coat。这是由乌克兰开发的专为游戏美工设计的数字雕塑软件,其最大亮点在于关注细节雕刻功能同时融合了 3D 模型纹理的实时绘制。其特点是在游戏模型细节上的设计上倾注全力,表现为不仅三维物体纹理更加细腻逼真,而且在细节设计流程上更加快捷,只需将精读不高的初始模型导入系统,3D-Coat 便可为其自动创建 UV,帮助设计者在更短时间内创造完成各种细节设计,一次性绘制法线贴图、颜色贴图、置换贴图、高光贴图、透明贴图等。

(4) 基于照片的 3D 建模软件

① Autodesk 123D。这是一款结合 3D 建模与云计算技术的有趣的设计软件,特点是可以只需根据用户提供的照片便可以完成三维建模。当用户使用照相机或者手机拍摄物体、人物、或者场景的各个不同的角度,形成原始素材上传到云服务器后,该软件便利用强大的云计算能力,在几分钟之内将数码照片生成带有纹理信息的三维模型,还可以用自己设计的图形来创建、编辑 3D 模型。最重要的是,它是一款免费的 3D CAD 软件。

② 3DSOM Pro。这是一款通过真实物体实拍的照片来进行三维建模的工具软件,采用分布式计算可以实现通过网络交互方式设计与呈现。

③ PhotoSynth。这是由微软开发的一款通过照片建模的工具软件,其最大的亮点是根据照片提供的相关参数和物体的空间位置关系,为用户构建一个虚拟三维场景,最大限度地还原照片中所呈现的真实场景。

(5) 基于扫描(逆向设计)的 3D 建模软件

① Geomagic。Geomagic 是世界著名软件服务公司,俗称"杰魔",来自美国的北卡罗来纳州,系列软件有 Geomagic Studio、Geomagic Qualify 和 Geomagic Piano。Geomagic Spark 是业界一款结合了实时三维扫描、三维点云和三角网格编辑功能以及全面 CAD 造型设计、装配建模、二维出图等功能的三维设计软件[26]。在逆向工程软件中,Geomagic Studio 因其具有显著特点而被广泛使用,如可以很好地集成主要的三维扫描设备和 CAD/CAM 软件;其最大亮点在于处理复杂多边形和自由曲面形状时,对一般 CAD 软件具有碾压式的优势,其生产效率可以提高好几倍;支持快速制造的、自由灵活的独立运行。

② ImageWare。Imageware 来自美国,在逆向工程软件领域享有盛名,由于 EDS 公司被德国 Siemens PLM Software 所收购,因此与 NX 产品线合并重组。Imageware 具有强大复杂构件的建模能力,表现在汽车制造、航空航天、家电及计算机零部件的设计与制造中,其曲面编辑能力、A 级曲面的构建能力和点云处理能力超级强大而被广泛应用。

③ RapidForm。这是韩国 INUS 公司出品的逆向工程软件,最大的特点是很多 3D 扫描仪 OEM 软件,因为 RapidForm 为 3D 扫描数据提供了最佳接口,这得益于它独有的浮点运算技术,可实时将点云数据运算出没有接缝的多边形曲面,这在众多的逆向工程软件中具有巨大优势,通常的高级光学 3D 扫描仪产生的数据量非常庞大,可达到 $100\,000 \sim 200\,000$ 点,需要配置超强算力的计算机才能完成。而 RapidForm 提供记忆管理技术不仅可以缩短处理数据的时间,而且使用更少的系统资源,得到众多扫描仪企业的青睐。

④ ReconstructMe。ProFactor 公司开发的 ReconstructMe 是一个功能强大且易于使用的三维重建软件,能够使用微软的 Kinect 或华硕的 Xtion 进行实时 3D 场景扫描(核心算法是 Kinect Fusion),几分钟就可以完成一张全彩 3D 场景[27]。ReconstructMeQt 利用开源 SDK 的图形用户界面还为用户提供实时 3D 重建功能。

⑤ Artec Studio。Artec 公司考虑到扫描仪的易用性而推出 Artec Eva、Artec Spider 等产品,这些产品是重量轻、使用便捷的手持式的结构光 3D 扫描仪,受到 3D 体验馆欢迎,成为扫描物体的首选产品。通常情况下,扫描物体后,软件还要将数据图像进行去噪、补光、修复、补洞等后期处理,因此 Artec 公司还开发了一款软件 Artec Studio,完美结合微软的 Kinect、华硕的 Xtion 以及其他厂商的体感外设,使之扩展成 3D 扫描仪(如安装了 Artec Studio 处理软件的 Kinect 就可以在完成模型扫描的基础上,进行后期数据测量、填补漏洞、导出数据等处理)。

⑥ PolyWorks。加拿大 InnovMetric 公司出品的 PolyWorks 是一款点云处理软件,利用高级的三角化建模方法以解决大点云数据处理困难,提供工程和制造业三维测量建模完美解决方案,包括点云扫描、CAD 和逆向工程、尺寸分析等,是世界范围工业界使用高密度点云处理软件中最多的一款工具。

⑦ CopyCAD。由英国 DELCAM 公司是出品的 CopyCAD 是一款功能强大的逆向工程系统软件,最大亮点在于创造性地引入了逆向/正向混合设计的理念,且在逆向工程系统领域享有盛誉,成为世界上最著名的专业化逆向/正向混合设计 CAD 系统,由于采用全球首个 Tribrid Modelling 三角形、曲面和实体三合一混合造型技术,使得逆向工程中不同系统的相互转换变得简单易行,CopyCAD 能够跟踪坐标测量机床和激光扫描仪并获得相关数据,或者从已有的零件、实体模型中创建 3D 模型。

(6)基于草图的 3D 建模软件

① SketchUp。这是一套面向普通用户人人皆可快速上手的方便快捷使用的 3D 建模软件。其最大特点就是用户可以像使用铅笔一样进行画图,软件能自动识别并捕捉用户所画的线条,然后根据线条创建成面,再根据面创建三维立体,这也非常符合建筑及室内场景建模的方法,这种电子设计中的"铅笔"因其简便易用而广受欢迎。

② Teddy。和 SketchUp 类似,Teddy 也是通过自由画笔形状形成一定的草图,然后根据草图进行三维建模的软件。Teddy 基于 Windows 设计并安装 Java,受广大 Windows 用户欢迎。

③ EasyToy。EasyToy 具有非常友好的操作界面,操作简单,易于上手,可以方便快捷地创建比较复杂的三维模型。同样是基于草图的建模方法,与其他系统相比,EasyToy 更加易于使用,在玩具设计、动画教育等方面应用广泛。

④ Magic Canvas。该款软件的特点是在具有强大的模型数据库,当用户输入简单的手绘草图后,软件可以 2D 草图与模型库中的数据项匹配,从而形成三维场景,是一款基于手绘草图与系统完成交互设计实现 3D 建模的软件。

⑤ FiberMesh。该款软件利用自动划分网格技术,用来解决复杂形状的几何模型的生成,动态创建真实的几何体,并作为多物体控制面板 SubTool 添加在之前的模型之中,通过 FiberMesh 可以设置各种控制以创建逼真的完全不同形状的头发、纤维、毛皮、植被和其他基于纤维的网格。

(7)其他 3D 建模软件

① 人体建模软件。虚拟现实中会运用到大量的人物建模以及动画,业内最著名的是

Poser 和开源的 MakeHuman 软件,Poser 俗称人物造型大师,由 Metacreations 公司出品。这两款软件对人体形态特征进行大量研究并采集大量特征数据,可以快速生成不同性别、不同年龄的体态模型和脸部模型,方便快捷地设计人体造型和人体动画及人物表情。

② 城市建模软件。城市 3D 建模软件中最令人信服的无疑是加拿大 Esri 公司的 CityEngine,该软件早期是 ETH Zurich 大学的一个研究小组开发的,后被 Esri 公司收购,而逐渐发展成为业界老大。该软件能利用二维数据信息快速高效地进行规划设计并创建出 3D 场景,在城市规划、轨道交通、数字城市、建筑管线设计的等领域得到广泛的应用。

③ 网页 3D(Web3D)建模工具。基于 Web 浏览器就可以完成三维建模,如 3DTin、TinkerCAD(被 Autodesk 收购)等建模软件界面直观操作简单,通过浏览器插件在线即可在云端生成三维建模。

④ 其他小巧的 3D 建模软件。有一部分完全免费开源的小巧 3D 设计软件,为广大设计爱好者和艺术家带来自主化的设计体验,如 Blender、Art of Illusion、K-3D、Wings3D、Seamless3d 等设计软件对硬件配置要求低,兼容性好,易于操作。

2. 虚拟现实开发工具

构建虚拟世界首先要完成人物、物体以及环境的建模,要真正实现我们想要的功能就要借助虚拟现实开发工具,以完成虚拟环境下的各种交互,获得真实体验。通常情况下,如果不涉及专业领域的复杂精准计算,只是用于简单交互、产品展示以及实验教学都可以利用 3D 引擎进行开发制作,这些虚拟现实系统的开发工具有 Unity3D、Virtools、Vega Prime 、Unreal、wtk、VRP 等。

一般来说,虚拟现实开发软件需要具备以下功能:3D 场景模型导入、3D 场景编辑、后期编辑、交互信息处理、动画动作处理、粒子特效编辑、物理引擎等。具体来说就是通过 3DMax、Maya 以及其他建模软件建模的人物、环境、物体能方便导入开发引擎中,具有良好的兼容性;支持对这些场景的后期调整和编辑;能完成虚拟环境和真实世界之间的交互信息处理;开发系统支持虚拟环境中各类人物、物体模拟真实世界中的各种动作;为了让虚拟环境更加的真实,使用各种粒子特效技术在虚拟环境中模拟各种自然现象如风、雪、雨等;在虚拟环境中能表现真实世界中物体的各类物理现象及运动规律,如虚拟对象受到的作用力、反作用力、重力、摩擦力等。

国内在 3D 引擎方面虽然起步较晚,但是发展迅速。随着法国达索的 Virtools 三维引擎登录中国后,Unity 于 2012 年开始进入中国市场,全球四分之一的开发者都在中国市场。在 2015 年 3 月的 GDC 大会上,Unreal Engine 4 虚幻引擎对所有开发者免费使用后,全球所有有顶尖的 3D 引擎商业公司均涉足虚拟现实开发领域参与角力竞争,最主流的虚拟现实引擎无一例外都是 3D 游戏的引擎。当前,Unity 在全球范围内与各大虚拟现实硬件厂商开展最为广泛的合作,无疑是最具有竞争力的。

(1) Unity 3D

由丹麦 Unity Technologies 开发虚拟现实软件 Unity 3D 是当前炙手可热的开发引擎,它属于一款多平台综合游戏开发平台,不仅在可以轻松创建实时 3D 动画、3D 建筑的人机交互,更是一款独立的游戏开发引擎,它整合了之前所有开发工具的优点,在业界表现出来优秀的专业性,无论是 PC 时代还是 MAC 系统,再到当前的移动终端都有卓越表现,使之成为当下最流行、最具前景、最受欢迎的游戏开发工具。Unity 3D 的特点:可视化编程的友好界面配合高效的脚本编辑为开发人员供更加方便快捷的操作;与各类建模软件的融合度好,支持将绝大多数的3D模型和骨骼动画直接导入Unity,并且自动时间材质的U3D的转换;底层支持OpenGL和Direct,高质量的粒子系统配合高效实用的物理引擎为开发设计出逼真效果的虚拟世界提供强大技术保障。Unity 3D包含的整合编辑器、跨平台发布等特性使其可以支持大型应用的分布式开发与设计,开发效率出类拔萃;Unity性能卓越,可以通过智能手机就让人们体验虚拟现实技术的魅力,目前三星和Oculus的支持手机版Gear VR上绝大部分的游戏都是基于Unity技术开发的。

(2) VRP

虚拟现实平台(Virtual Reality Platform,VRP),是我国最早一批具有自主知识产权的直接面向美工的虚拟现实软件,由中视典数字科技有限公司开发。其特点:纯中文界面更加符合国内技术人员操作习惯,高度可视化,所见即所得,无须掌握计算机编程技术,以美工可以理解的方式进行设计,功能强大简单适用,如果配合良好的3D Max建模和渲染基础,设计人员便可以迅速上手制作出理想的虚拟现实场景,系统性价比高,是国内市场占有率装机率最高的国内虚拟现实平台。最新的VRP功能无缝结合VRP-MYSTORY故事编辑器、支持实时在线烘焙、支持多种工业格式数据、支持三维的多人协作、支持更多的硬件交互以及支持基于微软Kinect的动态手势识别及静态姿势识别等。目前,VRP-Builder、VRP-SDK、VRP-IE、VRP-Physics、VRP-Mystory、VRP-3DNCS等应用性极强的一系列软件,已被广泛应用于院校教育、旅游教学、地产营销、应急救援、工业仿真、军事仿真、家装设计、展览展示、交互艺术等众多领域,为各行业提供切实可行的解决方案[28]。

(3) Vega Prime

MultiGen-Paradigm公司出品的虚拟现实软件Vega主要是用于地理环境设计制作软件,早年一直用于美国军方,转为民用后受到业界普遍欢迎。Vega最大优势在于提供和Vega紧密结合的特殊应用模块,这些特殊应用包括航海、大面积地形勘察、红外线、高级照明、动画人物、CAD数据输入和DIS分布应用等[29],以满足特殊模拟需求;再者面对复杂的设计应用,将便捷工具和先进的模拟功能相结合,并为设计者提供方便快捷的用于创建和编辑及驱动的工具。Vega系统稳定性强、兼容性好、操作简单灵活,受到各类专业与非专业的工程师的喜爱,为专业软件开发工程师提供C语言程序接口,可以更加灵活地提高对软件程序的控制,节省图形编程投入的时间,用以集中精力开发和解决特殊领域的问题。

(4) Unreal

Unreal是目前世界最知名、授权最广的顶尖游戏引擎,占有全球商用游戏引擎80%的市场份额[30]。其强大的功能主要体现在以下方面:材质编辑器更加灵活,物体和角色外观利用物理着色技术虚拟对象更富有真实感;动画套件包罗万象,支持完全自定义角色的各种网格体和动画编辑;后期制作更加轻松,通过环境立方体贴图、颜色分级、光溢出、镜头光晕、环境遮挡、随机采样抗锯齿、人眼适应等一系列专业级的功能设置,能够实现电影级的效果;强劲的地貌系统可以创建巨大的、开放的世界环境;工具中强大的功能包括了状态机、混合空间、逆向运动学和由动作驱动的物理特性;内置的级联粒子视觉效果编辑器支持采用大量不同类型的模块,完全自定义粒子系统,利用粒子光照点亮您的场景,并使用向量场构建复杂的粒子运动,模拟现实情境,并制作出专业级的完美成品。

(5) CryENGINE

CryENGINE由德国的CRYTEK公司出品,作为一款游戏引擎全面支持DirectX技术,并能很好地兼容DX9和DX10、MMO、PS3、360,且自带处理声音、动画及复杂的物理效果,应当说Cryengine是一款全能的引擎。2014年,CryENGINE迎来新的机会,亚马逊向其注入了巨资以期望在虚拟现实领域再创辉煌。其之后的版本提供了对于VR热门工具Vulkan API的测试性支持,以提高GPU在跨平台应用时的良好性能。

(6) Virtools

由法国达索集团(Dassault Systemes)出品的虚拟现实软件Virtools历史悠久,是早期虚拟现实应用使用最多的一款热门开发工具,Virtools有非常丰富的互动行为模块,通过图形界面和模块脚本就能完成虚拟现实作品的开发,针对高端的设计开发者,提供了专门的脚本语言用于自主创建个性化应用程序。Virtools也曾经风光一时,是业内的领跑者,但技术的洪流无法阻挡,游戏行业的奇迹无处不在,随着Unity新一代巨头的崛起,Virtools也黯然失色,5.0版本停更,并关闭中国官网,逐渐退出历史舞台。

(7) FreeForm

FreeFomn是一款基于计算机触觉技术的三维模型设计制作系统,其最大特点是设计者不用操作复杂的计算机建模软件程序,同时抛掉鼠标与键盘,在计算机上利用触觉技术制作任意复杂形态的三维造型,就如同手工制作黏土一样;同时有机结合CAD的功能,从而完成3D模型的构建,迅速而随心所欲地创造出理想的模型。FreeFomn对于艺术家来说是梦寐以求的设计工具,不用掌握编程、代码甚至是鼠标键盘的操作,就可以与虚拟对象进行交互,将设计者的创意快速便捷地呈现为高品质的工艺产品,有效节省了3D建模设计制作时间。

(8) Amira

澳大利亚Visage Imaging公司出品的Amira用于对数据进行可视化和操纵控制,特别是能够识别来自显微镜、计算机断层扫描、核磁共振、PET检测仪等成像的生命科学和生物医学的数据,以及对各种物理量的模拟,并完成三维建模实现3D交互可视化功能。

(9) WTK

WTK(World Tool Kit)种虚拟现实系统高级跨平台开发环境。此环境下,WTK为设计者提供了函数库与终端工具,用于开发和设计各种应用,这些由C语言编写1000个以上的函数库结合终端工具帮助开发者迅速完成开发与设计。同时,WTK在支持输入多种传感器来与虚拟世界进行交互,并提供外设开发接口方便用户自主开发3D外部设备。

(10) EON

EON是一款先进的集娱乐、设计、教育、军事、商业为一体的3D视觉管理的虚拟现实软件,由美国EON Reality公司(中文名"弈恩现实")开发,该系统功能全面,最成功之处是将产品研发与生产营销巧妙结合起来形成一条龙式开发生产模式,其良好的延展性和强大的整合能力在虚拟现实开发领域得到世界的广泛认可。其优点体现在根本不用进行编程便可以支持绝大多数的外设;支持超过30种的VR/AR设备;可以读取55种CAD格式;支持多种立体显示方式;支持超过7000款VR/AR的应用软件。EON软件家族包括EON Studio、EON Professional、EON Icube、EON Turbo、EON Pluh-ins、EON Sever和EON SDK。2017年,弈恩现实中国区总部在福建漳州港建立,合作建立了中国第一个AVR互动数据中心。

(11) Converse3D

Converse3D是由北京中天灏景网络科技有限公司自主研发的一款优秀的三维虚拟现实平台软件,具有我国完全自主知识产权,为国内虚拟现实技术领域增添新的活力。其以极强的适应性、简单的操作、完善的功能等特点在城市规划、视景仿真、工业仿真、室内设计、古迹复原、娱乐、艺术与教育等领域得到广泛的应用。Converse3D的独到之处在于游戏制作与开发中的 LOD 地形管理可以做到超大规模和超复杂地形的宏大城市场景，在技术上运用了动态实时光照技术、消除锯齿技术，并且支持 B/S、C/S 两种架构的多线程加载与卸载。另外，系统内嵌了高性能物理引擎和粒子特效系统，以及强大而稳定的 SDK 二次开发包，为设计人员提供强有力的支持，从而得到广泛应用。

6.2 虚拟现实技术应用于语言实验教学

6.2.1 虚拟现实应用于语言实验教学的背景

1. 虚拟现实技术推动社会的发展

2016 年 9 月 3 日，杭州二十国集团工商峰会成功举办，国家主席习近平在开幕式上发表主题演讲——《中国发展新起点全球增长新蓝图》。习近平主席指出，创新是从根本上打开增长之锁的钥匙，以互联网为核心的新一轮科技和产业革命蓄势待发，人工智能、虚拟现实等新技术日新月异，虚拟经济与实体经济的结合，将给人们的生产方式和生活方式带来革命性变化[31]。由此可见，虚拟现实技术是中国经济增长的动力和源泉，国家从战略层面指明了发展方向。

虚拟现实技术集中体现了当今技术发展，将给人们的工作、生活带来前所未有的改变，新技术产业同样也得到政府高度关注与支持，为此中共中央、国务院印发的《国家创新驱动发展战略纲要》《"十三五"国家科技创新规划》都明确提出发展新一代信息网络技术，推动产业技术体系创新，创造发展新优势，要瞄准世界科技前沿和产业变革趋势，聚焦国家战略需求，系统布局高水平创新基地。强调要重点研发虚拟现实，特别指出要虚拟现实技术研究和产业发展，要培育充满活力的创新主体，充分发挥企业主体、高等学校和国家科研机构的作用，并激发提升创新主体能力。国家发改委发布的《关于请组织申报："互联网+"领域创新能力建设专项的通知》也提出将虚拟现实技术纳入进来，鼓励项目申报。同时，商务部、发改委、财务部公告发布的《鼓励进口服务目录》也将虚拟现实技术的引进纳入其中。国家各个部委积极发力推进国内虚拟现实技术的建设，可见国家从战略层面来规划虚拟现实产业，对虚拟现实产业具有重大意义。

社会各个层面也积极响应国家号召，虚拟现实产业联盟（IVRA）的成立标志着中国虚拟现实产业发展进入快车道。该联盟于 2016 年 9 月 29 日，由工信部电子信息司指导高校、企业、研究机构通力合作，由北京航空航天大学国家重点实验室—虚拟现实技术与系统实验室、中国电子信息产业发展研究院、歌尔股份有限公司等联合成立，同时一大批高新技术企业也纷纷抢滩布局虚拟现实产业，围绕虚拟现实产业发展重点、产业链相关技术解决方案、技术成果转化、标准化产业化等关键问题开展广泛的合作。

2. 虚拟现实技术推动外语教育的发展

每一次技术的革新都会推动教学手段的发展，对语言教学来讲更是如此，无论是早年的录音机、幻灯机等视听技术还是后来的多媒体技术到互联网技术，都带动语言教学手段不断涌现。同样，虚拟现实技术也必然会成为语言教学重要手段，并推动语言教育教学的发展。根据语言习得的规律和特点，语言教学一定是依靠语言理论知识传授与语言交流实践相结合，根据虚拟现实技术的发展趋势与学校外语教学的特点和发展目标，将虚拟现实技术应用到外语实践、实训教学中,高度匹配高等教育改革已成为高等院校总体发展的方向。

虚拟现实技术有助于帮助教师在教学中摆脱依赖课本和课堂的传统教学模式,由被动接受语言知识变为对语言的主动实践与探索,在语言知识的建构和在实践中的转化中达到语言能力的自我发展和自我完善。教学手段的变革有助于学校培养的学生能匹配市场产业发展的人才需求,助力学生成长为社会产业应用型人才。因此,把虚拟现实技术应用于外语教学改革中势必将会对高等院校的发展产生深远的影响。

3. 教育部推进虚拟仿真实验教学项目,推动虚拟现实在教育教学中的应用

教育部办公厅根据《教育信息化"十三五"规划》的总体部署,印发了《2018 教育信息化和网络安全工作要点》文件(教技厅〔2018〕1 号)。文中指出,高等教育教育在信息化建设过程中要将虚拟现实技术作为重点,要将信息技术深度融合于高等教育之中,更好地为教学服务。在教育部办公厅《教育部办公厅关于 2017—2020 年开展示范性虚拟仿真教学实验项目建设的通知》(2017 年 4 号文)中也特别强调,虚拟仿真实验教学项目建设是加快优秀教育资源建设与应用的重要途径,是培养提升教师和学生的信息素养的重要方法,应大力推动虚拟现实等新技术在教育教学中的深入应用,并指导科技司、高教司、教育管理中心、地方各级教育行政部门,继续办好中国教育信息化创新与发展论坛。

6.2.2 虚拟现实技术应用于语言实验教学的意义

1. 国家战略人才的需要

高等教育改革发展方向提出,加强人才培养与"一带一路""中国制造 2025"等国家战略的有效对接,建设一批功能集约、资源共享、运行高效的专业类或跨专业类实验教学平台,加强各行各业紧缺人才培养和学科交叉人才培养[32]。特别是"一带一路"国家战略的实施,对我国外语教育和外语人才培养提出了新要求,利用新技术创新性培养人才已经是必要且重要的实现路径。

2. 英语教学改革的需要

在英语教学方法中,《高等学校英语专业英语教学大纲》中指出外语教学中要秉承双主教学模式,即以学生为中心以教师为主导,以语言活动任务为中心的教学形式,利用新技术多采用讨论式、发现式、探究式教学方法,激发学生的学习动机,最大限度地引导学生参与语言学习全过程,全面培养学生的自主学习能力和研究能力。语言学习过程中离不开"情景"学习,只有在情景下的语言学习才能培养出符合社会需求的人才,才能实现与社会就业相接轨的人才培养模式,真正突出或落实外语的应用性功能。通过虚拟现实技术落实"能力为本"的高等教育理念,可以助力学校进行英语教学改革,真正地实现虚拟现实的立体实验,结合虚拟现实技术,创设更多的与社会实践、国际合作、跨文化交际的语言情景,把工管文理协调发展、学科交叉作为教学改革切入点,带动专业调整与建设,探索和实践外语与专业相结合、学习与实践相结合的人才培养模式,引导课程设置、教学内容和教学方法改革,培养学生的实用英语职场能力,提高学校培养高端技能型外语人才的水平。

3. 学生提升外语能力的需要

近年来,英语开口难,语言类的课题实验难,已经成为大家有目共睹的问题,虚拟现实技术很好地解决了这一痛点。虚拟现实英语实验教学实验项目的开发,可以利用虚拟现实技术特点,让学生置身于"真实"的语言场景之中,面对虚拟化人物,更关注于具体的语言情境,沉浸在语言场景中,从而有效克服心理焦虑,语言自然流露的"开口说话"。在虚拟化情境教学中,创设真实场景模拟各种语言事件,实现有效的人机对话模式,学生进行识、读、听、说全方位的训练,促进学生将学习的语言知识转化运用于实践,大幅提升学生的英语应用能力,更有助于提高学生就业和未来职业发展品质。

4. 创新型教师队伍建设的需要

虚拟现实英语教学离不开优秀的师资团队,随着虚拟现实技术在教学中的深度应用,教师可通过学习和使用先进的技术,再结合自身的教学经验,在加强基础训练的同时,利用新技术、使用新手段、采用新方法,在教学中以主题研究凝聚学生的注意力,以讨论发现调动学生学习的积极性,激发学生的内在动机,达到忘我的参与学习全过程,以达到教学大纲所要求的教学目。教师队伍在虚拟现实英语学习中扮演着虚拟现实技术与学科融合建设的创造者,通过骨干教师进行虚拟现实技术的培训,积极开展外语专业与虚拟现实技术相结合的项目开发,为学校建设一支高质量高技能的虚拟现实教育领域的外语师资团队,为学校实现高水平办学和人才培养打下坚实的基础。

6.3 虚拟现实语言实验教学体系建设

6.3.1 虚拟现实语言实验理论基础

1. 建构主义学习理论

建构主义学习理论是虚拟现实语言实验的理论基础之一,瑞士心理学家皮亚杰(J. Piaget)在认知发展领域做出重要贡献,他在研究儿童认知发展时创立了日内瓦学派,并由此最早提出了建构主义理论。维列鲁学派及柯尔伯格等人的研究继承和发展了皮亚杰的理论,丰富和完善了建构主义理论用于指导实际教学[33]。建构主义学习理论对外语教学的启示:是学生自己建构了自己的语言能力,是学习的主体;教师是学生建构语言能力的促进者,在建构过程中起到组织、指导的作用,是学生潜能的发现者和引导者;教材不是教师传授给学生让他们记住的内容,而是学生在建构语言能力时的工具;媒体作为认知工具不仅仅是单维度的展示,更应当成为创设情境,促进主动探究、交流协作、认知探索的多维度的沉浸。

(1) 建构主义的学习观

学习本质上是学生自己修炼的过程,是对自身的知识基础和经验不断补充和完善的过程,是自己主动的建构而不是被动的靠教师传授。外语教学要摒弃以"教"为主的传授知识给学生,引导学生"为理解而学习",即引导学生主动进行语言知识和语言能力的建构,让学生在多种语境下、不同的交际场景中去将他们的语言知识加以应用,将知识整合内化为己所用,促进自己的语言能力的提高。

(2) 建构主义教学观

建构主义提倡在教学中秉承两个中心的教学观,即以学生为中心,以教师为主导。学生的有效学习发生在通过教师的引导最大限度地激发出学生的主观能动性,帮助他们主动完成知识的建构,并指导学生同伙伴做意义协商,使师生、生生之间充分互动交流,构筑"多边互动"的学习氛围,学生同伴关系从竞争转化为合作,从而使学习更有建构性,增强学生间的相互作用和影响,通过互帮互学合作互助实现共享共赢,提高学生在听说读写译等方面的语言应用能力。

(3) 三维虚拟语言学习情境

建构主义理论特别强调语言环境和交际情境在外语学习中的重要作用,传统的外语课堂中,学生缺乏交流场景和交际训练,常常表现为读写能力强,而听和说能力弱。因此,学习环境的创设显得尤为重要,创设一种多模态的学习环境,让学生获得更加充盈的感受和沉浸体验,即建立与实际生活相符合的真实场景,学生通过呈现的真实场景而带入自身的生活经验进行外语知识的实际操练。这种逼真的外语交际情景更加直观形象生动,给学生的感官带来多重刺激,使学生能够从多个层次、不同角度对语言材料进行感知,从而加深对语言知识的理解和掌握[34]。在近似真实世界的情境中,学习者的感官、身心体验更加直接,可以促进学习者为解决实际问题而激发个体内部心理动力,三维虚拟学习环境对学习情境的模拟与建构主义的内源性解释是一致的,通过构建符合学习者认知特征的三维环境来帮助学习者发现知识,模拟接近真实的情境,其交互性使用户的输入可以看到即时的结果[35]。

2. 情境认知理论

(1) 情境认知理论概述

情境认知理论是20世纪90年代初继行为主义学习理论之后出现的一种学习理论,认为认知是在有意义的情境中发生的,语言和知识是在它所应用的背景和文化的产物,具有情境化特征,情境是认知活动的基础,决定了知识和认知过程,并认为实践不能脱离学习而独立实施,而有意义的情景也不可能在实践和情境之外发生;知识表现为一种个体与环境进行交互时,通过认知去主动协调自己的行为以适应环境动态发展变化的能力。因此,不仅仅是一种教学建议,情境认知还可以认为是人类对知识本质认识的一种理论,这种理论关注和研究人类的知识是如何在实践活动中获得并发展的;情境观认为,知与行是交互的,是在知识产生的具体情境中通过活动不断向前发展的,知识只有通过运用,即参与情境实践才能被完全理解,内化为人类自己的知识系统[36]。情境学习的观点突出体现了教育与社会环境之间的联系,它强调按照真实的社会情境、生活情境组织学习活动,使学生通过解决实际问题来获取真正有用的知识和技能[37],情境性学习首先要创设真实的任务情境,学习的内容要以现实生活中的真实事件为依托,调动学生在真实世界中的亲身感受来解决现实问题。其次,学生必须沉浸在所创设的真实的任务环境中,通过学习者之间的互动协作,完成有意义的语言交际,以掌握真实的任务情境中的应用规则,解决各种问题,促进有效学习的发生提高语言能力。

(2) 情境认知与虚拟现实

情境认知理论强调社会情境对知识建构的帮助作用,以虚拟现实为代表的现代信息技术突破了传统教学手段的束缚,可以将语言知识产生的具体情境——目标语社会环境仿真到电脑网络中,创设真实的、多样化的语言交际情境以供外语学习者参与真实的社会实践,从而为学习者提供真实体验式学习的体会。真实的经验很重要,而由于身体和特定环境的限制,学习者不可能获得所有的真实经验,使用虚拟现实技术把学生带入仿真的"真实世界"中,可以使学习者可以积极地参与到活动中去,接收逼真的、能感觉到的感官刺激,体验各种状态的变化(如人物变化、景物变化等),从而获得相应的语言社交经验[35]。

3. 任务型语言教学

根据任务教学理论[38],与传统教学设计和教材编写时不同,其教学内容不是以基于课文的语言知识讲解为主,而是为学生设计一系列语言活动任务,并指导学生如何在任务中学习语言知识、提供语言技能。

语言任务就是用语言来处理教学设计出来的模拟的或真实问题,即完成人们在日常生活和学习娱乐中所从事各种语言交际活动[36]。任务型语言教学要求学生在完成真实而有意义的任务中学习和使用语言。这种任务必须是真实而有意义的，让学生沉浸在创设的真实语言环境中，带着明确的目的完成真实的任务，从而提高语言应用能力。虚拟现实技术正好完美地解决了模拟真实的语言环境的问题。

  基于上述理解[39]，任务教学法应包含以下要素：首先，语言意义第一，要表达的意义真实可信是首要目的；其次，学习围绕某个交际任务展开，与现实生活中的事物联系，要解决实际问题，任务具有交际性和互动性；再次，注重学习过程，秉承"做中学"的原则，让学生在完成任务过程中努力调动积极性，并运用语言知识和语言技能实现语言交际的目的；最后，对活动的评价要以任务完成度为依据，鼓励学生自主性和创造性，让学生全神贯注进入心流状态。

  虚拟现实技术是一种可以模拟自然世界中视觉、听觉、运动的高级人机交互的技术，在语言学习方面具有得天独厚的优势，可以让学生沉浸在所创建的虚拟环境中，并与虚拟对象进行有效的交互，而自然地习得语言。在虚拟世界中根据自身所处环境的角色，感受到周围环境的信息，全神贯注于语言所承载的信息内容上，可以帮助学生更好的理解话语的含义，学生在"真实"的语言交际环境中获得大量的语言实践，即"真正"的交际活动。此外，阻碍语言习得的一个重要因素是情感焦虑，其取决于交际的正是程度、语言场景、表达和理解是否受时间限制等因素[40]，在虚拟世界中，学生身心会更加自由，因为看见的都是虚拟化身，没有权威教师的眼睛监督，没有同学之间交际的尴尬，可以随心所欲地表达，或者选择自然沉默，这样可以有效避免内向学生的情感焦虑，从而使其获得更多语言学习的机会。

6.3.2 虚拟现实语言实验内容设计

  作为国内首个语言类国家级实验教学示范中心，北京邮电大学语言实验教学中心还承担北京市大学英语实验教学创新基地建设，已经出版了全国第一套《大学英语实验教程·听说》（以下简称"教程"）。在该教材的编制过程中，全体中心老师在创新、实践、研究这三个层面，将传统的教学 3P 法中的加强实践法则通过语言实验课的形式，为北京邮电大学甚至全国的大学英语教学方法开辟了一条新的教学路径，起到了国家级语言实验示范的作用，其意义深远。

  大学英语虚拟现实语言实验秉承北京邮电大学语言实验教学的理念和特色，将理工科思维融入语言实践，实现文理交融学科交叉，在很大程度上弥补了语言教学在实践环节上的不足，从设计理论上借鉴心流体验概念模型，充分运用虚拟现实技术创设适合语言交际的场景，突破了语言交际往往受限于环境缺乏真实临场体验感的束缚，为学生打造利于心流体验的实验项目，增强学生自我效能感，从而提升语言综合应用能力。

  1. 虚拟现实语言实验设计理念

  以学生为中心，以信息技术为手段，将虚拟现实技术、人工智能技术、移动智能技术与实验教学深度融合，坚持围绕学生能力发展，教师为导深化实验教学设计，加强学生的语言应用能力、自主学习能力、研究能力和创新能力的培养，形成以"情景化的实验项目为载体、外语虚拟现实实验平台为依托、形成性评估作保障"的外语虚拟现实实验教学体系，通过时空不受限的虚拟互动实践模式，引导学生在"实践中学、学习中用、反复操练、不断提高"，综合培养学生的语言运用能力、自主学习能力乃至创新能力。

  学生通过 PC 平台自主选择实验内容，然后进入平面场景或者 VR 世界中进行实验模拟，全程录制视频和语音对话内容，生成音视频文件，实验模拟训练结束后，保存内容会上传至中心服务器,教师和其他实验小组可以在 PC 端或 VR 端回看实验录像内容,并对内容进行评分和评价,具体过程如图 6-4 所示。

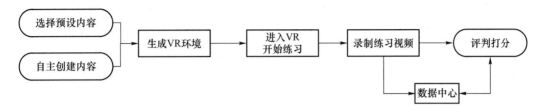

图 6-4 虚拟仿真实验课上课过程

根据虚拟现实沉浸式、实践式、交互式的技术特点,利用最新的 VR 技术的沉浸式教学方式,并融合了真人建模、动作捕捉、唇形同步、面部跟踪等技术高度重现情景对话;同时,运用英文语音识别引擎实现智能语言评分、半智能对话机器人系统,对学生的学习成果进行实时打分,帮助教师时掌握学生学习状态。通过学生对课件内容系统的使用,学习评估系统自动记录并分析学生的各项能力指标,供教师评估和追踪学员的学习;学习评估系统自动计算和记录学生在课件内容系统中的成绩,供学生自检和有针对性地复习提高。

(1) 单人情景模式

教师端可根据课程教学与实训的需要,自由选择相应场景或上传自定义对话文本,满足个性化实训与教学的要求。系统使用语音评测引擎,从发音、音调、完整度、流利度等多维度进行语音识别和评测。

学生可以根据教师发布的实验主题,自己选择相应的虚拟情景及语言内容,达到实验目标。老师或其他学生可以进入虚拟情景中,观看学生的成果。并为此进行互评。

根据教材中提供近一系列单词实物,听力朗读对话,专业图片图表及经典影视剧片段,满足了跟读、复述、视译、词汇拓展、会话仿说仿练、图片图表描述、听后评述、听力技能训练的实验内容。如单词句式跟读练习:通过识别 3D 实物或听系统朗读音,进行单句式跟读练习;通过观察专业的图片图表内容,进行朗读的图片图表识别练习;通过观看影视片段,进行复述视译说仿练习。

利用原音播放、跟读录音、跟读回放、即时打分等功能,学生可实时了解自身发音水平,并可针对不足反复练习,从而熟练掌握每句话的意思和标准发音。学生以第三人称视角进入虚拟场景观看教学情境,可以在任意位置观近距离察角色并跟随角色进行跟读练习,逐句跟读并立即获得关于发音正误、整句的评分,并且以相应颜色进行区分正确与错误。

(2) 多人情景对话模式

通过虚拟现实环境,提供多套具体事件场景,通过学生多人扮演事件中的当事人,还原特定场景的特定对话、训练内容;同时,学生在 VR 虚拟环境中与他人的交流能够更切实地还原人与人在现实中的交流场面与过程。

配合情景对话和角色扮演实验内容,制作大型实景模拟环境和小型实景模拟环境,以及多个人物模型,满足不同场景、不同主题的情景对话和角色扮演实验。

主题环境包含了国际会议、新闻发布现场、街景、职场、高级商务中心、家庭空间等实景环境,对应每种主题环境,在其中设计数 10 种不同身份的 NPC 角色,实验小组可以根据实际需要选择不同的场景,配置想要扮演的角色。

2. 虚拟现实实验项目框架

基于虚拟现实语言实验的建构主义学习理论、情景认知理论、任务型教学理论,结合虚拟现实技术的应用情况,设计出实验项目分级别、分任务、分类型、分项目、分难度的大学英语虚拟现实实验框架体系,其中设置进阶式、层次化的实验项目,满足英语综合应用能力的全方位训练需求。按实验等级从初级到高级分为训练基础、技能技巧、综合训练、自主探究四种类型,且每种实验自成一体,以虚拟现实技术紧密围绕虚拟实验项目,结合教学需求和目的,教学功能各有侧重,其依托的虚拟现实训练模式也各有不同。

(1) 基础训练

基础训练项目主要在虚拟仿真实验室,借助数字网络语言实验室,在教师的主导下通过实验平台发布实验任务,完成对学生语言基础知识的训练,如完成跟读训练、词汇拓展、会话仿说等实验项目。

(2) 技能技巧训练

技能技巧训练是在语言基础训练之上,对语言能力和技能进行高一级的训练,通常训练项目借助虚拟现实环境结合数字网络语言实验室和实验教学平台,完成图片描述、听后复述等训练项目。

(3) 综合训练

综合训练板块主要是利用虚拟仿真实验室,在构建的虚拟环境中完成情景模拟与角色扮演、命题演讲、脱口秀、访谈等实验项目,对技能要求更高,综合训练学生语言应用能力。

(4) 探究训练

探究训练是通过独立思考与自主探究,依托先进的虚拟仿真实验室,掌握一定数字媒体技术和虚拟现实技术,完成模拟现场、创意短剧等实验项目,培养学生的信息技术应用能力、英语听说能力、跨文化语言交际能力、团队合作能力和创新能力。提高学习者的综合素养。

虚拟现实特色的实验项目,注重文字、图片、视频等媒介资源的交叉呈现,语言综合能力和虚拟现实应用能力的交叉培养。符合语言习得规律的典型实验项目框架如表6-3所示。

表6-3 大学英语虚拟现实实验框架

实验项目	实验类型	实验难度	实验人数	虚拟现实实验课时	虚拟现实实验类别
跟读	基础	Ⅰ	1	1	VR
会话仿说/写	基础	Ⅰ	1~2	1	VR
复述	技能技巧	Ⅱ	1	2	VR
图片/表描述	技能技巧	Ⅱ	1	2	VR/蓝箱
命题演讲与脱口秀	综合	Ⅲ	1	4	VR/蓝箱
情景模拟与角色扮演	综合	Ⅲ	≥1	4	VR/蓝箱
新闻报道	综合	Ⅲ	≥1	4	VR/蓝箱
访谈	综合	Ⅲ	≥2	4	VR/蓝箱
模拟现场	探究	Ⅳ	≥3	8	VR/蓝箱
创意短剧	探究	Ⅳ	≥3	8	蓝箱

实验框架遵循难度层次化递进、语言能力培养从单一到综合、语言训练模式单人和协作并存、虚拟现实技术最优化融合的原则,让学习者可以有的放矢地进行语言实践能力的训练,充

分发挥虚拟现实技术在教学应用中的优势,扩展学生信息展示的维度。

3. 虚拟现实语言实验设计

根据《教程》,通过平台中心工具组,制作成虚拟现实 VR 配套实验课件,学生可以选择预设课件功能进行实验模拟,也可以通过平台中心的工具组,自主设计对话实验内容,更加自由地进行口语实验模拟训练。软件需具备上传英语对话的语音及文本功能;通过选择三维场景、虚拟人物,以及上传英语对话的语音及文本,可实现自定义情景英语课程的制作;软件支持未来三维场景的添加,支持更多课程内容导入;课程设计采用"跟读-扮演"的组合模式,使用者可以使用本软件进行第一人称跟读学习和扮演学习。这两种模式可使用手柄选择;学生进入虚拟场景后,首先以第一人称角色扮演的形式,跟读学习虚拟场景中的所有人物对话,在此过程中,学生可以通过手柄操作进行模拟跟读练习,跟读练习可以随时开启、停顿、反复,系统会根据使用者发音进行缺陷定位,并给出相应的评测分数;学生完成跟读学习后,可以选择扮演场景中的任一人物,进行整段情景对话学习。学习结束后,系统可以给出学生的综合评分;学生可以通过手柄进行交互,支持上一句、下一句、录音、原音播放、重来等功能。

(1) 跟读实验

① 为初级英语语言水平者设计,通过虚拟 VR 平台提供会话样本,通过语言的重复训练强化记忆和能力,能够有效纠正发音问题,提升口语表达流畅性。

② 根据教材内容制作课件,老师后期还可自定义添加跟读课件进行教学,学生进入本系统进行跟读训练,并即时反馈跟读评价。系统自动上传"跟读"实验报告与评估表到实验平台,供老师评估。

③ 基于在线语料库的智能多维度语音合成和语音识别系统、语音智能评分系统,自动对使用者发音水平进行评测,包括发音的准确性及流畅度进行评分,并能对发音情况进行错误定位、纠错及分析,评价精细到音素级。

④ 通过所见即所得编辑器,在 VR 内容中添加素材,包括文本类(.txt、.xls)和音频文件类(.wav、.mp3)。

⑤ 录音功能。录制使用者的跟读发音,并列举出最常出错的发音情况供老师针对性辅导。

⑥ 设计跟读课件全 3D 化 VR 场景。

(2) 会话仿说实验

① 为初级英语语言水平者设计,通过虚拟 VR 平台提供会话样本,要求模拟会话结构,适当改变对话来完成实验,旨在帮助梳理语言学习的信息,真正地开口说英语。

② 教师在课内预设仿说片段,并在系统后台录入文字,包括设定括号内文字。至少两名学生各自佩戴 VR 设备进入同一 VR 场景,进行多人对话,根据设定的片段文字仿说,系统自动上传"会话仿说"实验报告与评估表到实验平台。

③ 具备 Avatar 系统,学生可随机分配或自主选择不同 Avatar 形象进入系统场景,多名学生可互相实时同步听到对方的声音和看到对方上半身的动作。

④ 可针对括号外文字和括号内文字进行不同的智能评估,对括号外文字进行语音发音评测,对括号内文字进行语音自动识别并转换为文字,最后给出综合得分。

⑤ 具备可视化字幕,每名学生都可看到分配给自己的字幕,可实时看到自己的当前句子会话仿说评分。

(3) 复述实验

① 通过观看平台提供的会话或讲话样本，理解主题和大意，并重新组织语言进行表述，旨在对听力理解能力和表述能力进行双重训练，有效提升口语表达能力。

② 教师在课件内预设会话或讲话样本，学生各自佩戴 VR 设备进入 VR 场景，先行观看设定的会话或者讲话样本后进行复述，系统自动录音，并上传录音实验报告与评估表到实验平台。

③ 具有答题库分类存储功能，可系统判断正误。

④ 具有盲听跟读功能，系统自动把课件拆分成多条语句，学生无字幕逐句听语音后复述出来，系统根据语音比较给出科学评分。盲听结束后系统列举出分数最低的语句供学生参考和针对性提高。

⑤ 系统根据学生的复述，进行语音自动识别并转换为文字，最后给出综合得分。

(4) 图片/表描述

① 训练分析系统提供的图表信息和描述图片的能力，要求学习与图片图表描述相关的表达方式，然后结合重要数据对图表进行描述，从而锻炼学生对信息的鉴别、提炼及逻辑思维能力，检验学习者的语言组织能力。

② 教师在课件内预设图表和图片信息，教师在课内划定关键词，并在系统后台录入该关键词。学生各自佩戴 VR 设备进入 VR 场景，自行观看图表和图片信息，并根据本系统提示的至少四个与关键词相关的词语，并串联起来做段落描述，然后进行描述，系统自动录音，并上传录音实验报告与评估表到实验平台。

③ 系统根据学生的描述，进行语音自动识别并转换为文字，最后给出综合得分。

④ 识别大段的段落描述语音，并转换为整章段落文字，重点标识出关键词和相关词，并对整段语音进行发音评价。

(5) 命题演讲实验

① 要求学习者模仿广播或电视访谈节目主持人，报道发生在校园内或生活中的热门新闻事件，将观察、报道和评论有机结合，锻炼自己的语言组织与逻辑思维能力。

② 系统设计常见的几种全 3D 仿真演讲场景供教师选择预设，学生佩戴 VR 设备在虚拟的演讲环境中，对台下虚拟观众进行演讲，虚拟观众会对演讲进行状态反馈。演讲后系统自动上传"命题演讲"录像和可供机械化评估的部分到实验平台。

③ 场景包括主流的演讲场景全 3D 化仿真以及多名观众角色 3D 仿真。

④ 针对演讲语音进行实时的后台语音评分，虚拟观众根据语音评分来进行相应的行为举止反馈，包括鼓掌、起立、昏昏欲睡等。

(6) 情景模拟与角色扮演实验

① 根据搭建的虚拟仿真环境，围绕某一主题，充分发挥自己的想象力和创造力，模拟影视经典场景，扮演其中的角色，在提高语言交际能力的同时，培养浓厚的学习兴趣及自主创新能力。

② 系统配置全套虚拟仿真绿幕硬件，至少三名学生在绿幕中进行表演，系统把虚拟 3D 场景和真实学生进行影像结合，录制表演视频，系统自动上传"情景模拟与角色扮演"录像到实验平台。

③ 所见即所得编辑功能，在 VR 内容中添加素材以适合某一特定场景。

④ 实时交互的 VR 视频录制功能，支持的内容格式包含：3D 模型类文件（osgb，wrl，obj，

ive,3ds,fbx,dp,ply,CAD model via Anark)、2D 和立体或非立体的全景视频文件(avi,mpg,mpeg,mp4)。

(7) 访谈实验

① 在虚拟仿真环境下,学习者模仿广播或电视访谈节目主持人,采访自己的同伴,积极地参与话题讨论,锻炼逻辑思维、人际交流及综合运用语言的能力。

② 配置全套虚拟仿真绿幕硬件,至少两名学生在绿幕中对人物进行采访,系统把虚拟 3D 场景和真实人物进行影像结合,录制表演视频,系统自动上传"访谈"录像到实验平台。

③ 支持语音进行转文字录入,对话结束后生成整段文字出现在多名学生的面前,学生如不满意可选择再次挑战,直到完成最佳录像。

④ 实时交互的 VR 视频录制功能,视频文件支持的内容格式有.avi,.mpg.mpeg,.mp4。

(8) 新闻报道

① 要求学习者模仿广播或电视访谈节目主持人,报道发生在校园内或生活中的热门新闻事件,将观察、报道和评论有机结合,锻炼其语言组织与逻辑思维能力。

② 配置全套虚拟仿真绿幕硬件,系统把虚拟 3D 场景和真实人物进行影像结合,根据教材中篇章以及生活中的热点,自主编制语言内容,录制表演视频,系统自动上传新闻报道录像及新闻稿件到实验平台。

③ 系统预制新闻演播 3D 场景若干,预制生活平面场景若干,支持任意添加素材。

④ 实时交互的 VR 视频录制功能,支持的内容格式包含:3D 模型类文件(.osgb,.fbx,.ive,.obj,.3ds,.wrl.dp,.ply CAD model via Anark),2D 和立体或非立体的全景视频文件(.avi,.mpg,.mpeg,.mp4)。

(9) 模拟现场

① 要求学习者模仿某个特定现场,比如新闻发布会、部门周会、嫌犯审讯等,力图用英文再现该场景的每个环节,锻炼学生的语言综合运用能力、信息加工能力、逻辑思维能力,培养人际交往和团队合作意识。

② 教师在课内给出并讲解对话训练主题,至少三名学生各自佩戴 VR 设备进入同一 VR 场景,进行多人对话,根据设定的主题进行自由对话,系统自动上传"小组讨论"录像到实验平台。

③ 具备 Avatar 系统,学生可随机分配或自主选择不同 Avatar 形象进入系统场景,多名学生可互相实时同步听到对方的声音和看到对方上半身的动作。

④ 具有录像功能,把多名学生的 Avatar 动态和语音记录下来。

(10) 创意短剧

① 要求学习者通过独立思考与自主探究,自拟脚本,完成编剧、导演、拍摄和后期制作,最大限度地发挥学生的创新能力、实践能力、语言能力、信息素养和合作意识。通过团队协作,自编、自导、自演一个情景剧。

② 系统配置全套虚拟仿真绿幕硬件,3~5 名学生在绿幕中进行表演,系统把虚拟 3D 场景和真实学生进行影像结合,录制表演视频,经过非编系统编辑视频,连同剧本上传录像到实验平台。

③ 系统预制 3D 场景若干,预制生活平面场景若干,支持任意添加素材。

④ 所见即所得编辑功能,在 VR 内容中添加素材以适合某一特定场景。

⑤ 实时交互的 VR 视频录制功能,支持的内容格式包含:3D 模型类文件(.osgb,.fbx,.

ive,.obj,.3ds,.wrl.dp,.ply CAD model via Anark)、2D和立体或非立体的全景视频文件（.avi,.mpg,.mpeg,.mp4）。

4. 语言实验评估机制设计

科学、全面、精确的评估机制是保证实验教学体系成效有效性的决定因素，是教学质量与教学反馈的关键保证，是调整教学内容和提高教学方法的有效手段，也是实验教学研究的重要内容。实验教学评估机制的目标：真实全面地反映学习者的语言综合应用能力和虚拟仿真技术综合应用能力，为保证实验教学评估结果的有效性，评估机制的设计遵循多元化、体系化、量规化三个原则。

（1）评价主体多元化

结合教学要求构建四个维度的评价主体，即教师的指导性评价、学生自主性评价、学生互测性评价和计算机智能评价，并综合评判教师、学生、计算机智能评价结果，构建系列化、不可逆的"智能评价＋自评＋互评＋师评"的四维评价机制。

智能评价：依托计算机和虚拟仿真平台智能评测云系统，依据人工智能自动评价学生的训练过程，并对学生操作和训练跟踪记录功能。这也使得教学的组织与管理更加科学、便捷。

教师评价：教师采用课堂表现及完成实验项目过程性评价，结合综合考核的终结性评价，并针对项目采用个性化评价，以师评正确引导学生的学练与提升。

学生自评互评：学生自己对照实验典型案例给自己的评分，以及学生之间就实验项目的完成度进行同伴之间的相互评价，充分发挥学生的主体作用，实现学生自主能动性的有效促进，完善教与学过程的综合评价。

四维评价主体结合多元化评估方式，适时跟踪实验进程，及时反馈实验信息，实现对学生虚拟仿真实验过程中语言应用能力发展情况的多维度观察、评价和监督，如图6-5所示。

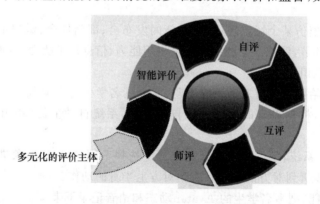

图6-5　语言实验评估机制

（2）评价内容体系化

教学评价实质上是对教学的调控手段，科学的评价内容引导教学方向的良性发展。结合教学内容，不仅是对知识的掌握情况的评价，更应是对运用知识的能力的综合评价。评价的内容除了学习结果外，学习主体的情感、参与度、表现能力、竞争能力、合作能力和自主学习能力都应纳入考量，有效地发现问题、解决问题，并展现创新闪光点同样都是评价机制中的指标特征[41]。

针对"虚拟现实语言实验项目"的特征，以虚拟现实技术和语言实践能力的习得为出发点，对于实验项目评价采取多维度的内容构建，系统地将口语能力、作品内容、虚拟仿真现实、非编处理技术、创新性等评价要素相结合，构建"语言能力—仿真技术—创新精神"结合的体系化的评价内容，全方位覆盖学生综合能力的考核评价。

同时，传统课堂教学看重的是学生最终的学习成绩，而虚拟仿真现实实验教学更为强调学习者在过程中的表现，必须形成过程性评价与终结性评价并重的评价体系。作为一种诊断性测试，形成性评估能使在过程中所反映出来的多方问题加以明确并进行改进，及时修改和调整教学活动计划安排，有利于教学能取得更理想的结果[41]。过程有结果并重的评价机制，着眼于语言学习过程的能力发展的监督与评测，有效解决了重终结性评估、轻形成性评价，学习过程监控难的问题，实现教学管理过程的可控性和评估的合理性。

（3）评价结果量规化

根据教学需要，针对实验项目的不同类型、虚拟现实实验的特点、评价内容的侧重方面，精确设定细粒度，设定定制化、量规化、层次化的评价标准，产出科学全面的评价结果，作为辅助课堂教学的重要内容，保证评价指标能够系统、客观、全面地反映大学英语虚拟仿真实验教学成效，实现教学过程的良性循环发展。

针对实验项目的不同类型，匹配不同实验类型的难易度，大学英语虚拟仿真实验采用多层次的评价标准，不同的实验类型对应不同的评价指标体系。对每个实验项目制定和采用明确的评价指标，并制定出实施标准的一系列措施，制定出量规化兼定制化的评价量表。完整科学的评估机制，实现了对学生语言学习过程中综合应用能力发展情况的观察、评价和监督，完善了教与学过程的监检、评价与反馈，综合评估评测学生的英语应用能力。大学英语虚拟仿真实验量化评估表如表 6-4 所示。

表 6-4 量化评估表

编号	实验名称	类型	难度	实验人数	评估内容及标准	标准分数	综合评价
1	跟读	基础	Ⅰ	1	完成了跟读任务，达到了实验目的	5	
					发音准确、清晰，基本没有失误	5	
					重音正确、语调与停顿自然	5	
					与标准发音基本一致	5	
					音频清晰连贯、无杂音	5	
2	会话仿说/写	基础	Ⅰ	1~2	发音标准、清晰，语调正确自然	5	
					恰当运用相关词汇和句型进行仿说/写	5	
					语法和词汇基本正确	5	
					表达流利、地道，语句连贯，易于理解	5	
					语言的使用总体上能与语境、功能和目的相适应	5	
					对仿说/写内容进行合理的创新，内容新颖，有创意	5	
					音频清晰连贯、无杂音	5	
3	复述	技能技巧	Ⅱ	1	发音标准、清晰，语调正确自然	5	
					能恰当地运用相关词汇和句型	5	
					语法和词汇基本正确	5	
					表达流利、地道，语句连贯，易于理解	5	
					语言的使用总体上能与语境、功能和目的相适应，力求准确	5	
					突出重点，准确表达内容的中心思想	5	
					条理清楚，语言表达和说明有逻辑性	5	
					音频清晰连贯、无杂音	5	

续 表

编号	实验名称	类型	难度	实验人数	评估内容及标准	标准分数	综合评价
4	图片/表描述	技能技巧	Ⅱ	1	发音标准、清晰,语调正确自然	5	
					能恰当地运用相关词汇和句型	5	
					语法和词汇基本正确	5	
					表达流利、地道,语句连贯,易于理解	5	
					语言的描述与图片、图表内容密切相关,力求准确	5	
					条理清楚,语言表达和说明有逻辑性	5	
					音频清晰连贯、无杂音	5	
5	命题演讲与脱口秀	综合	Ⅲ	1	强化主题、生动感人,充满激情,能引起听众的注意和兴趣	5	
					清楚介绍主题,将主题与听众联系起来	5	
					主要观点清晰明了,结构合理	5	
					语言准确、清晰、适切,连接词使用恰当	5	
					与听众保持较好的目光交流	5	
					能避免分散听众注意力的行为举止	5	
					停顿运用巧妙、抑扬顿挫	5	
					虚拟场景的选择与制作与内容相匹配,角色与场景融合自然	5	
					音频清晰连贯、无杂音	5	
					视频清晰,画面优美,字幕清晰完整	5	
6	情景模拟与角色扮演	综合	Ⅲ	≥1	主要角色发音标准、清晰,语调正确自然	5	
					能恰当地综合运用所学的常用表达,语法和词汇基本正确	5	
					语言表达流利地道,语句连贯,易于理解	5	
					语言的使用总体上能与语境、功能和目的相适应	5	
					情节完整、富有创造力	5	
					表情丰富自然,富有感染力	5	
					虚拟场景的选择与制作与内容相匹配,角色与场景融合自然	5	
					音频清晰连贯、无杂音	5	
					视频清晰,画面优美,字幕清晰完整	5	
					很好地体现了创新与团队合作精神	5	
7	新闻报道	综合	Ⅲ	≥1	内容和脚本切合主题	5	
					话题引入自然,叙事简练,情节衔接流畅	5	
					辅以图片,报道与评论并重	5	
					发音标准、清晰,语调正确自然	5	
					恰当综合运用所学的常用表达,语法、词汇基本正确	5	

续表

编号	实验名称	类型	难度	实验人数	评估内容及标准	标准分数	综合评价
7	新闻报道	综合	Ⅲ	≥1	语言表达流利、地道,语句连贯,恰当使用起承转合手段	5	
					语言的使用总体上能与语境、功能、目的相适应	5	
					虚拟场景的选择与制作与内容相匹配,角色与场景融合自然	5	
					声音清晰,无杂音	5	
					视频清晰,画面优美,字幕清晰完整	5	
8	访谈	综合	Ⅲ	≥2	问题设计合理、具体且有针对性	5	
					能营造和谐、融洽的采访气氛,引发被采访者的积极回答	5	
					提问灵活,衔接自然	5	
					发音标准、清晰,语调正确自然	5	
					能恰当地综合运用所学的常用表达,语法和词汇基本正确	5	
					语言表达流利地道,语句连贯,易于理解	5	
					语言的使用总体上能与语境、功能和目的相适应	5	
					虚拟场景的选择与制作与内容相匹配,角色与场景融合自然	5	
					声音清晰,无杂音	5	
					视频清晰,画面优美,字幕清晰完整	5	
9	模拟现场	探究	Ⅳ	≥3	情节内容完整,脚本撰写规范	5	
					各角色发音标准、清晰,语调正确自然	5	
					能恰当地综合运用所学的常用表达,语法和词汇基本正确	5	
					语言表达流利地道,语句连贯,易于理解	5	
					语言的使用总体上能与语境、功能和目的相适应	5	
					表演自然流畅,情节连接自然	5	
					虚拟场景的选择与制作与内容相匹配,角色与场景融合自然	5	
					音频清晰连贯、无杂音	5	
					视频清晰,画面优美,字幕清晰完整,片头片尾完整	5	
					体现团队合作精神,分工良好	5	
10	创意短剧	探究	Ⅳ	≥3	主题新颖、情节完整、富有创意	5	
					脚本撰写完整规范	5	
					各角色发音标准、清晰,语调正确自然	5	
					能恰当地综合运用所学的常用表达,语法和词汇基本正确	5	

续表

编号	实验名称	类型	难度	实验人数	评估内容及标准	标准分数	综合评价
10	创意短剧	探究	Ⅳ	≥3	语言表达流利地道,语句连贯,易于理解	5	
					语言的使用总体上能与语境、功能和目的相适应	5	
					创造性地使用服装和道具	5	
					表情丰富,表演自然流畅,富有感染力和表现力	5	
					能使用 3D 开窗打造个性化场景,角色与场景融合自然	5	
					能实现机位变换,场景角度位置变化和镜头变换	5	
					声音清晰,无杂音,合理使用配音配乐	5	
					视频清晰,画面优美。合理使用视频特效,配有字幕,清晰完整;片段切换自然合理;片头片尾完整	5	
					体现团队合作精神,分工良好,演示讲解语言准确、流畅、生动	5	

6.3.3 虚拟现实大学英语实验平台

虚拟现实英语实验平台是根据虚拟现实沉浸式技术特点,以传统教学辅助创新教学的手段,结合现有的虚拟现实英语资源,使用虚拟现实技术和其他科技技术在一定空间范围内,用于英语对话实训的专有教室,能为学生提供逼真的虚拟的英语学习环境,以增强学生情景英语学习的趣味性,加深学生的理解,全方位解决外语学习中费时、低效、开口难、被动学习、交流难等问题。虚拟现实英语实验平台给学生创造出体验式情景,增强其英语练习过程中的趣味性和参与度,让学生通过虚拟现实场景提升对英语的兴趣、建立语言交际的自信,提高学生英语学习和应用的能力,促使学校英语教学目标的实现,助力学校进行教育改革和创新。

在外语教学实验平台的建设要坚持"夯实知识、提升能力、发展素质,结合学习实践促进创新能力发展,虚拟与现实相结合、虚拟与现实相互补充"的实验教学理念,依照"语言训练为基础,重点提高交际能力、培养创新意识为核心"的原则,突出虚拟网络与实体网络相结合、虚拟对象与实体对象相结合、虚拟手段与实际手段相结合,过程性与终结性相结合,构建学科交叉融合的虚拟现实实验平台。以北京邮电大学语言实验中心为例,虚拟现实的英语实验平台包括:自主开发大学英语实验教学与评估平台、虚拟 VR 实验平台、虚拟蓝箱实验平台,三平台相辅相成,通过教学资源的有效整合和分工协作,全方位支撑大学英语实验教学。

1. 大学英语实验教学与评估平台

大学英语实验教学与评估平台是虚拟现实实验教学的基础支撑平台,平台以实验任务为载体,集实验编排、实验发布、实验实施、实验评价为一体,结合虚拟蓝箱平台、虚拟 VR 平台互为补充地构成大学生英语综合运用能力的完整培养方案,有效地结合了虚拟仿真实验的过程性练习与终结性制作,有效地支撑了实验的发布、实施与评价功能,教师、学习者、学习者同伴和技术团队共同参与实验教学过程。平台功能结构图如图 6-6 所示。

平台使用以层次划分为基础的模块化设计方式来完成系统的设计开发。实验平台涉及管理员、教师和学生三大类角色,他们共同支撑系统的运行。其中,管理员主要完成对其他角色

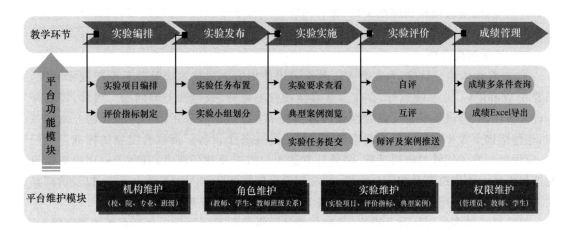

图 6-6 语言实验平台功能结构图

信息、实验教学以及各种关系的维护;教师主要完成对实验任务的发布、修改和评价等;学生则主要完成实施实验任务、提交实验任务、实验互评等。基于这三类用户角色的划分,实验平台的开发采用分模块、分层次的思想来实施。平台一体化的支撑了实验管理、布置、上传、评估过程,其主要模块化功能如下。

① 实验编排/教师功能:平台支持教师编排个性化的实验项目,并明确设置语言实验项的实验目的、实验类型、实验内容、实验步骤、实验标准、实验报告等核心要素。

② 实验发布/教师功能:平台支持教师根据教学进度发布固有实验任务/自定义实验任务;在分组过程中,可采用分组模板、手动分组、自动分组三种模式进行安排;指定互评阶段的对象范围,如随机、指定、同组组员;设定实验任务的开始/截止时间段。

③ 实验实施/学生功能:教师发布实验项目后,平台支持学生在客户端上进行查看,具体包含实验项目的十大要素、实验分组列表以及实验开始/截止日期。同时,平台提供所有固有实验项目的典型案例供学生参考,当学生完成实验音视频的录制、脚本的撰写后,平台支持多种文档、音视频格式的上传。

④ 实验评价/学生+教师功能:学生上传已完成的实验作品后,需要进行自评、互评和师评,三类评价必须依次进行,评价主要包括制定评价指标的定量评价和文字/音频的自定义评价。另外,教师可以指定重做不合格的实验项目,以及推送优秀的实验作品。

⑤ 成绩管理/教师功能:平台支持教师对所带课班级的学生进行成绩管理,主要包括某个/某类学生的指定条件查询、汇总学生成绩,包括自评、互评、教师定量/定性点评、查看任务完成状态,以及各班级学生成绩的 Excel 文件导出。

2. 虚拟 VR 实验平台

虚拟 VR 实验平台是虚拟现实实验教学的实施平台之一,是教师教学和学生自主实践环节的重要工具。基于虚拟现实头戴式显示设备(以下简称"VR 头显"),利用计算机模拟生成虚拟环境从而给人以环境沉浸感,在逼真可感的英语学习氛围中,有助于帮助学生提升感官上的多维度认知,更快地进入学习状态,加快学习速度,强化学习效果。根据《教程》中的项目类型,通过平台中心工具组,制作成 VR 配套实验课件,学生可以选择预设课件功能进行实验模拟,也可以通过平台中心的工具组,自主选择实验内容,自主设计对话实验内容,更加自由地进行口语实验模拟训练。然后进入 VR 世界中进行实验模拟,全程录制视频和语音对话内容,生成音视频文件,实验模拟训练结束后,保存内容会上传至中心服务器,教师和其他实验小组可以在 PC 端或 VR 端回看实验录像内容,并对内容进行评分和评价。

(1) 技术架构分析

① 兼容性体系。目前,大多数 VR 教学应用使用旧图形技术以及落后框架技术开发,并需要在 Windows 10 系统运行,存在着兼容新硬件不可行、兼容性差等问题。因此,需要开发一种兼容性强、跨设备平台可持续性强的体系技术方案。平台采用以 OpenXR 的开发体系结构,这种结构下 VR 内容对于更新迭代的 VR 设备在各个设备厂商联合定制的标准下适配硬件,应用层开发无须针对底层适配,降低开发适配门槛以及使用成本,有利于应用的更新设备的迭代更新。使用跨平台的 VR 标准,使应用程序能够在任何 VR 系统上运行,以及访问集成在 VR 系统中供应用程序使用的 VR 设备,从而消除了行业分割。

随着越来越多的 VR 设备推出,控制器类型逐渐趋向于碎片化。每当有新的控制器发布,都会给开发者带来一些额外的工作量——游戏项目需要修改交互代码以适配新的设备。从开发层面上来看,不同的控制器具有不同的键值映射,所以当现有 VR 应用程序移植到另外一个 VR 平台的时候,需要针对目标平台进行交互适配。平台使用面向混合现实应用程序的开源跨平台开发工具包 MRTKv2。MRTK 版本 2 旨在加快面向 Microsoft HoloLens、Windows MixedReality 沉浸式(VR)头戴显示设备和 OpenXR 平台的应用程序开发,目的是减少进入障碍,创建混合现实应用程序。

② 模块化设计。使用以层次划分为基础的模块化设计方式来完成系统的设计开发。将场景资源与用户数据模块分开,一方面降低维护成本,以及降低通过云端的数据吞吐量,提高用户使用体验,满足 VR 系统所需的高帧率运行;另一方面,则是将数据、功能、与素材剥离,实现高效的更新定制。模块化有助于在不影响现有的资源情况下更清晰地对增加扩充功能。如图 6-7 所示。

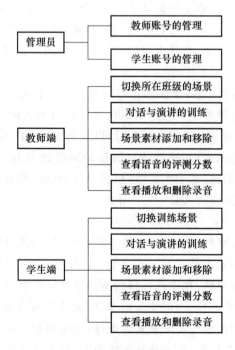

图 6-7 系统模块化框架图

③ 双模式架构。系统支持 VR 练习模式与 PC 练习模式,VR 练习模式实现更好的沉浸式体验,PC 练习模式则不受限于头显设备的配备,满足更多学生使用的教学需求,符合虚拟实验教学未来普及性发展的要求。双模式操作加大了系统的实用性,大大解决了设备价格高昂和使用限制带来的设备缺乏问题,更加有利于虚拟仿真实验教学的大规模开展。

(2) 系统技术模块

① 桌面管理。

- 能对终端进行操作管理。既能统一控制学生终端的开启、关闭等,也能对某一台或几台终端进行重启、关机的管理。
- 能统一更改学生系统,也能根据需要单独更改某一台或几台终端的系统。
- 教师可以根据自己需求显示需要的功能模块。
- 能快速批量切换不同的教学应用系统,也可随时恢复全新系统,免受运行速度慢,病毒困扰等,免去设备调试和考试前检查的烦琐工作。
- 实时监视。管理员可以实现实时监看每一名学生的桌面情况,方便管理。

② 实验定制。教师可利用该系统创建不同职业的 DIY 英语课程。

③ 数据分析。记录每个学生和班级的学习数据,包括学生成长曲线数据和班级学习进度。

④ 视景仿真。可以真实仿真教材所需各种场景,图像显示帧速率不低于 90 帧/秒,保证人眼观察无迟滞和停顿。

⑤ 人物仿真。具有人物角色仿真功能,模拟真人的面部表情、眼球运动,模拟面部皮肤纹理和次表面散射,服装纹理模拟真实反光与散射效果,展现人物质感。

⑥ 人物肢体动作仿真。具有人物角色肢体动作仿真功能,采用专业演员并使用国际标准的动捕设备制作真实的人物动作,体现出人物的真实性与社会性,实现人物站立、坐下、拿取、说话等大部分日常动作,并与场景物体产生互动。

⑦ 人物口型同步仿真。具有人物角色口型同步功能,根据人物语音自动生成口型,并能与人物各类表情自然结合,使得人物的口型动作与其语音达成一致和同步,增强使用者的真实情景代入感。

⑧ 人物智能追随注视。在使用者移动到任何位置的情况下,人物角色都能通过转动肢体或头部或眼球来保持与使用者的对视,以模拟真实的互动。

⑨ 智能景深图像增强。使用高斯模糊图像混合算法计算出添加景深的结果图像,快速准确地对图像进行智能景深的添加,模拟真实眼球视觉效果。

⑩ 抗锯齿抗闪烁。使用像素着色算法进行三角形覆盖采样点边缘着色,达成自然的边缘过渡效果。

⑪ 性能优化。根据材质对渲染队列中的对象进行排序,让材质相同的对象处于相邻位置,以减少切换 shader 的开销,从而提升整体性能以及图像显示帧速率;远景渲染烘焙,近景采用实时光,达成最佳性能和最优效果的融合。

⑫ 数据自动备份。与统一应用平台接口,实现单点登录,用户信息同步;根据预定的安排启动备份和检查工作,服务器数据每周进行备份,可以随时进行恢复。

⑬ 量化评估学习数据。通过学生对课件内容系统的使用,学习评估系统自动记录并分析学生的各项能力指标,供教师评估和追踪学员的学习;学习评估系统自动计算和记录学生在课件内容系统中的成绩,供学生自检和有针对性的复习提高。

(3) 功能的设计与实现

① 虚拟3D系统。VR系统利用openXR的标准进行开发,适配HTC、WindowsMR等虚拟现实头戴式显示设备,做到多平台跨越,无须重新适配。系统核心亮点之一是内置场景开放式布局功能,即可以对场景自主布局,进行素材的自定义添加、删除、移动、组合等操作,从而不断自定义创设新的环境。实现了根据不同的教学练需求自主设置场景,大大增强了虚拟环境的自由度、真实性、和匹配度。

- 通过平面设计和三维建模,利用Maya等建模软件构建实验教学所需求的真实场景、人物以及素材的三维模型。
- 将模型导入Unity中构建虚拟平台,在Unity平台中进行音效、图形界面、插件、摄像机、灯光设置渲染等的编码,并且实现交互需求,完成硬件的控制开发以及对数据库的链接。
- 使用VR硬件设备进行体验和测试,对于平台效果进行视觉优化以及程序合理性和精确度的优化。
- 技术流程如图6-8所示。

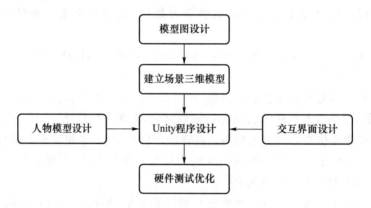

图6-8 系统开发设计流程

② 语言训练系统。平台可实现支持三种不同模式的语言训练系统,分别是跟读语音评测模式、角色表演模式和自由练习模式,以支持不同难度和不同需求下的大学英语虚拟仿真实验项目,以立体化训练增强学习效果。

- 跟读语音评测模式:在所选场景和课件下,实现分句跟读。通过麦克风录制音频,实时给出单句跟读和总体情况的评分。
- 角色表演模式:选择对话类课件,对话课件下即扮演角色进行人机对话或人人对话;演讲课件下则扮演NPC,根据系统中随时间变化的提示语进行演讲;训练完毕即给出评测分数。
- 自由练习模式:对话模式下可以重复练习课件中的对话,控制下一句、上一句和重播;演讲模式下可以在场景中自由进行演讲和录制。

通过多种类型的虚拟现实场景,多种内容的文化生态情境,多种模式的语言深度训练,多人互动扮演的体验者当事人,更能将语言训练与文化学习在习得过程中紧密结合,并真实还原人与人在现实中的交流场面与过程,大大增强现实体验感与互动交流感。

③ 语音智能评测系统。学生完成训练后,根据语音智能评测系统实时反馈获得分数。语音智能实时评测系统是平台最核心的功能之一,采用多维度智能评测。

- 语音评测系统获取训练数据。平台由 MR 头盔通过麦克风,实时获取用户训练音频传至云端,通过云端后台对音频进行智能化解析。
- 语音评测系统进行立体化多维度反馈评分。提供字、词、句的标准并包含流畅度、完整度、准确度、标准度等四个维度的评测分析。评测的总分,即对语音的总体评价,可以是各维度平均,或根据需要进行加权,也可以作为一个独立维度。评测的维度如表 6-5 所示。

表 6-5 评测维度

题型	中文默认	中文开通全维度	英文默认	英文开通全维度
字	总分(total_score)	总分(total score) 声韵分(phone score) 调型分(tone score)		
词	总分(total_score)	总分(total score) 声韵分(phone score) 调型分(tone score)	总分(total score) 音节得分(syll score)	总分(total score) 音节得分(syll score) 准确度分(accuracy score)
句	总分(total_score)	总分(total score) 完整度分(integrity score) 流畅度分(fluency score) 声韵分(phone score) 调型分(tone score)	总分(total score) 音节得分(syll score)	总分(total score) 音节得分(syll score) 完整度分(integrity score) 流畅度分(fluency score) 准确度分(accuracy score)
篇章	总分(total_score)	总分(total score) 完整度分(integrity score) 流畅度分(fluency score) 声韵分(phone score) 调型分(tone score)	总分(total score) 音节得分(syll score)	总分(total score) 音节得分(syll score) 完整度分(integrity score) 流畅度分(fluency score) 准确度分(accuracy score)

- 语音评测系统在虚拟场景中实时通过云计算将评测结果反馈到系统中。学生自主完成既定模式下的语言训练,语音评测系统实时进行评测并接收反馈的成绩,传至学生角色的成绩状态中,通过系统对反馈参数的解析后同步显示到成绩界面上,对发音水平进行相关评价。

(4) 虚拟资源 3D 场景库

配合情景对话和角色扮演实验内容,开发并制作多套大、小型实景模拟环境以及多个人物模型,满足不同场景、不同主题的情景对话和角色扮演实验。主题环境包含了国际会议、新闻发布现场、街景、一级职场、高级商务中心、家庭空间等实景环境等,对应每种主题环境,设计了多种不同身份的 NPC 角色,实验小组可以根据实际需要选择不同的场景,配置想要扮演的角色。部分代表性 3D 场景如图 6-9 所示。

(5) 应用界面及操作实景

软件分为管理员端、教师端、学生端三个入口。管理员端用于实现管理教师和学生信息,创建添加用户账号等功能;教师端用于实现如切换班级所在的场景,设置对话练习,场景中的物体添加移除功能,查看语音评测成绩,与播放和删除录音等功能;学生端用于实现选择训练

图 6-9　3D 场景图

模式，切换所在场景，设置对话练习，场景物体的添加移除，查看自己的语音评测分数，播放和删除语音等功能。学生训练实景如图 6-10 所示。

图 6-10　学生训练实景图

3. 虚拟蓝箱实验平台

　　虚拟蓝箱实验平台是虚拟仿真现实实验教学的实施另一重要平台，是教师教学和学生自主实践环节的重要工具。平台以完成全新技能技巧型实验教学任务为主要目的，通过构建虚拟演播形式的创新型教学模式，与学校虚拟演播平台及虚拟的三维场景、图像渲染系统共享，从而为学生提供创新型的虚拟演播学习实验平台。基于虚拟蓝箱演播技术来源于电视台独特录制技术，是将由摄像机捕捉到的活动人物与计算机制作的虚拟三维场景有机结合，合成全新的实时画面，在技术上采用色键抠像换掉活动人物的视频背景，然后通过色键合成器进行画面合成，从而使人物和虚拟背景同步变化，呈现出完美合成效果。我们可以将虚拟演播技术理解成增强现实技术的子集，是将虚拟元素和真实场景叠加后在电视屏幕上呈现出来虚拟效果。

虚拟蓝箱实验平台的建立，使教师、学生之间建立起一个互动情境式的视像网络教学模式。在小空间的蓝箱中变幻出无穷个视觉空间，克服了效果差、不可到达、传统布景的成本高、变动难等困难，在语言实验过程中，为学生营造近似真实的语言学习环境。学生在实验中，一方面促进语言能力的发展；另一方面，也锻炼了学生的媒体制作能力，帮助他们独立创作视频、制作电视节目等，还在美术、音乐、设计激发他们的创新意识提高创新能力，大大提高学生在语言学习中的能动性。而教师也在教学过程中因学生的个性化而设计更加开放自由的实验项目，帮助学生有针对性的锻炼语言能力。

（1）技术分析

Mariana.VS-Rainbow 彩虹虚拟演播系统是整个虚拟仿真实验室的重要组成部分之一，其构建在 Mariana 三维渲染引擎平台，主要模块包含设计器 Mariana.5Designer 和播出端 Mariana.VS-Rainbow。

Mariana.5Designer 是新奥特为广播级的电视图形应用而专门开发的新型图文制播的软件平台，自主研发了整套二维字幕和三维空间图形的设计和场景设计工具，通过 GPU 技术实现三维渲染引擎，实现动感柔和光感质感细腻的三维场景与视频平滑融合的实时渲染，创作人员可以使用系统自身内置的大量制作工具来实现多种纹理材质方式组合创作、各种纹理贴图方式处理字幕图像和图像动画序列、支持任意空间物体变换，并为第三方软件的数据接入提供便利条件，实时视频开窗、方便的脚本控制、强大的三维特技处理都可以支持短时间内创作出质感亮丽自然的三维场景。

Mariana.VS-Rainbow 是功能强大的播出控制软件。系统支持 5Designer 所创作的所有场景的导入。用户通过简便、快捷的操作即可导入 5Designer 所创作的场景，并进行场景间的切换；可以设置不同的虚拟摄像机动画，还能控制动画的播出、暂停、停止，拖曳视频进行播放。同时，支持进行摄像机的不同机位切换、一键快速准确定位和色键抠像。

（2）功能实现

① 高质量三维渲染、图文特效。三维中的物体的真实感是依靠逼真的描述其材质、纹理特性、光照反射等效果反映出来的，表现出强大的图文效果，在三维渲染方面取得突破性进展，使得虚拟物体质感亮丽动感柔和，整个场景的效果更加绚丽，制作手段更为多样。

② 实时编辑功能。能够对虚拟场景中物体的物理特性进行自由实时编辑，包括物体大小、材质纹理、空间位置、光照反射等，也可将单个物体进行复制，在三维空间中形成多种阵列，且所有这些编辑效果可以实现实时反馈，为使用者根据自身需求而随时调整虚拟场景提供最大程度的便利。

③ 三维视频开窗功能。当需要同时播放不同节目的视频时，系统可以迅速根据需求按照屏幕大小位置形状和运动轨迹进行自由开设和编辑多个大屏幕视频开窗，并且可以自由控制大屏幕中视频信号播放的开始停止等动作。视频开窗的来源支持外部视频信号接入和本地硬盘素材播放。

④ 实时三维图表生成。能够提供开放的数据接口，具备实时生成统计图表功能，如柱状图、饼状图、直方图等，图表随数据实时变化，真正实现了动态数据的可视化，丰富了节目的表现力，在财经、体育、娱乐等节目中具备广阔的应用前景。

⑤ 可定制模型素材库。内置模型素材库，提供非常丰富的常用的模型素材，包括多种材质、纹理、模型、图片等，涉及交通、建筑、体育、室内、植物以及各类带有 Alpha 通道的图标等，方便用户快速搭建三维虚拟场景。

（3）非线性编辑合成系统

非线性编辑系统主要应用于虚拟实验的视频后期包装的视觉效果合成与视音频剪辑制作，包含了从采集素材到音视频编辑，再到特效渲染以及打包输出的完整实验流程。通过在一个工程内建立多个时间线故事板和节点特效流程图，以及时间线和流程图互相嵌套引用的模式，在软件内不会因为在不同的编辑、特效和渲染功能之间反复切换而带来的烦琐操作，教师和学生的编辑在操作流程上更加灵活，可以按照不同顺序的组合方式进行采集、编辑、特效、渲染合成等一系列操作。

新奥特飞天编辑合成系统是一款功能强大而又操作简单的音视频处理系统，即便是对于非专业学生来讲也很容易上手，能非常方便地完成所有非线性编辑的工作，包括对视音频素材的剪辑、拼接，添加配乐、声效，以及给视频素材添加特效滤镜等。飞天系统内提供的绝大多数特效都可以作为滤镜添加到时间线的素材片段上，例如常用的调色、二维变换、模糊、遮罩和各类转场等。该系统利用丰富的各种特效工具进行综合运用，能够制作出更加丰富、逼真的视觉效果，新奥特飞天编辑合成系统界面如图 6-11 所示。

图 6-11　新奥特飞天编辑合成系统界面

（4）虚拟蓝箱资源 3D 场景库

虚拟蓝箱可以非常方便地提供大量的 3D 场景，并且学生也可以依照自己的实验内容开设平面视窗添加丰富的场景，场景库包含商务接待、旅游景点、日常生活、室内英语、会议报告厅等多种类型，部分代表性场景预览如图 6-12 所示。

（5）基于蓝箱的实验流程简介

学生自主选择实验类型及内容，拟定实验脚本，通过虚拟蓝箱实验平台完成虚拟场景的选择和制作，随即进行虚实无缝融合的蓝箱拍摄，全程实时采集音视频素材，并运用非线性编辑合成系统软件对虚拟仿真素材进行后期剪辑和特效处理。虚拟蓝箱实验流程如图 6-13 所示。

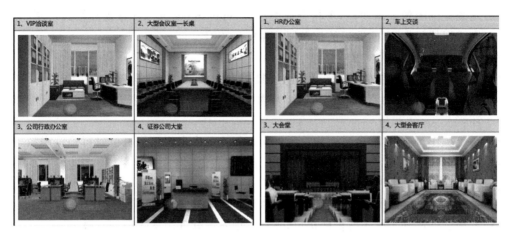

图 6-12　虚拟蓝箱资源 3D 场景库

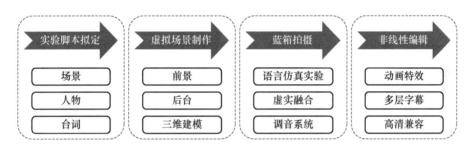

图 6-13　虚拟蓝箱实验流程

6.3.4　虚拟现实教学环境建设

1. 虚拟蓝箱实验室

虚拟蓝箱实验室应具备为实验的进行提供技术场所、采集设备、编辑设备和存储设备。软件方面包括高清三维渲染引擎、支持三维建模虚拟场景、直播实时录制等软件功能；硬件方面包括搭建虚拟蓝箱、配备返看电视、摄像机、调音台、服务器、存储设备等。

（1）虚拟蓝箱实验室软件功能

① 图像显示。系统具有强大的渲染能力，一方面支持高清三维虚拟场景能流畅地运行，另一方面渲染引擎技术能够将场景渲染得更加亮丽、自然、细腻、逼真。

② 虚拟场景。

- 系统可建立开放式的数据接口，可直接读取三维建模文件，支持应用 3D Max 等国际著名的三维建模软件制作的三维场景。系统除了支持三维建模文件，同样支持视频文件和图片文件格式，可将视频和图片直接导入后台场景模板，作为教学场景使用，做到了后台场景的轻松扩展和无限扩展。
- 系统须支持前景和背景两类虚拟场景的结合。
- 可根据需求自主创作和编辑虚拟场景模型。

③ 直播预览与实时录制。

- 系统提供直播预览窗口，并可将预览窗口输出到外接监视器，呈现出的合成画面可以方便地提供给角色扮演者参考，也方便老师和同学进行现场观摩。

- 系统提供图像录制功能,可将合成图像以 wmv、mpeg 或 avi 等视频格式录制,轻松地完成课件制作,方便课后的教学评估和反复练习。

④ 设备集成度与操作方式。

- 系统可集成高性能的广播级色键器、集成在线图文包装、虚拟图文包装、背景影像控制、人物影像控制、背景视频控制、人物视频控制等功能,支持统一的制作环境和播出环境。
- 系统操作简单易行,可自由拖放鼠标实现切换各个虚拟摄像机位时可预览虚拟摄像头的位置。

⑤ 设备及系统可扩展性。

- 拥有开放式可扩展接口,支持后期硬件设备无限升级。
- 系统软件拥有开放式可扩展接口,支持后期系统软件版本无限制升级。

⑥ 编辑功能。

- 具备中英文双语操作界面,操作方式方便快捷,无使用障碍。
- 软件需采用 RGBA 4:4:4:4 色彩空间,并支持每色彩通道 32 位浮点数据运算来进行内部效果的合成。
- 处理各种电视高标清素材和 2K、4K 以及 4K 以下任意尺寸素材,支持国际标准的 OpenFX 插件接口。
- 支持就地编辑的多层字幕创作,可制作静帧、滚屏、唱词等形式的字幕。
- 具备完善的音频编辑功能,并可以纵向建立无数量限制条音频轨道。
- 具备完备的二维变换操作工具,如平移、旋转、缩放、裁剪,并提供可供选择的采样方式,如近邻采样、线性内插、三线采样、高斯采样等。
- 提供多种二维合成模式,包括正常、变暗、正片叠底、加深、线性加深、相减、变亮、滤色、减淡、相加、叠加、柔光、强光、亮光、线性光、点光、实色叠印、差值、排除、色相、饱和度、颜色和亮度。
- 具备多种色彩校正工具,包括基础颜色校正、色彩限制、颜色反转、颜色重新映射、颜色抑制、曝光、渐次调和、直方图、HSV 调整、色相曲线、色调分离、饱和度等工具,并且可以单独针对图像整体或局部进行校色,满足对素材色彩、亮度、饱和度等分别进行细致调节的要求。
- 具备完备的色彩校正功能以及多种色彩校正操作方式,包括调色盘、选色板、调色球、直方图和曲线图等。
- 具备多种色键提取、优化色键和降噪工具,包括差别色键、HSV 色键、亮度色键、基础主键、主键、噪点去除和溢色抑制等;提供多种色键提取、优化色键和降噪工具,包括差别色键、HSV 色键、亮度色键、基础主键、主键、噪点去除和溢色抑制。
- 支持矩形、椭圆形/圆形和任意形状遮罩,遮罩的大小、形状和位置可通过动画设置进行动态变化。
- 持无限层遮罩叠加,提供多种叠加模式,包括覆盖、替换、置顶、内部、外部、剪除和异或。
- 提供多种通道处理工具,包括提取通道、替换通道和重新映射通道。同时,具备多样的 Alpha 通道处理工具,包括 Alpha 通道反转、混合通道、模糊 Alpha 通道、限制 Alpha、清理 Alpha 通道、合成 Alpha 通道、膨胀、边缘、腐蚀、重新映射 Alpha 通道和设置

Alpha 通道。
- 提供基础的闪黑闪白、淡入淡出和划像等多种转场模式,支持自定义转场效果的制作。
- 具备精准的运动跟踪功能,跟踪数据自动设置关键帧,并可手动调节跟踪点;提供正跟踪、反跟踪、逐帧正反跟踪方式;提供多种方式接续被遮挡物体的运动跟踪数据;提供快速跟踪模式,能够处理快速模糊的运动元素;支持四角跟踪和局部画面替换;支持跟踪数据自动链接至其他特效工具。
- 提供平板、球体、立方体和双线性曲面等三维模型,同时需要支持 fbx、obj、3ds、dae、dxf 等格式的三维模型及动画信息的导入。
- 支持可以对所有特效进行动画设置,以及自动及手动关键帧设置;支持曲线和轨道动画设置调节模式,提供贝塞尔曲线、线性和常量内插方式以及常量、线性和关键帧线性外插方式。
- 针对剪辑提供转动、涟漪、滑动和滑移等编辑方式。
- 支持至少 2 个点的编辑与维护,满足学生课下活动和作业的需求。
- 可直接用 premiere,绘声绘影等视频编辑软件对录制的视频进行编辑。

(2) 虚拟蓝箱实验室硬件

虚拟蓝箱实验室基础硬件包括主机服务器(软硬结合)、NAS 在线存储、高清摄像机、返看电视、通话系统、交换机、调音台等,部分最基本的设备如表 6-6 所示。

表 6-6 虚拟蓝箱实验室技术参数

序号	名称	规格、技术参数
1	虚拟现实实验主服务平台	CPU:INTEL 至强 E5-2643×2 内存:HP2GBDDR3-1333ECC×8 系统硬盘:HP1TB7.2KSATA 素材硬盘:HP450GB15KSAS 显示器:22 寸液晶 显卡:NVIDIAGeForceGTX980 视频卡:MATROX 广播级高清图像卡(支持 4 路输入) Windows 7 Professional 64 位中文版 MARIANA 彩虹虚拟图文包装系统
2	高级编辑合成系统	CPU:Haswelli7-47703.40 GHz 内存:DDR3-1600 MHzECC8GB 硬盘:2TBSATA×2 显示器:ThinkVision24 宽屏 LED 液晶 Windows 7 Professional 64 位中文版飞天编辑合成系统
3	编辑合成系统	视频组件:DeckLinkSDI(SDI) CPU:Haswelli5-45703.20 GHz 内存:DDR3-1600 MHzECC8GB 硬盘:1TBSATA×2 显示器:ThinkVision24 宽屏 LED 液晶 Windows 7 Professional 64 位中文版飞天编辑合成系统
4	虚拟抠像蓝箱	虚拟抠像蓝箱实木全阻燃处理:平底面、立墙面、立面圆弧面、横面圆弧面、球面体、蓝箱平底面,涂刷美国 ROSCO 漆 32 m² 蓝箱尺寸:长 7 m×深 5 m×高 3 m

图 6-14　图像采集摄像机操作台（虚拟、非编系统、调音台等）

2. VR 实验室

虚拟现实实验项目依托虚拟现实、多媒体、人机交互、数据库和网络通信等技术，构建高度仿真的虚拟现实环境，学生在虚拟环境中开展实验练习，结合学习实践促进创新能力发展，虚拟与现实相结合、虚拟与现实相互补充，为学生提供真实教学和实训场景下的不具备的实验功能。

（1）VR 实验室软件功能

① VR 基本功能。

- 包含管理员、教师端和学生端，不同角色提供不同功能和页面展示。
- 管理员端的管理中心可以对教师账号进行新增（批量导入）、修改、停用及密码重置。
- 管理员端可以教室、班级、学生进行管理，支持批量导入学生账号。
- 在教师端，教师可对课件进行控制，包括启动、暂停、继续等。
- 在学生端，学生可以通过手柄选择跟读、扮演模式，并且进行课件内容的控制（如上一句、下一句、录音等）。
- 系统可记录每个学生每句对话的评分，以及班级的课程学习进度，并自动备份数据。

② VR 内容开发。

- 软件需具备上传英语对话的语音及文本功能。
- 通过选择三维场景、虚拟人物，以及上传英语对话的语音及文本，可实现自定义情景英语课程的制作。
- 课程设计采用"跟读-扮演"的组合模式，使用者可以使用本软件进行第一人称跟读学习、扮演学习,这两种模式可使用手柄选择。
- 使用者进入虚拟场景后,首先以第一人称角色扮演的形式,学习虚拟场景中的所有人物对话,在此过程中,使用者可以通过手柄操作进行模拟跟读练习,跟读练习可以随时开启、停顿、反复,系统会根据使用者发音进行缺陷定位,并给出相应的评测分数。
- 使用者完成跟读学习后,可以选择扮演场景中的任一人物,进行整段情景对话学习。学习结束后,系统可以给出使用者的综合评分。
- 学生可以通过手柄进行交互,支持上一句、下一句、录音、原音播放、重来等功能。
- 提供实时的多维度语音识别评测功能,根据使用者英文发音的准确度、完整度、流利度等进行评分,同时用颜色标注出发音有问题的单词。

③ 三维场景及三维人物。
- 多个三维场景可供制作课件时选择,如酒店大堂、餐厅、会议室、机场等,同时具备用户自行上传三维场景功能。
- 多个仿真 NPC(虚拟三维人物)可供制作课件时选择,同时具备用户自行上传仿真 NPC 的功能。虚拟人物角色需具有仿真功能,模拟真人的面部表情、眼球运动,模拟面部皮肤纹理和次表面散射,服装纹理模拟真实反光与散射效果,展现人物质感。
- NPC 具有人物角色肢体动作仿真功能,采用专业演员并使用国际标准的动捕货物制作真实的人物动作,体现出人物的真实性与社会性,实现人物站立、坐下、拿取、说话等大部分日常动作,并与场景物体产生互动。
- NPC 具有人物角色肢体动作仿真功能,采用专业演员并使用国际标准的动捕货物制作真实的人物动作,体现出人物的真实性与社会性,实现人物站立、坐下拿取、说话等大部分日常动作,并与场景物体产生互动。
- NPC 角色的语音采样率不低于 48 kHZ,使用者的语音采样率压缩后不低于 18 kHZ。

(2) VR 实验室的硬件及环境

VR 语言实验室由教学区、学生实训区两个部分组成,其物理空间布局图如图 6-17 所示。在布局图中,根据不同的功能性作用对整体区域进行划分,其中教学区为教师教学管理中控区,实训区为学生英语练习实操区。

① 核心硬件设备。VR 实验室的核心设备主要有两种:VR 头显和工作站,其基本技术规格如表 6-7 所示。

表 6-7 VR 实验室技术参数

序号	设备名称	技术规格参数
1	头戴式显示器	分辨率 1440×1440×2 视场角单眼 90°传感器陀螺仪 9 轴,接口 USB1HDMI1,显卡 GTX970 或者 GTX1060 以上,机身长度 180 mm 机身宽度 80 mm 机身高度 50 mm 机身重量≤358 g
2	图形工作站	屏幕尺寸:分辨率:1920×1080 CPU:I7-8750HQ,6 核;内存:16GDDR42400 MHz 硬盘:256GBPCIeSSD+1TB(7200 转/分钟) 显示芯片:NVIDIAGeForceGTX1060OC(6GB)GDDR5 端口:2×USB3.0,1×HDMI2.0,1×RJ45

② 实验室环境布局。图 6-15 是 VR 语言实验室，部署了一个三十二座学生端和一个教师端实验室。

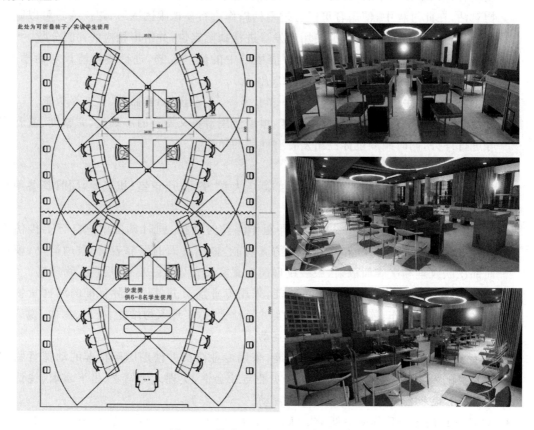

图 6-15　教学区及实训区方案及效果图

6.3.5　虚拟现实教学案例

1. 基于 VR 系统教学案例

（1）实验名称模拟联合国虚拟仿真实验

（2）实验目的

"模拟联合国"虚拟仿真实验借助于虚拟 VR 实验平台，由学生在平台上选择虚拟角色（即主席、会议助理和各国外交代表），围绕和平与安全、人权、环境、贫穷与发展、货币政策、石油危机、全球化、公共卫生几大领域的某一议题，遵照会议流程和议事规则、仿真模拟和还原会议过程，旨在实现以下四个目的。

① 学习运用英语进行演讲与表达、议会制辩论。

② 理解与分析国际性事务、信息调研、创新思维与批判性思维。

③ 提高学生的合作参与能力，包括整个会议流程、调研分析、撰写立场文件和决议草案及修正案等。

④ 对学生进行国际外交礼仪与文化的熏陶和渗透。

（3）实验原理

"模拟联合国"虚拟仿真实验，是借助虚拟现实 VR 实验平台来仿真模拟和还原"模拟联合国"的整个会议流程,不受空间的限制,由学生在平台上选择虚拟角色,即主席、会议助理和各国外交代表;然后围绕某一议题,遵照会议流程和议事规则,仿真模拟和还原会议过程。通过该实验使学生运用英语进行演讲与表达、议会制辩论的同时,提升理解与分析国际性事务、信息调研、创新思维与批判性思维的能力,也通过"亲身经历"的方式了解联合国等多边议事机构的运作方式、基础国际关系与外交知识。

(4) 知识点

① 立场文件:联合国大会会前写的表达自己国家在这个议题上的立场报告;需提交立场文件才可以进入联合国;通过立场文件,学生可以在当前议题上对外表达出代表国家的观点和政策。立场文件的特征:有关事宜的全面研究;结构有组织性,观点明确;按照代表国家政策的思路提出的原创性想法;严肃对待议题的态度。

② 工作文件:是会议进行到一定程度后,结合各国现阶段立场,由一国或几国撰写的文件,明确各国从开会到写文件时商讨的结果。工作文件的形成一般是针对某一事件或者待解决的问题提出的一系列观点和看法,以及解决提案进行总结陈述,以寻求与会者达成共识来解决问题。工作文件形成过程:游说和结盟;形成观点(对问题的认识及解决措施);起草;提交主席团审核;主席通过、编号并印发全场;动议讨论。

③ 决议草案:是决议案的草案,草案决定了是否能真正成为合法的国际条例或约定,它也是模拟联合国会议的最终结果。由于这些决议对世界发展将产生重大影响,因此决议草案非常重要。

④ 修正案:要修改已经提交给主席团的决议草案,就必须提交修正案。修正案分为友好修正案和非友好修正案两种。

⑤ 演讲准备:基于前期研究工作所获得的信息以及深入地理解演讲的结构和形式,形成一篇经过深思熟虑、结构清晰、条理明朗而又深刻的演讲稿。

⑥ 有主持核心磋商:在有主持核心磋商中,代表可以进行任何涉及当前议题的发言。

(5) 实验教学方法

① 讲授法。教师借助教案、PPT、多媒体等素材,通过简明、生动的口头语言向学生传授模拟联合国相关知识,包括模拟联合国的来历、委员会组成、会议流程、礼仪、常用外交措辞等。例如,在介绍模拟联合国的委员会时,教师可依据图表对委员会组成进行叙述、描绘,同时通过举例各委员会所承担的议题为案例更好地阐述委员会所涉猎的工作内容以及不同委员会涵盖范畴的区别,进而更好地传递信息、传授知识、阐明概念、引导学生分析和认识问题,最终使学生获取到知识。

② 直观演示法。在本实验项目中,针对立场文件、工作文件、决议草案和修订案等文件的准备和演讲,教师除了借助讲授法对其基本的要求、格式、目的和意义进行解读外,还需要配合案例进行直观演示。此外,外交措辞作为承前启后、承上启下的衔接,通过文本案例或视频案例进行演示效果更佳,使学生置身于场景中,学习特定场合的语法句式和文案样例,举一反三,仿说仿写,实现学习过程的快速高效。

③ 任务驱动法。教师课上讲授模拟联合国的相关教学内容后,给学生布置课下自主实践环节的探究性学习任务,即"模拟联合国"的虚拟实验项目。学生以小组为单位,围绕议题内容,根据自己在大会中的角色,通过查阅资料、整理知识体系、准备演讲内容,最终基于实验平台进行多人仿真模拟训练,实验提交后由教师进行量化评价和点评,通过在课堂上对该任务的展示和讲解,其他学生也可以发表意见、参与提问,以达到共同学习的目的。

（6）实验步骤

学生交互性操作流程图如图 6-16 所示。

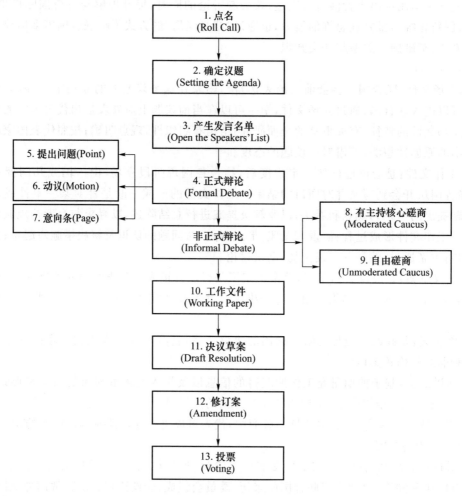

图 6-16　学生交互性操作流程图

（7）考核要求

① 展示：能恰当地综合运用所学的常用表达，语法和词汇基本正确；表达得体流畅，语句连贯，易于理解；语言的使用总体上能与语境、功能和目的相适应。

② 内容：内容逻辑顺序清晰；调研工作量饱满，对话题理解有深度；能针对话题，形成有价值的讨论结果。

2. 基于虚拟蓝箱教学案例

（1）教学目标

"大学英语虚拟仿真实验课程"运用先进的虚拟仿真技术帮助学生定制真实语言环境，实现了大学英语实验教学中实践的过程一体化、技术规范化。通过课程学习，着重让学生掌握语言实验制作相关的基础虚拟仿真技术、数字媒体技术等，并注重理论与实践相结合，带领学生将技术应用于英语能力的培养，更好地开展大学英语实验。

（2）教学内容

本课程主要由虚拟仿真技术的理论与实践和语言虚拟仿真实验制作两部分有机结合。虚拟仿真技术的理论与实践帮助学生掌握虚拟仿真技术,涵盖了虚拟现实技术、3D场景构建技术、非线性编辑技术、音频处理技术、广播摄录技术等。语言虚拟仿真实验制作紧密围绕大学英语实验项目,技术技能的培养与语言实验有机结合,帮助学生利用虚拟仿真技术完成综合型、探究型大学英语实验项目;培养学生的信息技术应用能力、英语听说能力、跨文化语言交际能力、团队合作能力和创新能力。

(3) 教学方法

① 理论讲授。全面系统地讲授虚拟仿真实验原理、专业设备使用、实验流程概述、实验场景实时三维渲染与控制技术、实验场景内容与模板的设计与创作、实验后期包装与制作合成、数字媒体处理基础等相关理论性知识。

② 实践锻炼。针对虚拟仿真课程各项知识要点,组织和安排相应的实际操作演示,帮助学生熟悉虚拟仿真实验室专业设备的使用,熟悉虚拟仿真实验流程,熟练掌握实时虚拟渲染与播控、场景设计与制作、非线性编辑合成以及其他数字媒体处理技术;结合大学英语听说实验项目的实施,做到理论与实践相结合,技术实践与语言实践相结合,锻炼学生的操作能力和应用能力。

③ 项目驱动。参考《教程》给学生布置适合实战演练的实验项目,提出科学的任务要求,指导学生通过独立思考与自主探究,创造性地完成实验项目。对学生的实验项目进行评价,并选出代表进行演示并进行总结。实验可以按照项目类型以个人或者小组为单位组织进行,在充分的自主空间和技术条件下,独立完成编剧、导演和后期制作,培养学生发散思维、交流合作与开拓创新的能力;同时,实验中大量的口语练习,也有效提高学生的英语听说能力。

④ 考核方式。实验项目的评价不仅考察学生的语言应用能力,而且由于实验项目是以3~6人小组协作完成的,因此每个人在小组内对实验项目的贡献率也要纳入评价指标,比如在小组分工中有人负责脚本的撰写,可对其语言应用能力进行评价;有人负责表演(充当主角),可对其语言表达进行评价;有人负责剧本创意,有人负责音视频编辑,有人负责组织协调(充当导演)等,这些都可以设置相应评价指标来对其进行综合评价。实验项目完成后,每个小组将实验成果(包括完成视频、文字脚本、PPT演讲稿、分工情况等)上传至大学英语实验教学与评估平台,并在平台上与典型案例进行对比,然后给自己评价。同时,观看其他小组的实验成果并完成互评,教师通过平台查看各个小组的实验成果给出评分,之后在课堂上进行实验成果点评。

(4) 实验案例[42]

【新闻报道—天气预报】

① 实验类型:新闻报道。

② 实验目的:学习如何用英语预报天气。

③ 实验主题:WeatherReport。

④ 实验内容:报道近期天气,并对听众出游提出建议。

⑤ 实验提示:在本实验中,学生将以广播或电视新闻的形式进行一次天气预报,为听众或观众提供出行指南。报道可以参考如下步骤。

- 开场：直接报道一周内天气的走势。
- 主体：从细节上报道每天的天气状况，介绍穿衣及出行指南。
- 结尾：结束天气预报，预祝听众或观众有一个好的心情等。

试验结束后，学生需要对报道的内容进行整理，完成实验报告。

有关天气的相关表达如表 6-8 所示。

表 6-8 天气预报课程实验脚本

阴天/多云	The sky was over cast and it began to rain cats and dogs. The gloomy weather depressed me. Alight drizzle falls from leaden skies. Confined to the bed, the poor girl looked out at the grey sky.
雾霾	In the morning, you can always see apalehazehangingoverthefar-off hills. When the sun comes out, the morning mist above the lake begins to clear. The thick fog won't lift until afternoon. Many large cities are covered in smog.
雨	Rain, drizzle, sleet, storm, downpour, hail…
其他	It begins to let up. The wind is going down/dying down/picking up. We hope it stays nice for the 3-day vacation/long weekend. The weatherman said it wassupposed to cloud over this afternoon. The sun isshining but there's pleasant breeze. It's lovely. It was so cold yesterday. The wind wabiting into my skin like a maddog.

⑥ 实验任务及步骤。
- 撰写新闻稿：以"WeatherReport"为题，自主撰写一篇 300 词以内的新闻报道。
- 虚拟仿真视频录制：借助于外语虚拟仿真实验平台，与同伴一起进行报道演绎，并对新闻报道进行全程录像。
- 填写实验报告：填写《"新闻报道"实验报告与评估表》。
- 点评：提交实验报告，等待实验指导教师点评。

⑦ 实验评价标准。

⑧ 实验报告。
- 新闻报道实验报告与评估表一份（如表 6-9 所示）。
- 新闻报道虚拟仿真视频录像一份：视频采用 MPG 格式，文件大小不超过 200 M，时常 3 分钟左右。
- 新闻报道实验报告一份，采用 Word 格式。

（5）实验效果分析

基于虚拟演播技术的实验为学生提供了无限想象空间，首先在实验场景的创意上发挥了学生的创造力，同一个实验项目，学生独立自主创设的展示空间却大不相同，无论是静态的，还是动态的三维场景都为学生完成实验项目起到很好的助推效果。以上面的实验为例，要求学生完成一篇关于天气的 300 个单词以内的新闻报道视频，传统的新闻播报实验由于缺乏合适的新闻播报场景，学生往往只能就地拍摄，有的在宿舍、有的在食堂、有的在楼道等，环境嘈杂且缺乏新闻播报的一种临场带入感，也就影响了学生语言充分的表达，如图 6-17（右）所示的学生在教学楼的一角完成实验。而进入虚拟仿真实验室后,让学生如同进入真实的新闻播报现场,并配合高清专业摄像设备,使人物与场景完美融合,配合学生的介绍动作制作了各种特效效果,如动态呈现北京天气的具体指数、多云转晴的动画效果等大大增加了沉浸式学习体验,如图6-17(左)所示,"真实"场景让学生给学生提供最大的自主发挥空间,达到很好的学习效果[43]。

表6-9 "新闻报道"实验报告与评估表

实验类型		新闻报道			实验主题	
实验主要内容						
实验成员姓名					实验成员所在班级	
实验成果附件(请在□内打"√")		□视频材料( )份 □音频材料( )份 □word文档( )份 □图片( )份 □其他( )				
评分项目	评分标准	优秀(5)	良好(4)	一般(3)	较差(2)	很差(1)
评价类型(请在□内打"√")					□学生自评	□同伴评价
报道准备	内容和脚本切合主题					
报道技巧	话题引入自然,叙事简练,情节衔接流畅					
	辅以图片,报道与评论并重					
语言准确性和范围	发音标准/清晰/语调正确自然					
	恰当综合运用所学的常用表达,语法/词汇基本正确					
话语长短和连贯性	语言表达流利/地道,语句连贯,恰当使用起承转合手段					
语言灵活性和适切性	语言的使用总体上能与语境/功能/目的相适应					
虚拟仿真技术	虚拟场景的选择与制作与内容相匹配,角色与场景融合自然					
音频处理技术	声音清晰,无杂音					
非编技术	视频清晰,画面优美,字幕清晰完整					
最后得分(平均分,保留小数点后一位)						
我来挑刺(针对以上评分标准,发现具体问题,可附文件说明)						
评估人						

图6-17 语言虚拟仿真实验(左)与传统语言实验(右)的效果对比

通过对虚拟仿真实验课的调研,根据调研访谈结果对学生的多维能力和主要意见进行了汇总分析,如图6-18所示。

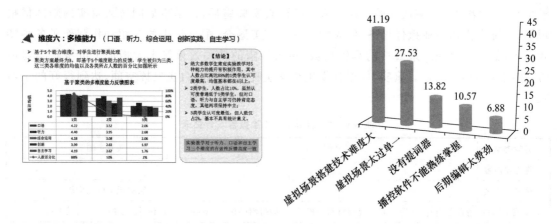

图 6-18 学生参与语言虚拟仿真实验的多维能力和主要意见

调研对象是参与北京邮电大学 2017 级、2018 级参与"大学英语虚拟仿真实验"课的学生，数据显示：96%的学生认为实验教学显著提升了学习动机、学习效率、积极性、兴趣和自信心；实验教学效果良好，对口语、听力、综合运用、创新和自主学习能力的提升有积极作用；从感知反馈，语言逻辑和学生主观反馈的角度，说明虚拟仿真实验很好地满足了不同水平层次、不同专业偏好的学生；课堂导学效果显著，对学生课下自主有积极驱动作用；自评、互评、师评之间存在显著正相关，评价信度高。反馈意见主要集中于"虚拟场景搭建技术难度大"，其原因可能在于如果要设计更加理想的虚拟场景需要更加专业的设计能力，所以对学生专业媒体设计能力要求太高，超出其能力范围。此外，学生更希望能有提词器帮助其更好地投入操练、虚拟系统熟练掌握程度也是影响学生很好完成实验的因素。

另外，通过访谈参与《大学英语虚拟仿真实验课程》编写的 6 名教师了解到，在实际教学中还存在以下困难。虚拟仿真场景资源稀缺，设备的购置和维护相对昂贵，特别是受场地的限制，每次参与实验项目的学生人数有限，且实验的制作和完成耗费时间长，造成资源紧缺不能充分满足学生的实验需求。此外，若能更好地完成实验，必须对学生熟练掌握设备及软件系统进行提前培训，这对大规模开展虚拟仿真实验项目也是一个挑战，有待研究进一步继续开展和投入，寻求更加优化的解决方法。

总之，基于虚拟现实外语教学依托信息技术，将虚拟现实、数字多媒体等技术与实验教学深度融合，高度重视学生能力发展，深化语言实验设计，为学生构建了高度仿真的虚拟实验场景，形成以"情景化的实验项目为载体、外语虚拟现实实验平台为依托、形成性评估作保障"，虚拟与现实相结合、虚拟与现实相互补充外语实验教学模式，引导学生通过目标牵引、过程渐进、反复操练的互动方式，学生变被动学习为主动探究，实现自主化、个性化、协作化语言学习，使学生在沉浸式实践训练中达到快速掌握知识并快乐学习的目的。

本 章 小 结

本章主要介绍了基于虚拟现实技术的语言实验教学实践。首先，介绍了虚拟现实的相关技术；其次，分析了虚拟现实技术应用于语言实验教学的意义；最后，详细介绍了虚拟现实语言实验教学体系的建设概要。

本章参考文献

[1] 哈喜宁.通信电源设备虚拟试验技术研究[D].北京邮电大学,2009.
[2] 党保生.虚拟现实及其发展趋势[J].中国现代教育装备,2007,(04):95-97.
[3] 王继祖.基于虚拟现实的古建筑三维场景构建研究与实现[D].长沙:国防科学技术大学,2012.
[4] 毕盈盈.混合现实技术在数字化产品展示设计中的应用[D].杭州:中国美术学院,2012.
[5] 李季,候其考.虚拟现实技术在实验教学中的应用[J].实验室科学,2005,(01):80-83.
[6] 赵国梁.综采工作面安全生产虚拟现实系统关键技术研究[D].西安:西安科技大学,2012,(01).
[7] 张善立,施芬.虚拟现实概论[M].北京理工大学出版社,2017,10:70-78.
[8] 刘金鹏.虚拟现实系统中的物理建模和行为属性问题研究[D].武汉:武汉理工大学,2004.
[9] 崔蓬.基于虚拟现实的低成本3D声音系统设计与评估[D].无锡:江南大学,2008.
[10] 谢志远,张颖.基于SOPC的音频识别技术研究[J].中国多媒体通信,2009,(5):3-3.
[11] 陈妍.三维图形用户界面的视觉传达性研究[D].无锡:江南大学,2012,(07).
[12] 叶强.柔性力敏传感在人体运动信息获取和反馈训练中的应用研究[D].合肥:中国科学技术大学,2017,(09):121.
[13] 李清水,方志刚沈模卫,等.手势识别技术及其在人机交互中的应用[J].人类工效学,2002,(01):27~29+33.
[14] 武霞,张崎,许艳旭.手势识别研究发展现状综述[J].电子科技,2013,(06):177-180.
[15] 梅江林.虚拟场景中手势控制模型研究[J].华中师范大学,2008.
[16] 李文.人脸表情识别研究[D].西安:陕西师范大学,2007.
[17] 帅立国,虚拟现实及触觉交互技术:趋势与瓶颈[J].人民论坛-学术前沿,2016,12.
[18] 童强.激光三维打印在文化创意产品制造中的应用研究[D].大连:大连理工大学,2014.
[19] 赵颖.自然导向的VR内容应用设计方法研究[D].无锡:江南大学,2016.
[20] 王晓刚.虚拟现实及其应用[J].科技信息,1998,(12):13-13.
[21] 郑其宝.新媒体艺术之新义[J].品牌(下半月),2014,(12):106-107.
[22] 尚喆.基于虚拟现实技术的室内装潢设计的研究[J].科技信息(科学教研),2007,(23):505.
[23] 张艳军.网络虚拟技术在高校教育中的应用——以公共艺术教育为例[J].软件导刊,2012,11(05):112-113.
[24] 庞国锋.虚拟现实的10堂课[M].北京:电子工业出版社,2017.08.
[25] 唐杰.天线结构与热控一体化设计平台的研究与开发[D].成都:电子科技大学,2018.
[26] Geomagic. Geomagic Releases Geomagic Spark, a Revolutionary and Powerful New Approach to Ddsigning from Scan Data[J]. Defense & Aerospace Week, 2013.

[27] 常用的3D三维建模软件大全有哪些[OL].BIM软件-艾三维软件.

[28] 国内外主流VR引擎揭秘:VR引擎哪家强?[OL].手机搜狐网.

[29] 江学东.汽车驾驶模拟器视景系统的研究与开发[D].合肥:合肥工业大学,2007.

[30] unreal engine 4_Unreal Engine Mac V4.8官方最新版[OL].中国破解..

[31] 张瑞雪,高晓霞基于AR技术的马头琴展示移动平台APP开发探讨[J].科技创新导报,2018,(26):165-166.

[32] 高等教育由"大"向"强"迈进[N].光明日报,2015.

[33] 王素丹.基于建构主义理论的大学英语口语教学[J].衡阳师范学院学报,2008,(05):158-160.

[34] 尤南.论建构主义理论对高师外语教学的启示[J].才智,2013,(36):38.

[35] 刘革平,谢涛.三维虚拟学习环境综述[J].中国电化教育,2015,(09):28-33.

[36] 马冲宇.基于虚拟现实的计算机辅助语言教学研究[M].上海:上海交通大学出版社,2015,(09):52-54.

[37] 马冲宇,陈坚林.基于虚拟现实的计算机辅助语言教学——理论、方法与技术[J].外语电化教学 2012,(06):30-35.

[38] 张宝琴.任务型语言教学文献综述[J].科教文汇(上旬刊),2009,(03):27.

[39] 胡晓冬.任务教学——高中英语教学的一种新模式[J].嘉兴学院学报》2003,(03):29-31.

[40] 杜婧.基于虚拟环境的英语自主学习研究[D].保定:河北大学,2013.

[41] 李丽华.大学英语虚拟仿真教学及学习初探[J].安徽文学(下半月),2015,(11):149-150.

[42] 范姣莲.大学英语实验教程[M].上海:上海外语教育出版社,2012,12.

[43] 张璐妮,唐宇廉,刘学泓.语言虚拟仿真实验教学的探索、实践与评述——以"大不英语虚拟仿真实验"公共选修课为例[J].现代教育技术,2018(05):75~81.

第7章　语言实验课型及训练方法

7.1　语　音　课

一般认为,发音的语音语调能直接体现其英语口语水平。在演讲时,发音标准的语音语调能有效增加演讲的感染力,能更直观地表现演讲者的情感。在我国,中小学大多都是大班上课,并且语音教学也没有得到足够的重视,因此多数学生在语音语调的训练上存在较大缺失。本节主要从外语教学中语音教学的重要性和必要性,以及在语言实验室环境下基于语言实验教学法如何进行语音课教学两方面来讨论。

7.1.1　外语教学语音教学的重要性和必要性

1960 年,Jakobson 提出了一种言语交际模式[1],进而在语言交际模式的基础上得出了语言功能,因此语言的最初功能就是交际,它可以被看作交际工具。作为世界上普遍交际使用的语言"英语","听、说、读、写"是其学习者应该具备的四大基本功。由于语言最初就是口头发声交流,因此"听"和"说"在英语学习中占据了重要部分,而目前很多英语学习者学习英语很多年,但还是无法摆脱"聋哑式"的英语。究其原因,就是在学习过程中忽视了听说训练在英语学习中的重要性。

"听、说"能力首先表现为能听懂并正确理解说话人要表达的思想和意思,以及能用语言正确表达自己的观点,然而如果要能听懂并正确理解必须要能听清语音,同样要用语言表达自己的观点、传递情感也必须要有准确的发音。

从发音角度上看,发音的基本元素是音素,通过音素组成音节,由音节构成语言词语片段,最后将这些语音片段链接起来就完成了"说话"的过程。从"听"的角度上看也是一样的,即发音的逆过程,耳朵将听到的声音传递给大脑,然后由大脑将这些声音处理、识别、反应,从而完成了一次"听"的过程。不管从"发音"的角度,还是从"听"的角度看,构成音节的最小单位"音素"以及语音片段都发挥了重要的作用,因此这是能否听懂说话人的话以及能否准确表达自己意思的关键。

所以,语音的学习和训练在整个外语学习过程中占据着重要的基础地位,具体到课堂教学中,语音课应该被重视。正如前面所提到的,很多英语学习者从小学、中学再到大学,学了多年英语,但还是摆脱不了"聋哑式"英语的困扰。导致这一困境的原因有很多,比如缺乏母语学习环境、受到方言发音影响以及陷入了"应试"教育的误区等,但是导致这一问题的根本原因就是在英语的学习过程中没有将对语音的学习和训练放在突出的重要位置,不能对音素和语音片段进行熟练的准确把握,从而失去了"听说"的重要基础,因此学了再多年的英语也只不过是"空中楼阁",基础不稳。

2001年,王初明[2]就在外语学习与学习者的心理情感的关系上就强调了外语发音学习的重要性,指出语言能力是一种心理器官(Mental Organ),口语是它的外化形式,发音的好坏体现外化形式的美和丑开口练习,自我形象问题尤其突出。从心理学上讲,如果在课堂学习中面对老师和同学"暴露"自己发音不好,他会觉得有损自己的形象,从而陷入语言表达的恐惧,便会采取躲避、沉默来进行抗拒阻止语言输出,这种心理障碍会严重阻碍学习者对外语学习的热情,产生排斥心理。

不管是从语言学习活动本身还是从语言和学习者的心理感情之间的关系来看,学习者对语音的学习和训练在学习活动过程中都是非常重要的环节。由此可知,语言教学活动中合理设置语音课是非常必要的,并且语音课还必须应当被放到教学的重要位置以突出其基础地位。

7.1.2 语言实验室环境下语音课教学

语音课的目的是通过教师教授和有针对性地训练让学生掌握语音发音技巧和准确识别声音技巧的能力,从而为后续的语言学习和认知打下坚实的基础。在语言实验室环境下,语音课的设置可以分为课前阶段、课中阶段和课后阶段。

1. 课前教学准备

在外语学习中有个误区就是认为单词是最重要的,大量记住单词就能学好外语,殊不知背单词不单单是记住词意,单词的发音同样是至关重要的,因为如果单词只能看懂而听不懂是很"致命"的,听不懂就意味着无法理解,同时也不能表达,即不会运用。单词在语流中的发音与词典里标的音标不完全一样,人们在进行思想交流时是以短语、整句的形式进行表达的,几乎不会只用单独的因素或者单词来进行思想交流;另外,在人与人的交流过程中,要表达话语的含义、传达情感和情绪或者"言外之意"时,往往会使用语音语调来控制语言,因此在课前准备过程中教师会准备音素学习、各种语音片段以及语调变化规则,并将准备好的资料上传到软件平台,学生通过访问软件平台获得预习资料,进行课前预习。

2. 课堂实验教学

语音课的教学是让学生掌握正确的发音方法,这就要做音素训练,体会正确发音的口型以及发音时唇、舌、软腭、声带等发音器官所处的位置和发音动作,包括肌肉紧张程度、口腔开合度和发音长度的控制等。正确的发音必须要经过长期、大量的训练才能很好地掌握,因此大量语音的输入是必不可少的,只有多听多练多模仿才能起到良好效果,经过系统训练后让学生能熟悉各种音素组合在语流中的各种变化,使学生只要一听到相关的音素就能迅速与自己的发音相匹配,达到能迅速清晰地辨别各种发音的水平。

语音课同时也应当着重讲授变化,让学生正确判断各语音片段。因为,音素和单词在孤立和静止的状态下是一种发音,在语流中往往又是一种发音,音素在语流中是变化存在的。学生虽然掌握了音素和单词的发音方法,但是在交际中表现出来的是完整的语句,而不会是简单的因素或者单词的叠加,这样学生也同样不能顺利听懂。另外,日常交流用语因素和单词之间是相互影响而变化的,例如在完整的一段表述中某些音发生了变化,也有些音经过合成而改变,甚至有些音却消失了。

教师在课堂上将因素发音规则、语音片段、语调规则以及其他语音课程任务分级、分层进行讲解并示范;为了巩固讲授过的技巧与知识,将准备好的相关习题以实验任务的形式下发给学生,使学生对新的知识有充分的训练。

7.2 听 力 课

随着当今社会信息技术快速发展,学生获得听力训练的途径也越来越便捷,所使用的听力设备也呈现越来越多样化和智能化方向发展,例如卡式磁带录音机、小型 CD 机、小型 MP3 播放器、微型计算机、智能手机终端等设备。在技术发展的推动下,听力课的课堂模式和使用的教学方法也在不断发展和创新,本节将主要介绍外语听力课教学理论与方法以及基于语言实验教学法的听力课教学。

7.2.1 外语听力课教学理论与方法

外语学习过程中"听、说、读、写"四种能力缺一不可,都是非常重要的。根据一项调查表明在日常交际中,听占有更为重要的位置:正常人在醒着的时候,70%的时间用于各种形式的交际活动。其中,11%用于写,15%用于读,32%用于说,而至少42%的时间用于听。Krashen[3]认为,人们只有在对输入的信息充分理解的基础上才能获得语言习得,一般口头语言具备这种可被理解的信息的特性,只有听力训练达到一定程度并能充分理解所听到的输入信息之后,"说"才能顺其自然地表达出来,因此听力训练是必不可少的,是人们日常交际活动的核心,可理解性的输入的获得很重要的是依赖于能顺利的听。

文献[4]认为听力理解的过程有以下三个主要特点:①听力理解是一个大脑积极接收信息并和已有的知识努力联结,经过加工处理形成认知的过程,消极被动的听来接收信息并不能达到有效的理解,只有积极主动才能真正理解说话者要表达的意图,"听"才会有意义。②听力理解是一个创造性的过程,在交际过程中,说话者在表达观点时为使语言简练,会过滤掉某些细节,这就要求听者充分发挥主观性去积极理解同一个单词或同一句话的深刻含义,因为某些意义的表达并不存在于现成语料中,而是需要听着去体会、理解。③听力理解是一个互动的过程。人们在交际过程中会涉及说话者和听者双方,是一个双方相互磋商相互理解的过程,不存在单方面的"说",也不存在单方面的"听"。

在对听力理解和听力教学进行研究的过程中,学者们归纳出影响听力理解的诸多因素。束定芳[4]认为,影响听力理解的重要因素包括听力材料的特征、说话者特征、任务特征、学习者特征和过程特征:①听力材料的特征,它是指语速、词汇与句法以及学习者对材料所涉及的内容的熟悉度等因素。因此,为学生选择可理解性的听力材料时要符合学生的认知水平,并且输入的内容应尽量与学生大脑中已有的知识建立联结,努力营造一个可以积极主动创造性的听力过程。②说话者特征,它主要是指说话者的身份对听力理解的影响。因此,采用情景对话以及对话场景中某种特定身份人物的语言作为听力理解材料是一个不错的选择。③任务特征,是指听力理解的目的和听力学习所涉及的问题类型,可以采用听力选择题的形式,引导学生进入语言情境,创造性的概括和推理语言信息。④学习者特征,它包括学习者的语言水平、记忆力、情感因素和背景知识等。由于学习者是听力理解的主体,因此要充分考虑学习者的认知水平和能力特征,做到因材施教。⑤过程特征,表现为听力理解的过程也是一种心理活动过程,听力过程中取决于学习者采用哪种理解模式?是"自下而上"模式还是"自上而下"模式或者是互动模式。认清影响听力理解的因素对提高听力教学的质量具有非常重大的意义。根据上面论述,教师在进行外语听力教学时被大致分为以下几个阶段:

首先,要全面掌握学生的基本情况,对学生的语言水平、认知能力以及具备的背景知识有一个全面的了解,这样才能有针对性地为学生提供合适的听力材料,这一阶段如果没有掌握学生的认知水平而给他们提供过高的要求,则会给学生带来巨大心理压力甚至可能丧失信心,鼓励学生随时随地的听而使学生对语音语调产生某种语感,而习惯于外语正常的语流。

其次,如果学生有特定的听力基础,他们可以在一些声音中识别一些孤立的和相关的单词,然后训练学生识别语言流中的词语,使他们大致了解日常生活中最基本的会话内容;对学生进行小句子的训练,使他们能够快速地识别语言中的小句,并对所说的话有一个大致的理解。这个时候,学生就获得一定外语听力水平了。

最后,依据学生原有水平要不断给学生增加新单词新知识,并逐步增加听力训练的难度,促使其听力水平持续提高。

传统课堂上很难让学生对听力课提起很大的兴趣,很重要的原因在于教师对听力教学方法过于单一,一般都是采用播放一段听力,然后做几道题的形式,学生只是被动地接收材料;再者没有分析学生的能力水平,提供的听力材料与学生认知水平有差距,学生没有做好心理准备,茫然地接受,不能发挥其主观能动性。

教师应针对上述情况改进教学方法,在分析学生能力水平的基础上,对听力材料进行分析后,增加材料的背景知识介绍,提供相应的图片、视频、阅读等辅助材料,还可以设置一些与听力材料相关的且会吸引学生兴趣的问题,引导学生进行多方位的互动交流讨论,由灌输变为引导,激发学生内在积极性。

7.2.2 语言实验室环境下听力课教学

1. 课前教学准备

在课前教学准备阶段,师生都要进行相应的工作。教师要进行听力教学设计,学生在课下熟悉听力材料的背景,带着问题来到课堂。教师的听力教学设计主要从以下方面入手:首先,分析课上学生的整体英语水平,分析制约听力提高的主要原因;然后,根据调查结果,选取适合学生水平的视听素材。素材的选取要难易适度,还要能与现实的交际活动相关联,以此激发学生的积极性、参与性;最后,教师根据听力内容和听力任务选取听力策略,以及准备相应的练习和实践素材,提前上传至实验教学系统中,完成课前教学准备。学生的听力准备阶段主要是从实验平台下载教师准备的预习资料,查找并熟悉课堂上即将用到的听力材料的背景知识,为课堂上完成听力任务做好准备。

2. 课堂实验教学

在英语听力课上教师应首先将听力任务的学习目标明确传达给学生,让学生做到心中有目标、行动有计划、学习有步骤,使整个课堂教学更有针对性。然后,学生在学习目标的指引下,从语言实验软件平台获取听力任务,开展听力技能训练,引导学生进行大量的外语训练,目标牵引,反复操练;同时,还要注意让学生在理解英语听力材料以及在进行各项听力任务的过程中保持与教师和同学之间、同学和同学之间的交流和互动。最后,教师根据课堂上与学生的互动反馈,融入该堂课的学习目标,使用实验教学平台给学生发布实验任务,在进行分组训练时,教师应考虑学生的个体差异,将语言水平高低不同学生分在同组,可以促进组员之间相互取长补短、通力合作。同时,教师需要讲解具体的实验任务要求并进行典型案例演示,让学生做到心中有数,从而完成听力课的课堂教学。

7.3 听 说 课

"听"是语言交际中最基本的形式,人类的语言学习过程中最初的感知都是来自"听",据美国保罗·兰金(Paul Rankin)教授统计,"听"占人们日常语言活动的 45%,"说"占 30%,"读"占 16%,"写"占 9%,可见"听"也是人类感知世界的最主要途径,"听说"占日常语言活动的 75%,这个过程是语言输出的基础,信息只有经过"听"的输入之后的加工整理才能转化为"说"的输出。"说"又比"听"难,"说"是在各种认知技能经过大脑的加工内化于心,是具有主动性和创造性的复杂技能。

英国教育家亚历山大(L·g·Alexander)的外语教学法原则认为,不听莫说,不说莫读,不读莫写。这说明培养外语的听说能力不仅在日常生活中,而且在外语教学中也占有极其重要的地位,听说在"听、说、读、写"中排在前面,是"四会"的基础,只有在听懂的基础上再说。从"听"到"说"又是一个输入与输出的过程[6]。对于大学英语教学而言,听说课教学在整个教学过程中起着基础作用。

听说课作为外语课堂教学中一种普遍课型,一般在教学实施过程中,根据教学要求,教师基于由浅入深、由易到难的原则将学生日常相关的话题搬移到课堂,在课堂上进行讨论,以达到使学生系统而扎实牢固地掌握所学知识,灵活运用的目的。由于传统听说课将听说训练仅仅局限在课堂上,这样就大大地限制了学生听说训练的时间和空间,降低了学生外语学习的自主性。在基于语言实验教学法的听说课,在信息技术的有力支撑下能有效地避免上述问题。因此,本节将主要阐述外语听说课教学的目的和基于语言实验教学法的听说课教学。

7.3.1 外语听说课教学的目的

外语的听与说技能是相辅相成、相互影响的,这两项技能都是以准确的发音技能为基础的,如果在外语学习过程中,不注重加强"听"的能力锻炼,那"说"的能力也很难训练到满意效果。假如为了应试仅仅强调学生"听"的能力的训练,这样也仅仅只是锻炼出了只会考试的"哑巴英语"学生。总结起来,外语听说课的教学目的主要有以下四个方面。

① 锻炼学生听的能力。听说课是在听力课的基础之上进一步锻炼学生的听的能力。与听力课所不同的是,听说课是在听说对话的基础上,通过提高听说综合能力来进一步强化听的能力,避免了听力课的仅通过不断的、重复的听的方式来强化学生对外语听的感觉的方式来锻炼听力。可以说,听说课是更高阶的听力课,是听力课的延伸和深华。

② 锻炼学生说的能力。锻炼学生外语说出口的能力是听说课的主要目的。在听说课上对学生听的能力的训练是在强化听力的基础上进行的,例如通过跟读训练或者对话模仿等方式进行训练。

③ 锻炼学生听说综合能力。听说课直接锻炼了学生的听说的综合能力。例如在课堂上实施的会话模仿训练、小组讨论训练、主题讨论训练等听说都能有效的锻炼学生听说综合能力。

④ 为学生提高外语交际能力打下坚实的基础。交际能力是通过语言手段而达到的一定

交际目的的能力。在听说课上,通过外语进行有意义的,而非反复模仿的对话能强化这种语言交际能力,至少为外语交际水平的进一步发展奠定了坚实的能力基础。

7.3.2 外语听说课的交际法理论基础

外语视听法源自直接法和听说法,利用视听手段在情境中获得感知。教学理论基础一方面是结构主义语言学,注重语言结构的分析;另一方面是行为主义心理学,注重增强刺激,加快反应而加深记忆。

交际法是 20 世纪 70 年代,根据语言学家海姆斯(Hymes)的交际功能理论和韩礼德(Halliday)功能语言理论和话语分析理论的交际法教学流派 20 世纪 60 年代兴起 70 年代形成高潮,影响了全世界的外语教学。

交际学派认为:语言教学的目的是培养学生使用目的语进行交际的能力,语言教学的内容不仅要包括语言结构,还要包括表达各种意念和功能的常用语句[7]。交际法主张学生要尽可能多地使用外语,在交流实践中实现语言习得,在教学中注重使用真实的语言材料、地道的语音、情景化的进行语言学习,培养学生的语言运用能力。交际教学法认为,语言包含了"交际能力"和语言所处的"文化社会意涵",其功用则包括了功能性(用言语和他人互动)、规范性(用言语限制他人行动)、互动性(用言语和他人互动)、想象性(用言语创造出想象世界)和再现性(用言语沟通、呈现讯息)等多种用途[8]。

交际语言教学的课程注重学生之间的沟通与交流及语言的运用能力,语言的能力表现为不仅仅能说出正确形式的语句,还包括是否能恰当的表达语义。人的交际能力是通过语言能力表现出来的,即在参加各种社会活动中与人沟通交流时能运用贴切的语言正确的表达,而不在于对语言形式掌握得有多好。

因此,在教学中要充分考虑在现实生活社交中的语言的各方面因素,培养学生在这些方面的能力。它确保了"综合运用语言交际活动各要素"的实施,使学生在口头语和书面语等各个方面都能得到训练。

运用交际法进行英语口语教学具有突出的交流和互动性,在互动过程中以学习者为中心,教师使用诱导或提问以及刻意安排等方式使课堂教学过程始终处于互动状态中;可以是双方或多方:师生之间、生生之间以及老师与学生群体的合作行为。在英语口语教学课堂上,学生人均活动时间量的多少是评判口语课好坏的重要标准之一,在这些活动中,学生担任多种角色,多个对话方,实践的机会大大增加。同时,集体讨论环节能增进学习和借鉴;还能增强集体协作意识,共同进步和提高。在英语口语的教学课堂上,教师是语言交际的伙伴,是语言交际情景的设置者,是活动的组织者和领导者[9]。

7.3.3 语言实验室环境下的听说课教学

语音课的目的是通过教师教授和有针对性的训练让学生具有外语听说的综合能力,从而为后续的语言学习和认知打下坚实的基础。在语言实验室环境下,语音课的设置可以分为课前教学准备阶段、课堂实验教学阶段和课后知识训练与互动阶段。

1. 课前教学准备

严格意义上讲,外语听说课在课堂教学开始前就已经开始了,因为在课前,教师需要做很多准备工作,例如:首先,要调查所教学生的听力水平;其次,要明确本节课的教学目标;再次,教师要根据学生的听力水平和教学目标制定本课时具体的实施策略,即采用何种训练方式、针对何种内容进行训练等;最后,根据课堂教学策略,教师需要收集学生学习的资料,并将准备好的资料上传到软件平台。学生在课前通过访问软件平台获得预习资料,进行课前预习。

2. 课堂实验教学

在英语听说课上,首先要让学生明确该堂课所要达到的学习目标,这时候学生带着学习目标去听教师的讲解,使得整个课堂学习更有针对性;其次,在学习目标的指引下去获取听说训练任务,展开听说综合技能训练。这样做的目的是通过听说任务训练将"听"与"说"巧妙结合,让学生在外语语言训练的实践中参与、合作、互动和交流。学生在听说任务训练的过程中,离不开与教师与学生以及学生与学生之间的大量互动。最后,教师根据课堂上与学生的互动反馈,然后根据该课时的学习目标,使用语言实验教学平台给学生发布实验任务。在进行分组训练时,教师可以考虑学生的个体差异和性别差异,将语言水平高低不同的学生分在同组,可以促进组员之间取长补短、通力合作。同时,教师需要讲解具体的实验任务要求并进行典型案例演示,让学生做到心中有数,从而完成听说课的课堂教学。

7.4 阅 读 课

阅读能力的高低是外语学习中重要的影响因素,是人们获得信息的重要手段,通过阅读,可以拓展词汇、获得知识、学习他人的写作方式,获得表达思想所需要的语言[11]。通过阅读还可以开阔视野,提升思维能力。有关阅读行为的观点是,阅读是接受和理解书面语言形式所表达信息的过程,是一项多种因素多向交流与反应的复杂解码过程,这种解码来自文字、语言、知识和交际,语言知识具体为语音、语法、语义等,交际涉及人际交往修辞规则和语篇修辞原则等[12],而以提高外语水平的阅读应该采用篇章处理策略,如认识词汇、语法分析、翻译等,只有通过专门的学习和训练才能获得,因此阅读教学是外语教学中的重要内容。

外语阅读和外语阅读教学的作用和特点表现为:首先,外语阅读不仅帮助学习者学习外语语言知识,还能够帮助学习者了解不同文化中的思维方式和价值观,培养文化敏感性,在外语环境下,通过阅读和对文本的讨论是理解其他文化的思维方式、培养对不同文化框架敏感性的重要途径;其次,外语阅读作为学习一口外语的最重要途径,能够促进学生与目的语和文化的深度接触和了解,而这是仅凭外语环境下的口头交际无法达到的,学习一系列的文体、风格、语言使用习惯和文化图式的主要途径是阅读,没有对外语文本的广泛接触,学习者交际能力的广度和深度终究是有限的;最后,阅读是受交际情境和大的社会文化环境影响的活动,交际情境涉及阅读情境、目的、任务和阅读者的社会角色,社会文化环境涉及与读写和教育相关的价值观、信仰和态度等,教师引导下的外语阅读教学过程,实际上也是学生经历社会化的一个过程;外语教学应避免将外文文本当作语法和结构用法的范本,信息获取的练习和口头交际的素材,而是能够帮助塑造学习者文化身份[13]。因此,阅读教学不仅是外语语言知识学习、个人的心理建构过程的过程,也是也是跨文化的社会实践,形成"双语者"身份的社会化过程。

外语精读课是一门基础语言综合课,其课程性质和特点决定了这是一门语言实践性较强的课程。随着近年来互联网越来越普及,人们可以方便地在互联网上获取自己想要读的各类文章,基于外语学习因素,人们更愿意寻找优秀的外语文章,例如这类文章内容深刻、分析到位、结构严谨、文笔流畅,一般这类文章值得细细品味、反复阅读,必须一段一段的,一词一句地琢磨、体会、品味、推敲。外语精读课就是在教师指导指导学生去学习、理解、品味这类外语文章,以此训练培养学生的阅读能力。在外语精读课上应当注意在教师的指导下,以学生为中心,强调在精细地分析课文内容的基础上培养学生的阅读外语文章的基本能力;在精读课教学过程中应该强调语言训练和人文知识与素质培养的合理结合。本节将主要讨论外语精读课教学的目的和基于语言实验教学法的精读课教学。

7.4.1 外语精读课教学的目的

外语精读课主要是培养学生以外语理解能力为基础的外语听说读写基础综合能力,是一门基础综合基础课。在精读课堂上,全面培养学生语音发音、语法理解、词汇认知等基础外语技能。精读课的言语技能训练一方面应当注重使用言语的正确性,例如语音、语法、词汇的正确性;另一方面,也应当使用言语的得体性,例如理解文章所围绕的某种情景、话题或者中心思想等。总结起来,在外语精读课的教学目的具有如下以下具体方面。

1. 培养学生以阅读理解为基础的听说译的基本技能

听说读写是人类交际的基本语言技能,在交际过程中听和说是基础,听和读是代表对语言的理解,说和写代表语言的表达,听说读写四项技能是相互影响、相辅相成的,其综合应用构成了人类在交际中的主要活动。例如,如果学生不能准确地发音,那他在外语交流的时候也很难听懂别人说什么,因为在他的认知里,将某个词汇不准确的发音与其含义绑定在一起,当听到该词正确的发音时很难快速准确的对应到该词的正确含义,在一个句子中这种词汇达到一定数量时,就难以理解本句的含义,这样就会严重阻碍外语交流。另外,和别人进行外语交流时,如果自身发音不准确,别人也常常会不知所云。在精读课教学过程中,教师一方面应注意在课内、课外帮助学生掌握正确的语音发音,加强听说训练;另一方面,应给予学生实际运用外语进行交流训练的机会。在精读课上,教师还应当培养学生以篇章语句理解为基础的外语翻译的基本技能。一般情况下,精读教材选取的都是内容深刻、分析到位、结构严谨、文笔流畅的文章,这类精美的文章,值得逐句理解、细细品味。教师应当在课堂上采取一定的策略去有意识地培养学生语句翻译理解的基本能力,例如,对典型句子进行结构分析、翻译等训练。从上述可知,阅读课一方面从交流的角度培养学生的听、说、语音发音等基本综合技能,另一方面从文化转换角度培养学生翻译能力。

2. 培养学生的基本语言知识

一般认为语言知识主要包括语音发音知识、语法知识和词汇知识等;在精读课上,要重视指导学生语言知识的学习,为学好外语打下坚实的基础。首先,应当足够重视语音知识的培养,因为语音知识对学好英语至关重要,特别应当重视读准一些单词的重音。例如,一些单词在发音时根据不同的重音来区分它不同的词性和不同意义。另外,也要重视语音发音,因为语音、语调的准确与否直接影响着听力理解的准确。其次,应当重视培养学生对语法规律的认识和理解。从语言的发展上来看,先有语言表达的发展,后有人们根据对语言规律的共同认知和总结而形成的语法。语法规律是我们认识、学习和研究语言的一个知识工具,因此在精读课上应当强化对语法知识的内化和培养。最后,在课堂上还应当引导学生对词汇的总结和理解。目前,我国大部分学生学习词汇时都是按照单词表,强行记忆外语单词的组合即其对应的汉语意义,从人的认知过程及其规律上来看,这种词汇的学习方式存在着孤立词汇的强行记忆,难以形成知识性认知的缺陷。在精读课上,强化词汇的学习能有效地弥补这一缺陷。

3. 综合强化学生语言形式和语言内容的学习

语言本身也就是语音、语法、词汇等知识构成了语言形式。事实上，一般认为语言本身是一种知识、文化、信息的载体，可以把语言形式理解成为由语言知识构成的能装载和传递知识、文化、信息的一个工具。而知识本身所承载的内容就是我们通常所说的语言内容，是基于知识和文化的某种信息，例如科学定理、文化知识、社会哲理、智慧等信息，教师在外语课堂上应充分重视这部分内容的学习，这将更加有利于语言知识的理解，让学生明确在语言知识背后所涉及的文化知识。精读课的教学更加有利于将语言形式和语言内容整合到一起实现外语综合教学。精读课本所选取的课文片段能较为完整地传达某种思想，甚至某方面的特定文化，在教学过程中锻炼学生外语基本知识和技能的同时，也能够从中体会到该文章对于知识和文化的传达。从某种意义上来说，学习语言的主要目的就是学习语言所承载的特定知识和文化实现沟通、交流和融合。因此，在外语精读课上，一方面要重视语言形式的学习来掌握语言工具，另一方面也要重视语音内容的学习来掌握目的语的知识和文化。

7.4.2 外语阅读课教学理论与方法

1. 传统阅读理论

传统阅读理论的教学理念植根于词语、语法、句子分析，完全依靠教师来对词义、语句进行讲解，即从文字出发达到对语句的理解，再到整体篇章的理解，教师在阅读过程中担当引领者、传授者、权威人士的角色，必须通过教师讲解完成阅读教学，由教师带来学生对每一个词语进行对号入座式的翻译，这种通过讲解词汇和语法的翻译式的阅读教学在一定程度上解决了最初的阅读障碍。阅读教学中，读者是在视觉文字信息的刺激下，通过教师的口头讲解从而对文字信息整理编码，形成字义和语句的理解。传统阅读教学模式重视词汇的做法对阅读效果、阅读能力的影响非常重要，特别是对年轻学生而言，准确、迅速地辨认单词是阅读能力的最重要的预测器。

2. 心理阅读理论

心理阅读理论深受心理语言学的影响，古德曼认为阅读的本质是猜测游戏，读者在阅读文字时经过不断的猜测、验证观点、修改看法、推断含义的过程，是一种循环往复的心理语言的活动进程。阅读的成败取决于阅读者对作者所表达的语言文字信息的理解。心理阅读理论强调读者是阅读的积极参加者，认为阅读是读者根据以往的经验和知识，对文字信息重新采样和验证的循环过程，这种"自上而下"的模式是对传统阅读理解的认知过程的进一步认识，注重阅读者的主观能动性，强调作为学习者的在阅读中的重要作用，该理论相较于传统阅读理论中强调教师为中心的思想，可以说是教学思想的质的飞跃。

3. 系统功能阅读理论

英国语言学家韩礼德提出的系统功能语言学得到广大研究者的关注，使其迅速发展为指导听力、阅读、写作、翻译等教学的基础理论。该理论认为，阅读实际上是读者理解作者意图的心理推理过程，是通过文字表述的语境进行逻辑判断从而得出结论。该理论凸显了语境在阅读理解中的重要意义和作用，从而敦促我们在阅读中必须设法理解和认识语境效果的重要作用。与传统割裂词汇、语法、结构的教学观念相比，关联原则渗透在词汇、语法、结构等各个方面，便于整合语篇材料，利于语篇整体教学[14]，使学生易于习得方法，甚至对形成写作范式也有帮助。在传统阅读教学和心理阅读教学的基础上，系统功能阅读理论做了有益的改进，提出阅读教学应当把书本文字等视觉信息和语篇的情景、文化背景知识等非视觉信息有机结合起来，其阅读教学思想更宽泛，既涉及词汇、语法、语句分析等语言基本功层面的教学，也包括情景语境和文化语境知识的渗透。此外，语篇的宏观意义、主题意义的把握能力得到了极大彰显。

4. 现代认知阅读理论

随着认知科学的发展以及对阅读理论的深入研究，已有知识对阅读理解的作用越来越受到重视，从而衍生出综合了多种现代语言学和心理学理论的交互模式、图式理论、隐喻理论，图式理论认为阅读是视觉信息与读者已有知识"交互作用"的过程，把阅读过程解读为读者已有知识概念和文章内容相互作用的双向过程；隐喻理论在认为，人们在阅读信息加工处理过程中，通过隐喻的认知功能，用人们较熟悉的隐喻载体去理解、认识新知识、新概念，这种隐喻思维对培养阅读思维能力还是具体可行的[15]。总体说来，现代认知阅读理论更加看重对语篇宏观意义的掌握。

总之，无论哪种阅读理论并无优劣之分，是从不同的角度揭示了阅读的本质以及阅读能力发展的规律。在阅读教学中，教师应先认真领会阅读理论的实质与利弊，然后根据学生的语言水平和教学实际需求，灵活地用理论指导教学，构建一个更加适合自身学校的阅读教学模式。

7.4.3　语言实验室环境下阅读课教学

外语精读课的目的是通过教师教授和有针对性地训练让学生掌握以外语理解能力为基础的外语听说读写基础综合能力，为后续的语言学习和认知打下坚实的基础。在语言实验室环境下，外语精读课的设置可以分为课前教学准备阶段、课堂实验教学阶段和课后知识训练与互动阶段。

1. 课前教学准备

在课前教学准备阶段，师生都要有相应的工作。教师要进行精读课的教学设计，学生要做功课去预习精读课文，掌握要学课文的文化环境、故事背景、社会背景、作者的相关情况等。首先，教师在进行教学设计时对学生现有水平的细致分析是首要工作，根据学生的情况设置教学目标，选择与之相适应的教学素材，并且素材还应与精读教学课文的内容相互呼应，让学生在"阅读舒适区"充满信心，对课文内容更加感兴趣而获得增量知识。其次，教师根据课文内容选取适当的典型段落或语句，以便在课堂上重点讲解，最后教师将准备好的资料，上传到软件平台，进而完成课前教学准备。

2. 课堂实验教学

在英语外语精读课上，教师首先要让学生明确该堂课所要达到的学习目标，让学生带着学习目标听教师的讲解，使得整个课堂学习更有针对性；其次，在学习目标的指引下去获取翻译和跟读训练任务，展开精读综合技能训练，这样做的目的在于让学生在外语语言训练中在目标的指引下通过参与大量的实践活动获得能力的锻炼。学生在精读任务训练的过程中，离不开与教师与学生以及学生与学生之间的大量互动。最后，教师根据课堂上与学生的互动反馈，然后根据该课时的学习目标，使用语言实验教学平台给学生发布实验任务，小组活动是课堂阅读教学非常好的选择，小组成员之间可以就阅读的背景知识相互补充，就阅读内容提出不同的认识从而增进彼此间对课文的理解。同时，教师需要讲解具体的实验任务要求并进行典型案例演示，让学生做到心中有数，从而完成精读课的课堂教学。

7.4.4 语言实验室环境下阅读课的特点

1. 丰富阅读素材

语言实验室创造了良好的阅读环境,承载和传播辅助外语教学所需的各种要素,覆盖文字、图片、声音、图像等多种类形式的多种媒体信息。将阅读从文本阅读走向超文本阅读。在电子素材中,阅读中的知识情境间的联结不再是线性的,而是网状的,可以有多种联结组合方式与检索方式,从而打破了传统文本单一的线性结构,向人们展现出全能、高效的超文本阅读与检索方式[16]。这些素材把有声语言和视觉形象结合起来,有利于加深对所学语言的理解。基于语言实验室的阅读课打破读者和作者之间的鸿沟,帮助学生摆脱只能阅读纸质素材的束缚,而提供给学生超文本、超媒体的电子资源,以及互联网上全球化的信息资源,学生可以根据自身的需要选择阅读材料并以多种组合方式来调阅文本结构,有助于有效理解语篇的宏观意义。电子资源层出不穷,内容新颖,语言纯正。其图文并茂,声像俱佳,可以充分调动学生学习的积极性,为学生提供了大量的学习语言、实践语言的机会,它不仅有效地提高了学生的阅读能力,同时也促进了学生听、说、写的能力[17]。

2. 灵活多样阅读课堂

教学中,可以通过以下几种方法提高阅读能力:第一,随时阅读。任何外语教学软件,即便不是为阅读课而设计,也都需要学生为了一定的目的而阅读文章或题目要求,以便能成功地完成教学活动[18],也可以帮助师生随时下载各类文学、科普、实时报道、新闻热点等丰富的阅读材料。第二,阅读理解评测。以人机交互的方式,通过学生终端的屏幕,教师可以把阅读材料相关的练习或问题呈现在显示器上,学生可以即时作答,系统能立即反馈学生的答案,并统计正答率等信息。对于阅读中遇到的词汇,语法方面的难题,可以借助互联网即时得到解决。第三,创造性及应用性阅读。这种阅读通过教学设计,按照语篇内容以问答的形式引导学生对文章的理解,使阅读不是按固定的一成不变的顺序完成。

在学生阅读文章的过程中,电脑会在情节合适的地方提出问题,让学生在规定的时间内从众多的情况中做选择,文章的内容会按照学生提供的选择继续发展,直到新的选项再次出现,学生必须要在仔细阅读和完全理解上下文之后,才能做出正确的选择[18]。这种问答式设计还可以包括词汇、语法、语句分析等语言基本功层面的学习,既增强了学生的学习兴趣,又能让学生在情景语境知识的渗透中把握语篇的主题意义。

3. 自主阅读

传统阅读教学中,教师是引领者、传授者、权威者,读者在阅读过程中的积极能动作用无法发挥,学生的主体性和人文精神的培养难以实现。而在网络化语言实验室的自主阅读模式中,学生不再受实验室场地和人数的限制,有更大的自主空间,学生凭自己的兴趣和偏好进行学习,而教师从传授者转换为引导者和监督者,更多的时候是利用语言实验室独特的教学功能,以分组功能、广播教学、屏幕监控等组织多种形式的教学。学生则可以充分利用实验室软硬件资源,通过多媒体课件以及教师与单个学生之间的通信来获得协助,实现自主化学习,并借助多种信息手段,获得语篇的情景、语类知识和文化背景知识。这种学生与资料库之间的灵活开放、复杂高效的人机对话,充分体现了现代阅读思维和意识,是信息社会中一种极其重要的阅读能力。

7.5 交流技能综合课

《国家中长期教育改革和发展规划纲要(2010-2020年)》指出,高校开设大学英语课程,是满足国家战略需求,满足学生专业学习、国际交流、继续深造、工作就业等方面的需要。学习英语有助于学生树立世界眼光,培养国际意识,提高人文素养,同时为知识创新、潜能发挥和全面发展提供一个基本工具,为迎接全球化时代的挑战和机遇做好准备[1]。《大学英语教学指南》(2017版)对语言发展目标提出了具体要求:能够就较为广泛的主题,包括大众关心的和专业领域的主题进行较为流利的口头和书面交流,语言符合规范;能够以口头和书面形式阐明具有一定复杂性的道理或理论;能够通过说理使他人接受新的观点或形成新的认识;能够恰当地使用学习策略;在与来自不同文化的人交流时,能够处理好与对方在文化和价值观等方面的不同,并能够根据交际情景、交际场合和交际对象的不同,恰当地使用交际策略[19]。语言应用能力的提高有赖于对文化背景的了解,只有将跨文化意识的培养融入语言应用能力的培养之中才能起到事半功倍的效果,学生才能在文化知识、文化素养、国际视野方面得到综合发展全面提高。跨文化交流技能课程的开展就是要通过让学生了解世界各民族在思维方式、价值取向、文化认同等方面的不同,不断增进国际理解、形成跨文化意识,提高社会语言能力,并最终掌握国际交流能力。

7.5.1 交流技能教学理论与方法

1. 交际能力

交际能力的提出源于20世纪80年代初期,由Canale和Swain(1980)提出的一种受到广泛认可的一种能力模式,这一模式包括语法能力、社会语言能力、语篇能力、策略能力四个方面。语法能力是语言的基本知识和能力,指语音、句法、词汇、构词规则等语言层面的知识,正确理解与表达话语和文字的含义、遣词造句等;社会语言能力是指在不同的社会语言环境中恰当地理解和表达话语的能力,就是运用语言进行恰当的交际的文化能力,在跨文化交际中,社会语言能力显得尤为重要;语篇能力是指将语法形式和语法意义相互结合、通过口头或书面形式连贯地表达不同类别语篇的能力,语篇能力可以间接表现某一特定文化群体的基本思维模式和价值观;策略能力是在跨文化交际中面对交际障碍和困难时采取的应变能力,在出现交际障碍时所使用的策略[20]。这四种能力在跨文化交际中都是不可或缺的,它们是相互独立更是相互依存的关系。其中语法能力是基础,只有正确地发音,正确地理解文字的含义等词法、词汇和语法等语言知识,才能做到正确的理解和表达观点;社会语言能力帮助人们在社会的交往中能恰如其分的使用语言进行表达和交流;语篇能力是在整篇叙事中遣词造句时使用规范的语言的知识的能力;语言策略能力则是强调语言的使用技巧,以应对人际交往中的某种障碍。

2. 跨文化交际能力

关于跨文化交际能力的定义普遍认为是:"在跨文化交际实践中表现出来的基于跨文化知识、技能和态度的有效、恰当的沟通能力",即跨文化交际能力主要包含充足的跨文化知识、积极的交际动机和有效的交际技能三个要素[21];有研究者认为跨文化交际能力包括基本交际能力系统、情感和关系能力系统、情节能力系统与交际方略系统;也有研究者认为跨文化交际能力由全球意识系统、文化调适能力系统、知识能力系统和交际实践能力系统共同组成[22],它们彼此相互依存、相互渗透,是跨文化交际能力核心组成部分。检验跨文化交际能力的标准是能出色完成有效的交际,这种能力的体现当然是来源于有效的教育教学,因此外语教学所承载的任务不仅仅是提高语言技能,而更应把跨文化交际能力的培养放在重要位置,应该贯穿于外语各项技能培养的始终。

在人与人成功的社会交往中,思维能力、文化意识、非语言交际和交际策略起重要作用,因此在跨文化交际能力培养过程中,要注重对一种文化的深刻理解,包括这种文化的文学、历史、习俗、艺术等方面,培养学生在跨文化语境下获取文化的特有性和普遍性概念的能力,以及在跨文化之间通过得体和有效的协商完成具体任务的能力。

7.5.2 语言实验室环境下交流技能课教学

1. 跨文化交际能力培养与英语教学

大学英语教学目标的一个重要的维度就是培养跨文化交际能力,如果大学英语的教学还只是停留在专注语言知识的培养或者是语言技能的传授,那么合格的国际化人才的培养也无从谈起。在外语教学中,语言交际能力是培养跨文化交际能力的重要手段,是跨文化交际能力的重要组成部分,包括语音、语法、词汇、篇章、拼写等能力以及听、说、读、写、译等语言技能,属于微观层面;培养学生的"交际能力"属于中观层面,指语用能力的培养,如对语言使用中社会文化条件的把握,对社会规约的敏感性的社会语言能力,运用语言资源及交流中的语境和语篇产生的语言策略能力;宏观层面是培养学生的"社会文化能力",包括语言能力、语用能力和理解能力、评价能力、整合能力[23]。大学英语在教学上应该变单纯语言技能训练(语音、词汇、语法、语句、语篇),为传授语用能力、语篇能力、策略能力等语言综合应用能力。

① 交流技能教学中的"教"和"学":学生是学习活动的主体,始终贯彻"以学生为中心,以教师为主导"的原则,"教"必须为"学"服务,"学"是通过"教"才更加有效,教师的主导作用在于"导演"教学整个过程,创设语言情景、组织课堂、示范参与、答疑解惑,引导和激发学生主动性;学生作为"演员"积极主动参与其中,最大程度地发挥学习潜力。在教与学中尽量避免只强调学生的发挥,而忽视教师的引导,也要避免教师主导而忽视学生的能动性。

② 教学过程交际化,要明确"语言交际"的教学目标,把语言当作交际"工具"来教和学。在初级阶段,为了让学生掌握语言形式并养成习惯,要适当采取听说法所强调的句型操练等机械训练方式,而采取语言知识的教学,语言知识的教学要为培养语言交际能力服务[24];在中、高级阶段应着重训练学生的语言综合应用能力,并将跨文化意识的培养融入语言应用能力的培养之中,使自身的语言基本知识和技能转化为语言交际能力,并能创造性地运用语言表达观点。

③ 正确处理语言知识与技能的关系,第二语言的获得是"规则的学习"与"习惯的养成"两方面相结合[24],语言理论和语音规则是语言技能的基础,因此在教学中不能忽视语言理论和规则的教学,不仅是听说读写基本技能的训练,在交际能力的培养中还要进行有关语用规则、话语规则和交际策略方面的训练。

④ 重视交际第二课堂的作用。语言交际能力的培养,仅靠课堂教学往往事倍功半,还要加大语言的输入和输出,应该让学生走出课堂,步入社会,在社会实践中去锻炼、去领会,在实际应用中获得第二语言的习得。为此,设计的语言实验项目应更具有社会参与性,实现课堂与课下相结合,练与用相结合,加强课后实践"两展示"——展示英语才艺,展示应用技能。

2. 教学指导原则

与语言教学相融合的跨文化交流技能教学,教学内容首先应是利用语言实验室提供的丰富的教学功能完成语言基础教学,包括语音、词汇、拼写、语法、语义、阅读、听力、口语、写作、翻译等,在语言基础教学上以多媒体、虚拟仿真技术创设的语言文化交际场景嵌入社会文化因素,社会文化因素内涵极其丰富,既包括人们在交际中的隐性知识,还包括社会文化背后的隐喻以及日常生活中言语行为和非言语行为等,通过情景化的语言技能训练。让学习者感受和领悟语言表层和文化内涵的微妙关系,将语法规则和文化规则内化为学习者的言语活动机制,逐渐形成跨文化意识[25]。语言实验室环境下交流技能课教学模式如图 7-1 所示。

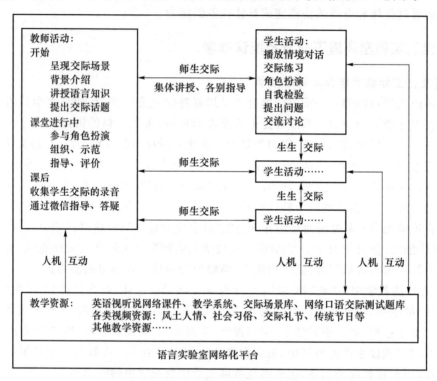

图 7-1　语言实验室环境下交流技能课教学模式

3. 创设情景,输入文化

学生在特定的语言情景中才能激发联想,提高语言输出的欲望,这就需要利用多媒体技术、虚拟现实技术来创设接近社会实际的语言情景,使学生置身于真实的场景中进行交际训练,并将社会习俗、交际礼仪、文化背景知识的学习融入语言技能的培养与训练过程,从而提高学习者的日常英语表达能力以及文化素养。

① 强化背景知识的输入。教学中,通过语言实验室网络平台输入有关社会文化知识,其中社会习俗、交际礼节等背景知识的音视频资料是必不可少的,让学生对有关文化背景有所了解。教师则将进行文化比较,促进有效地交际的实施。

② 创设交际场景。让两个或两个以上学生进行会话仿说,并讲解交际场景中的习惯表达。教师在课堂上带领学生角色扮演,让他们沉浸在英语国家的文化氛围中。语言文化实践不仅可对英语文化有进一步的了解,而且可以提高学生的发音水平和表演能力。

③ 在课堂教学中,尽可能多地为学生提供外文原著、影视作品中的口语情景,引导学生仔细揣摩这些交际场景中的习惯用语,品味这些用语的使用背景和文化含义,在头脑中形成强烈

印象，体会中西文化的思维差异。

4. 注重语音语调对交际的影响

交际中的发音方式在交际中是很重要的。如果单词读音有困难，交际则根本无法进行。语音除了长短音、重音外，还有表达思想的现实需要，将句子分成各种不同的语流切分[24]。人们在交流时因富有感情而说话的语气会带有高低起伏、抑扬顿挫的语调，具有丰富的表达含义，强烈的语调可以使对方明显感受到说话者的目的。在实际教学中，可以通过各种表达情绪和意图的语言情景实例，帮助学生体会和理解语音、语调的作用。

5. 口语互动性和多样性

口语的学习强调的是互动，即在某种语言情景下有意识的动态练习。在课堂上，通过师生交际、生生交际的互动操作训练，形式多样的互动训练活动，比如对话练习、小组讨论、角色扮演等，让学生在训练中练习自己的口语。此外，根据具体的教学目标和口语交际内容，教师还应采用不同教学方法，例如设计模拟现场、唱英语歌曲、新闻采访、微型调研等设计情景对话，给学生创造更多交流实践的机会。

本 章 小 结

语言实验室为语言实验教学提供了便利的教学环境，它具有稳定、可靠、开放的网络环境，硬件设备和软件教学平台。因此，在语言实验室环境下进行教学具有如下特征：

1. 教学活动在虚拟化信息平台下进行

语言实验室部署的"大学英语实验教学与评估平台"[26]改变了传统的语言课堂教学模式为实验教学模式，使绝大部分的教学活动在虚拟的教学软件平台上进行，这有效地优化了教学资源的配置，学生通过接入实验室网络环境，可以在实验平台下自主、灵活地进行学习。

2. 实施实验化模式驱动教学

在语言实验室环境下借助"大学英语实验教学与评估平台"实施语言实验化模式教学，从而实现了语言教学的创新。学生可以在课前登录实验平台查看学习任务，课前预习；在课堂上，由教师发布语言实验任务，讲解、示范实验步骤；学生在课后进行分组来完成实验，并进行自评、互评等，最后再提交给教师，由教师进行总体评价。

3. 增强教学活动互动性

上述语言实验教学活动，大大增强了语言实验教学的互动性，不但能使学生在课堂上与教师进行互动，而且能够实现学生在课下通过分组、自评、互评来进行学生与学生的互动与合作，使实验教学不仅仅在课堂上进行，同时延伸到课下，这样大大增加了语言教学的灵活性。

4. 进行网络化、信息化教学

在语言实验室环境下，借助软件平台进行教学，实现了语言教学的网络化和信息化。在实验室内给学生终端和教师终端安装教学软件，可实现"授课""自习""翻译""小组"和"测试"等多种教学模式，使课堂教学形式丰富多样；实验室配置了远程教学平台可实现多校区同步授课，使课堂教学快捷、高效。同时，实验室可配置录播平台和虚拟演播平台，也有效地丰富了教学活动。

本章参考文献

[1] Jakobson, R. 1960. Linguistics and poetics. In T. A. Sebeok(ed.) Style in Language, MIT.

[2] 王明初. 影响外语学习的两大因素与外语教学[J]. 外语界,2001,(06):8.

[3] Krashen, S. D. The Input Hypothesis[M]. London:Longman,1985.

[4] 王守元,苗兴伟. 英语听力教学的理论与方法[J]. 外语电化教学,2003,(4):1-5.

[5] 束定芳,庄智象. 现代外语教学:理论、实践与方法[M]. 上海:上海外语教育出版社,1996.

[6] 石中宝. 视听说课在外语教学中的地位和作用[J]. 外语电化教学,1991,(2):16.

[7] 杨兆维. 大学英语教学法的流派及特点[J]. 吉林工程技术师范学院学报,2010,(5):74.

[8] 于会丽. 交际教学法在高职高专英语教学中的运用[J]. 成功(教育),2007,(9):246-247.

[9] 闻达仁. 英语交际法与英语听说教学[J]. 福建广播电视大学学报,2006(3):56-59.

[10] 王海波,郭艳玲. 开发以自主学习为主的外语网络课件的理论与实践[J]. 现代教育技术,2007(7):65-68.

[11] 王婷. 形成性评价在初中英语阅读教学中的应用[J]. 校园英语,2017,(9):2.

[12] 于凌云. 大学英语四级考试阅读理解篇章和题型特点分析及答题策略[D]. 北京:首都师范大学,2009.

[13] 张庆华. 高校英语教师阅读教学实践性知识个案研究[D]. 北京:北京外国语大学,2015.

[14] 杜永莉. 英语语用习得的课堂教学模式与实践——以西部院校大学生语用能力调查为基础[J]. 陇东学院学报,2008(3):121-124.

[15] 蒋咏梅. 英语阅读理论简介及述评[J]. 延边教育学院学报,2017(4):59-62.

[16] 何高大. 现代教育信息技术与现代外语教学[J]. 中国电化教育,2002(1):32-34.

[17] 景志华. 英语专业网络阅读教学模式初探[J]. 长春工程学院学报(社会科学版),2004(5):55-57.

[18] 狄红秋. 多媒体语言教学及其在阅读课上的应用[J]. 天津外国语学院学报,2002(2):30-33.

[19] 大学英语教学指南(教育部 2017 最新版)[S]. 中华人民共和国教育部,2017.

[20] 吴卫平. 跨文化能力综合评价理论与实践[M]. 北京:中国社会科学出版社 2015,9.

[21] 顾晓乐. 外语教学中跨文化交际能力培养之理论和实践模型[J]. 外语界,2017(1):79-88.

[22] 杨盈,庄恩平. 构建外语教学跨文化交际能力框架[J]. 外语界,2007(4):13-21.

[23] 葛春萍,王守仁. 跨文化交际能力培养与大学英语教学[J]. 外语与外语教学,2016(2):79-84.

[24] 赵瑜,刘云缦. 现代英语教学理论实践与跨文化研究[M]. 北京:中国纺织出版社 2017,4.

[25] 李妍.翻转课堂模式下大学英语课堂的跨文化教学探索[J].课程教育研究,2017,(35):2.

[26] 魏元喜,范姣莲,王海波.语言实验教学软件平台的设计与实现[J].现代教育技术,2016,26(05):83-88.

第8章 语言实验教学设计

8.1 教学设计的概念

早在1988年,美国著名的教育心理学家加涅曾在其著作《教学设计原理》中对教学设计做了如下界定:"教学设计是一个系统化(Systematic)的过程,这个过程规划着教学系统;这个系统是广泛和开放的,任何形式的组织结构,只要他们的目标是开发人的才能和技能都可以将其涵盖到教学系统中。"同时,他还对教学系统进行界定:"教学系统则是对资源和程序作出有利于学习的安排。"我国教育技术学专家乌美娜[1]教授也在1994年对教学系统设计做了科学界定:"教学系统设计主要是运用系统方法和理论去分析教学中存在的问题和确定教学的基本目标,建立解决教学问题的策略方案、试行解决方案、评价试行结果和对方案进行修改的过程"。无独有偶,我国著名的教育学者何克抗教授[2]从教与学的相关理论出发,对教学设计进行阐述:"教学设计主要是运用系统方法,将学习理论与教学理论的原理转换成对教学目标、教学内容、教学方法和教学策略、教学评价等环节进行具体计划、创设教与学的系统'过程'或'程序',而创设教与学系统的根本目的是促进学习者的学习"。我国两位学者都强调将系统方法分析应用到教学的过程。

也有人认为,教学设计需要对将教学诸要素进行有序安排,是教学方案的设想和计划的过程。在这一过程中是根据课程对学习者的基本要求和要教授的知识结构和特点确定的。一般情况下,教学计划包括了教学目标、教学方法、教学重难点、教学步骤以及时间分配等基本内容;从教学目的角度出发,教学系统设计是使得在教学过程中所产生问题得到预测、处理和解决。教学设计是提高学习效率为目的的特殊的关于教学的设计活动,教学设计具有设计学的一般性质,同时又具有教学的基本规律。

换句话说,教学设计是根据教学的对象和目标,来设计教学和实施教学过程。在这一过程中将教学诸要素进行有机结合,使其最终形成教学最佳方案的过程。教学设计是以教学效果最优化为最终目的的,运用系统方法和理论科学地解决教学中所产生的问题。从上述教学设计的学术界定来看,教学系统设计是跨学科的各类理论方法的有机结合,其包括以系统理论为基础的方法论、传播理论、学习理论、教学理论的概念模式等多种学术理论而自成体系,是一项以实现优化学习为目的的特殊的设计活动,所以具有如下特点[3]。

1. 系统性

教学设计的系统性主要是指在教学设计过程中把教育、教学本身看作一个相互结合的整体,基于这个整体再进行系统性研究。在这一过程中,需要合理运用系统的方法对教学设计的过程进行开发、设计、运行和管理。换句话说,就是把教学系统作为一个整体来进行设计、实施和评价,在这过程中通过教学系统的局部要素的有机结合和优化使之成为具有最优功能的系统。不论教学设计是宏观的或是微观的,它们都强调系统方法的合理运用。因此,系统方法已经成为教学设计的核心方法之一,可以说是研究者和优秀教师在教学设计发展过程中的共识。教学设计过程的系统性决定了教学设计应该遵循以下三个方面。

① 教学系统设计者应当从教学系统的整体功能角度出发,综合考虑学生、教师、媒体和教材等各个要素之间的相互关系,以及在教学中的作用和地位等方面。

② 在教学设计过程中,应当充分利用系统分析技术,例如学习内容分析、学习需要分析、学习者分析等,将这些系统性的技术方法作为形成选择策略和制定方案的基础。

③ 教学设计应该综合应用教学媒体的选择和教学策略的制定等策略优化技术,以及实验相关的形成、修改和总结性评价等评价调控技术来解决与人有关的复杂的教学问题,最终逐步形成个性化的最优方案,并通过实施中的效果进行进一步评价。

2. 理论性与创造性

因为教学系统设计是属于设计科学领域,因而它具备一般设计活动的基本性质,又因为教学情境的教学对象丰富的个体性差别,它又具有一定的复杂性,因而教学系统设计具有自己的独特性。甚至在具体实践中,我们还要对高度抽象的基本理论进行扩充、改造、重构,才能使理论可以抽象和涵盖所遇到新的问题和情况。换句话说,教学系统设计需要让创造性和理论性进行有机结合。因而,我们应该处理好实践和理论的相互关系,一方面,不应把理论当作一成不变的教条,而应在实践中加以发展和丰富——创造性地运用理论,发展教学理论;另一方面,要用理论指导实践——根据教学系统设计理论进行教学设计。

3. 过程的计划性与灵活性有机结合

首先,教学系统设计具备特定的操作模式,在教学设计过程中,这些操作模式主要是以时间为线条来具体体现的,因而在教学设计过程中,需要按照特定的操作流程来实施。在具体实践中,依据上述教学设计的系统理论的相观点,教学设计的各个要素之间的是相互交叉、相互补充、相互影响的。这种内在的相互影响可以体现在教学设计的一些环节。由此可见,在教学设计中,不仅要综合考虑各个环节,还要在参考设计模式理论的基础上创造性地运用这些模式,有时还必须根据需要对设计的各个环节进行调整。

4. 具体性

具体性是指教学系统设计的过程是具体的,这种具体还体现在每一个环节中的具体工作也都是特别具体的。这是因为教学的现实性,而教学系统设计的任务就是要解决实际教学中所遇到的各类现实问题,以形成一个最优的教学系统。换句话说,教学设计的具体性就是针对解决在教学中所遇到的具体问题而发展起来的理论与方法。教学设计的优劣与否,需要所有的教学参与人员相互协同工作,如教学设计人员、媒体设计人员、学科专家和教师等。

随着科技的快速发展,特别是近年来大数据、云计算等技术不断向各个领域渗透,教育教学领域也不断增强了对这些技术的应用,例如教育云平台的实现可以有效地提高教学、管理以及教育数据的信息共享。在信息化教育条件下,教学设计呈现出以下新特点。

(1) 开放性

教学系统设计本身就具有系统性并运用系统方法来设计、开发、运行和管理,但是在传统的教学环境下这种系统的教学设计并没有反馈出其开放性。互联网技术特别是最近云计算在教育、教学领域的应用使得教学系统设计具有了开放性：首先，在互联网环境下教学设计可以在全球范围内共享，优秀的教学设计方案可以在全世界范围内整合；其次，在教学系统设计过程中加入了互联网元素，这就使教学设计系统具有了开放的内核，有助于推动教学设计系统在互联网时代的发展。

（2）教学设计系统访问的高效性

互联网技术特别是云计算技术的应用使教学设计过程更具有高效性，在教育云的背景下，用户可以随时随地接入教育云访问并创建教学设计；在开放的互联网环境下，所有的用户都可以接入教学设计过程集众人之智慧优化教学设计过程。

（3）互动性

在互联网条件下师生都可以接入教学设计的过程，这将大大延伸师生互动的范畴，使教学设计本身更加了解学生的现有情况，教学设计系统也更加科学，更有利于达到教学目标。

8.2　语言实验教学模式的教学设计

从传统的教学设计系统开发的角度上来看，大学英语的教学大致可分为两种情况：一种是完全忽视了教学设计的重要性，仅仅从教师自身主观角度出发依靠教师对知识掌握来从事教学活动；另一种是认识到了教学计划的重要性，在教学活动中也加入教学计划的设计，但是仅仅认为教材、电子化的教学参考资料、步骤化教学等就是教学计划。这在一定程度上提高了教学活动的效率，但是这也无法全面提高教学质量和突破教学是以教师为中心的障碍。在当今教育信息化时代，大学英语教学中利用多种信息化技术手段来设计开发出一套科学、有效的教学设计是当前信息化大学英语教学的一个重要课题。

语言实验教学模式下教学设计有效地避免了上述问题，在教育信息化条件逐步发展起来的语言实验教学模式本身就是教育、教学信息化的产物。在此背景下，语言实验教学模式的教学设计系统的主要元素也被深深打下了信息化的烙印，在这种创新模式的驱动下，必将影响传统的教学设计系统的开发，主要体现在以下三个方面。

① 在教育信息化条件下的语言实验教学设计在尊重语言学的基本理论基础上注重借鉴其他学科的优秀学习方法。在语言实验教学设计中借助于虚拟化的软件平台，以理工科的实验的教学形式，以各个实验项目为基本单元，创建全新意义上的语言实验教学设计。这种设计有效地颠覆了传统的以教师为中心的教学方式，通过语言实验的形式创设有效的问题情境，学生通过语言的实验验证方式在教学过程中由传统的"填鸭式"学习转变成主动学习，因此这种语言实验教学设计有效地将整个教学过程转变成了以学生为主导，以教师辅助的全新的教学模式。

② 更加高效的语言实验教学设计。在全新的语言实验教学模式下的教学设计具有高效性，在教育信息化条件下，语言实验教学借助于实验教学软件平台创建虚拟环境下的语言环境，在这种条件下的教学设计也突破了单一的 PPT 或者其他音视频形式，将教学设计与虚拟化的软件平台相整合。这种教学设计突破时间和地点的限制有效提高了教学设计过程的效率。另外，和实验软件平台相融合教学设计更加贴近教学目标，这也使教学过程更加有效。

③ 在信息技术环境下的语言实验教学设计实现了教学资源的高度共享。学生可以根据教学设计创设的问题情境随时随地访问虚拟化的语言实验软件平台并可以根据自己的需要创

建不同的实验项目,采用分组的形式来完成实验项目,在这过程中语言实验是开放共享的,教师通过开放化的教学设计来管理各个实验项目,同时教师在实验过程既是实验项目参与者也是实验项目的评估者,从而实现了教学资源的高度共享。

由上述分析可知,基于语言实验教学模式的语言实验教学设计是借助于信息化平台的全新形式的教学设计,使教学过程呈现出多样性、高效性、共享性等特点,突破了传统教学的以教师为主导的"填鸭式"教学模式,形成了以学生为中心,以教师为辅助的更加高效的教学方式。

8.3 语言实验室教学设计方法和步骤

由于语言实验教学是在信息化条件下强调以学生为中心,所以在教学设计上应当从以下三个方面来考虑:首先,在教学设计上要侧重于发挥学生的主观能动性,培养学生的创造性思维,将习得的语言技能不断地外化,设计适当语言环境,训练学生的习得技能加以强化。主要做法是教师辅助学生根据自身的学习情况来创建语言实验项目,在这个设计过程中充分保证了学生的主动性和创造性;教学设计要充分考虑学生构建自我反馈的过程,要使得学生根据自身行动的反馈信息来形成对语言知识技能的认识并且转化为解决实际问题能力;教学设计要充分考虑到教学过程的开放性和协作性,实验教学本身就锻炼学生的团队协作能力,在语言实验教学过程中注重将团体协作的特点更加扩展,同时体现出开放性和协作性,具体过程如下:①教师根据教学要求和对学生情况掌握,引导学生自主创建语言实验项目,在这过程中学生创建的实验项目对所有的教学参与者是开放的,学生根据自身情况选择对某个实验项目参与程度,达到语言实验项目小组内的团队协作。②在教师的引导下,各个实验项目最终回到了教学要求的落脚点,各小组根据语言实验项目的实施情况进行组建协作共同来完成要求。

根据上述分析可知,语言实验教学的课程设计过程就是强调学生自主学习、学生自我反馈、教学过程的开放性与协作性的统一语言实验教学设计方法与步骤如下。

第一步:引导学生制定阶段性学习目标

在这一阶段教师首先要明确教学的总体目标,然后根据总体目标并结合教学时长以及知识的内在联系来确定阶段性教学目标的指导大纲;教师根据阶段性教学目标的指导大纲来帮助学生根据学生自身的情况分析并制定学生的阶段性学习目标;教师再对每个学生的阶段性学习目标进行分析并归类,接下来的创建语言实验项目做准备。在教学实施过程中,教师应不断提醒学生总的学习总目标,这样方便学生确定自己的位置,并在一定意义上激发其学习的动力。

第二步:根据阶段性的学习目标确定阶段性的学习任务

确定学生的阶段性学习任务是学生创建语言实验项目的基础,这一过程是教师与学生共同参与来完成的,根据阶段性目标设计真实的问题和有针对性的任务。任务应是真实的而不是虚构的,是在语言不断的实践中形成的,在任务的设计过程中既要考虑到接近学生现有的语言能力,又要保证学生有一定的成就感,因此任务的设计应当具有伸缩性。另外,根据语言能力不同的学生还要设计一些具有挑战性的任务,来满足语言能力较高水平学生的学习需要。同时,教师可根据具体情况,会注意鼓励学生利于语言实验平台自主去探索,以提高教学效率。

第三步:创设学习情境

创设"情境"是教学设计常用的手段之一,在语言实验教学模式下创设学习情境更有利于提高学生的自主学习能力和水平。通过以语言实验项目的形式来完成学习情境的创设,使学习者能够利用原有认知结构中有关的语言知识技巧、经验及表象去主动的学习到的新知识技能。实际上,在教学中存在理论知识与实际解决问题能力不够对称,学生即便是掌握了大量的理论知识,也并不意味着他们应用所学知识去解决实际遇到的问题,在语言教学中这个问题尤其为突出。

语言实验教学以"任务驱动"和"问题解决"为主线,将课堂教学与真实事件或真实问题相结合,形成语言实验项目,在具体情境中学习策略和知识,在教育设计的框架下,教师可以通过实验平台创造以下学习情境。

① 创设协作情境。协作情境更有效地模拟了真实的语境环境,同时更有利于高级认知能力的发展、团队精神的培养以及加速人际关系的构建。在语言实验教学环境下,教师不仅要掌握教学内容的逻辑序列和目标的合理安排,同时还要对学习者的协作情况、学习过程进行规划设计。设计协作环境的创设是语言实验教学最重要的方式,在教学过程中利用语言实验平台创建语言实验项目,学生项目小组通过"角色扮演""访谈""讨论"等协作的方式来共同完成语言实验。

② 创设问题情境。创设问题情境一般是在教学过程中根据学生求知的心理与教师设置的教学内容之间的差异的而提出相应的问题,基于此,再将学生引入一种与问题相关的问题情境的过程。一般认为,问题情境的设计一方面为了引导学习者从多个视角、多个方面、多个层次对情境内容进行比较、分析、综合,从而重新架构认知体系;另一方面也可以激发学生的探索求知的欲望。在语言实验教学中,问题情境的设置是常用的情景创设方式,其形式也是多种多样,教师可以通过引入真实情景、设计典型语言实验案例等多种途径创设问题,还可使用多媒体影音等手段来提高问题的感染力。

③ 创设推理情景。在语言实验教学设计中可以运用多种学习情境在此处不再一一赘述了,学习情境的创设是语言实验教学设计的重要构成部分和重要基础。

第四步:指导学生创建语言实验项目

根据创设的学习情境来指导学生进行创建语言实验项目,在这过程中教师要和各个项目小组进行充分交流和探讨,确保实验项目标准化和规范化。借助于实验平台教师能方便地将学生创建的语言实验项目下发给学生,并在相关老师指导下完成语言实验内容的提交、自评、互评等。从总体上讲,基于对适应信息时代发展需要的复合型人才培养目标,突出以语言综合应用能力为核心、自主实践为基础、创新培养为重点,在课程设置上涵盖了基于语言基础、技能技巧、设计研究三个层次,设计了会话仿说、情景模拟、微型调研等多个模块。

8.4 语言实验室教学设计三例

通过以培养学生语言综合应用能力特别是听说能力为主线,以教师为主导,学生为主体的"三主一体化"的教学设计,以情景化的实验任务为载体,信息技术为依托,形成性评估作保障,形成以"语言实验项目为驱动"的互动型实验教学模式,将课堂教学交际化、真实化、社会化,让学生在"实践中学、学习中用,反复操练,不断提高",教学体现出学习自主性、教学个性化、同伴协作化,从而全面提升学生的英语综合应用能力、语言交际能力和自主学习能力。真正体现了以"学生为中心"的外语教学理念,表8-1、表8-2和表8-3是语言实验教学设计三个典型案例。

表 8-1 教学设计实例之一

语言实验教学基本信息	
实验项目	情境模拟与角色扮演 —— 餐厅点餐
学科	大学英语
相关领域	语言实验教学、教育技术学
课件制作者	语言实验教学中心
讲课者	语言实验教学中心
单位	北京邮电大学
语言实验项目简介	
实验目的:掌握在饭店点餐的常用表达 实验主题:Ordering a Meal 　　实验内容:综合运用英语点餐时的常用相关表达,进行情境模拟和角色扮演 　　实验提示:在较大的餐馆或饭店就餐时,顾客可以直接享受点餐服务。由于文化不同,中西餐点餐习惯也有较大差异。例如,西餐中的正餐除了主菜,还包括汤、蔬菜、色拉等,正餐后顾客还可以点一些甜点或咖啡之类的饮品。另外,在很多西方的餐厅用餐完毕后,顾客需要支付约占账单 15%～20% 的小费,如果是在快餐店,则不需要支付小费。 　　通过本实验,同学们将有机会围绕"Ordering a Meal"这一主题,充分发挥自己的想象力和创造力,通过团队协作并结合日常生活经验,在培养自己的创新能力及英语学习兴趣的同时将自己的英语学习与生活有机结合,体现英语的实用价值。	
知识背景准备	
餐厅的选择: 1. Are there any restaurants with reasonable prices in this community? 2. Would you please recommend a nice restaurant? 3. Which restaurant serves local delicacies? 餐厅服务员: 1. What are you having today? 2. Separate checks? 3. Dinner or a la carte? 4. Something to drink? 5. What's your order? 6. How do you like your…? 7. Anything else? 就餐者: 1. May I order now? 2. What is the specialty of this place? 3. Are there any house specialties you'd like to recommend? 4. I'm vegetarian. Do you have vegetarian dishes? 5. I'd like…	
实验评价标准	
1. 主要角色发音标准、清晰,语调正确自然 2. 能恰当地综合运用所学的常用表达,语法和词汇基本正确 3. 语言表达流利、地道,语句连贯,易于理解 4. 语言的使用总体上能与语境、功能和目的相适应 5. 情节完整、富有创造力 6. 表情丰富自然,富有感染力 7. 很好地体现了创新与团队合作精神	

续表

实验报告
1. "情境模拟与角色扮演的实验报告与评估表"一份 2. 视频一份,采用 MPG 格式的文件大小一般不超过 200 M 3. 实验脚本一份,采用 Word 格式
思考问题
1. What problem did you have when you made the video in the restaurant? 2. What can be improve next time you make the video? 3. Did you have trouble interpreting the Chinese menu into English?

表 8-2 教学设计实例之二

语言实验教学基本信息	
实验项目	访谈 ——天气预报的重要性
学科	大学英语
相关领域	语言实验教学、教育技术学
课件制作者	语言实验教学中心
讲课者	语言实验教学中心
单位	北京邮电大学
语言实验项目简介	
实验目的:用英语交流有关天气的相关问题 实验主题:The importance or Weather Forecast 实验内容:就天气预报的重要性及相关问题进行一次访谈 实验提示: 天气对人类生产、生活影响很大。在农业、运输业及生活的方方面面都起到举足轻重的作用,准确的预报天气则变得尤为重要。现代的科学技术已经广泛应用于天气情况的预测,为气象学家分析天气变化提供了巨大的帮助。但是近年来,极端天气的频繁出现增加了天气预报的难度,这对气象工作者的要求也越来越高。 在本实验中,同学们将以"The importance or Weather Forecast"为主题进行访谈。访谈过程中,一名同学模拟主持人,另外两名同学模拟访谈嘉宾,其中一位同学以气象学家的身份出席,另一位同学以普通民众的身份接受采访。在访谈中,大家将探讨天气预报在日常生活中的重要作用,并邀请气象专家给公众提供建议与意见。	
知识背景准备	
1. Do you listen to the weather forecast every day? Why? 2. What's the importance of weather forecast? 3. What do you folks expect of the meteorologists? 4. What do the meteorologists do to predict the weather? 5. What if the weather forecast does not coincide with the reality? 6. Why is becoming more difficult for the meteorologists to predict the weather? 7. What is does to inform the public of the weather forecast?	
实验评价标准	
1. 问题设计合理、具体且有针对性 2. 营造和谐、融洽的访谈气氛,引发嘉宾的积极回应 3. 提问灵活、衔接自然 4. 发音标准、清晰,语调正确自然 5. 语言表达流利、地道,语句连贯,易于理解	

续表

实验评价标准
6. 能进行较长时间的、语言连贯的对话
7. 语言的使用总体上能与语境、功能和目的相适应
8. 针对实验主题,形成有价值的访谈结果
实验报告
1."访谈试验报告与评估表"一份
2. 视频、录有音频各一份,视频采用 MPG 格式文件大小一般不超过 200 M,音频采用 WAV 或 MP3 格式,时长五分钟左右
3. 实验脚本一份,采用 Word 格式
将上述试验报告提交至试验平台
思考问题
1. What have you learned from this "Talk Show"?
2. What did you do best in this "Talk Show"?
3. Could you summarize your experience of this "Talk Show"?

表 8-3　教学设计实例之三

语言实验教学基本信息	
实验项目	新闻报道——社交网络的使用
学科	大学英语
相关领域	语言实验教学、教育技术学
课件制作者	语言实验教学中心
讲课者	语言实验教学中心
单位	北京邮电大学
语言实验项目简介	
实验目的:训练用英语进行报道的能力 实验主题:SNS on Campus 实验内容:针对"SNS on Campus"这一话题,采访报道并评论大学生使用 SNS 的情况以及对其学习生活的影响 实验提示:新闻报道是对现实生活中某些具有典型意义的现象或时间进行记录、调查分析、评论及总结的过程。该实验以广播电视新闻报道的形式,要求学习立足校园,向他人报道或展示发送在同学们身边的事件。可以参考如下步骤: 1. 开场语导语:报道者先简单介绍即时通信技术的发展和各类社交网络日益普及,以及对我们生活产生的影响 2. 主体:通过对学生进行采访来报道具体信息,例如采访同学们如何看待社交网络以及每天使用社交网络的时间、经常使用哪些社交网络、社交网络在生活中有何用途、社交网络的优点和弊端等问题。 3. 评论总结:同学们应当保持理性使用社交网络,扬长避短	
知识背景准备	
convenience　　方便　　　　　　online community　　　　　网络社区 reliability　　　可靠性　　　　　to create a personal profile　注册个人信息 wide-spread　　流行的　　　　　to forward　　　　　　　　转发 ever-increasing　不断增长　　　　to leave a comment　　　　评论 Google　　　　搜索引擎　　　　private message　　　　　私信 fans/followers　粉丝　　　　　　to resist the temptation　　抵制诱惑 verified account　认证　　　　　　to browse around　　　　　浏览 most popular topics/tending topics　　　　　　　　　　　热门话题榜	

续表

实验评价标准
1. 捕捉发生在校园中、符合话题的事件,以图片记录 2. 话题引入自然,叙事简练,情节衔接流畅 3. 辅以图片,报道与评论并重 4. 发音标准、清晰,语调正确自然 5. 能恰当地综合运用所学的常用表达,语法和词汇基本正确 6. 语言表达流利、地道,语句连贯,恰当使用起承转合手段 7. 语言的使用总体上能与语境、功能和目的相适应
实验报告
1. "新闻报道试验报告与评估表"一份 2. 新闻报道过程的视频或录音音频一份,视频采用 MPG 格式文件大小一般不超过 200 M,音频采用 WAV 或 MP3 格式,时长三分钟左右 3. 实验脚本一份,采用 Word 格式 将上述试验报告提交至试验平台
思考问题
1. What are major applications of SNS in China? 2. Can we make some predictions about the development of SNS in the future?

本章小结

本章介绍了语言实验教学设计的相关内容。首先,解释了教学设计的概念;其次,详细分析了语言实验教学模式的教学设计的方法和步骤;最后,结合实际教学案例给出了教学设计的三个典型案例。

本章参考文献

[1] 乌美娜. 教学设计 [M]. 北京:高等教育出版社,1994.
[2] 何克抗、郑永柏、谢幼如. 教学系统设计 [M]. 北京:北京师范大学出版社,2002.
[3] 百度百科. 教学设计 [EB/OL]. www.baike.com/wiki/教学设计.

第9章 语言实验教材的编制

众所周知,高等学校外语教育是我国培养外语人才的重要基地。教育部相关统计表明,2018年底,我国共有753.3万本科生,本科院校达1245所;有60.4万研究生,研究生培养单位815个。无论是本科生阶段,还是硕士生阶段,甚至博士生阶段都开设了外语课程,面对如此庞大的外语学习群体,外语教学更是凸显出其重要性,关系到每一位大学生的外语教学涉及面广、社会影响大、教学任务重,教材作为语言知识和语言技能学习的重要工具,是教学过程中的基本要素,是课程形式的外在体现,集中反映了外语教学目标、具体的语言知识内容、外语学科教学性质与发展规律。教材是根据教学目标而制定和选择的,具有浅显和深度兼备的语言知识和技能体系的媒介。对于学生来说,教材是其课内外学习活动的材料和指南,调查发现,学生在大学英语学习中,教材学习时间平均达到每周5.72小时,平均占的比重超过53%[1]。对于教师来说,教材可以系统地展示教学内容,指导教师的教学理念,并贯彻教学方法使之成为教师们的一种行为习惯。因此,教材不仅是教师教学的主要依据和教学工具,而且也是学生所学知识的主要来源和技能练习的主要指导。如何利用网络来提高外语教育的个性化和效率,多年来一直都是备受关注的焦点。随着外语教育教学不断改革和深化,特别是信息技术带给外语教学的教学方法、教学手段在不断发展,促使新型外语实验教学模式不断涌现。为了全面贯彻国家人才培养战略,深化外语教育改革,有效利用先进的网络信息技术和评估体系,编制适应信息技术发展的新型教材,是做好教学的关键一步,以便让学生更充分地了解学习目标和学习手段,自主选择适当的学习材料,在语言实验室中进行完整的学习、测试、评估等自主学习环节,从而使各级别的学生有针对性地提高自己的语言基础、语言应用能力和综合文化素养。

教材可以定义为广义的教材和狭义的教材:首先,广义上的教材主要指课堂内和课堂外,教师和学生所运用的教与学的材料,包括课本和练习册等相应的辅助的相关教学材料,还包括在实践中教师根据自己的教学相关情况,对教学经验进行总结后自己编写与设计的与教学相关的材料。总之,广义的教材几乎涵盖了所有有利于学生扩展知识、提升技能的有关材料。从上述的举例可以看出,广义的教材不再限定教学材料的存在形式,超越了狭义上的教科书范畴。狭义的教材指的就是教科书,规定了教材的存在形式。教科书是一个课程核心的教学材料。

9.1 教材编制的原则

为了更好地实施语言实验教学,引导在信息化条件下顺利的外语教学活动,需要根据教学要求编制语言实验教材,本节将主要讨论语言实验教材的编制原则。教材的编制包括一般原则和实验教学原则。

1. 外语教材一般原则

语言实验教材首先它属于教材,因此它具有教材编制的基本原则。在当前信息化社会,随着学科技术的快速发展、教育观念和教学手段的进步,需要教育学者和一线教师来进一步研究,提出科学的教材设计和编写的指导性原则,这些指导原则能在长期的教学实践中加以检验和不断丰富。这些指导性的原则具有横向全面和纵向多层面性特点。首先语言实验教材属于外语教材的范畴,就外语教材来说,教材编制原则可分为以下三个方面。

① 教材编写的典型一般原则。

② 基于满足与外语教学相关的学科性质、基本客观规律及相应的教学方法等要求的外语教材编写原则。

③ 结合具体学科教材的独特要求及特点而提出的教材编写原则。

从另外一个角度而言,上述外语教材一般原则又具有以下三个层次。

① 第一层次原则:具有从一般到特殊的演绎特点,即第一层次教材编写原则是各类教材编写应遵循的普遍原则,第一层次原则是适合教材创编的普遍原则。

② 第二层次原则:是某一门类学科教材编写应遵循的普遍性原则,第二层次原则更适合某一类学科的教材编写。

③ 第三层次原则:该原则更适合某一类具体课型的教材编写,例如更加具体的外语教材编制原则。

我们结合外语教材编写的理论和实践,进一步分析了外语教材编制的具体原则,包括定向原则、目标原则、认知原则、趣味原则和实用原则、文化原则、语体原则、特色原则。

① 定向原则。该原则指的是在教材编写前要确定所编教材的基本走向,这些基本走向(定向性)具有如下范畴:教材的基本性质,即确定是针对相应的教学类型编写哪一类的教材等;明确教材定位,即明确教学对象、教材等级等;规定所编教材的容量的大小、编写本数、所需学时数。

在定向原则的指导下,我们需要做到如下目标性预期,首先,需要确定编写的是非学历性的教材,还是学历性的教材,若是非学历教材,还需要进一步明确是长期进修教材还是短期教材;其次,还需要教材编撰者明确是编写语言知识类别的教材,还是语言技能类别的教材;再次,还需要明确的是教材的等级,即是编写初级教材,还是中高级教材,更具体的是相应级别中的几年级教材等;最后,还需要明确是编写单本还是多本、每本课时数等。

对于外语教学编制而言,要做到明确上述基本定向,需要一线教师和学者根据教学实践进一步研究,来重点明确以下方面的内容:首先,强调文化和语言之间的对比性研究,确定语言和文化之间的异同之处,找出教材编撰的难点和重点,使得所编写的教材编制有的放矢;其次,强调学习者的目标需求和心理需求的相关分析,因为对学习者的目标需求和心理需求的分析尤其重要,要做到对教材的进一步明确化、具体化和精细化,使教材编制者能科学有效的确定教材的位置;最后,加强教材编制的理论研究和经验总结以掌握外语教学的性质、特点和规律。

② 目标原则。目标原则是指教材编制应当有恰当、科学教材编制目标。一旦制定了教材编制目标,在教材编制过程中就有了教材编制的方向感,并使得教材编制变得有意义。在教材编制中,根据课程大纲、教学大纲等规定的教学目标和课程目标对教学对象的需求进行分析来制定教材要实现的预期目标。同时,在确定预期目标过程中还需要了解教学环境和学时学制

等教学相关的各种因素。

对于外语教材而言,其教材编制目标一般需要预期到学生完成本教材学习后应达到的语言能力的具体成果,具体表现在文化知识、语言知识方面。这些在教材编制过程中都应该做出明确、详细的表述。

③ 趣味原则和实用原则。教材的编制趣味原则和实用原则是对各种教材编写过程中的一个基本要求,这是因为趣味性教材"引人入胜",这种现象就要求教材编制应当符合认知心理学和教育心理学的一般规律。符合趣味性和实用性原则的教材,在教学实践中能达到事半功倍的效果,因为这样的教材可以起到保护和调动学生学习积极性,以及维持和强化学习者学习动机的重要作用。趣味原则和实用原则要求在教材编制过程中不仅要注重增强教材的趣味性,使教材的内容有趣吸引人的同时还兼具实用性,最终教材的形式既赏心悦目,又方便实用。

在该原则的指导下教材的篇幅设计、封面设计、插图照片、字体字号、印刷效果、装帧用纸等要符合学生的兴趣点,使学生对从事某项活动或认识某种事物产生积极地情绪反映和选择倾向;教材的的词汇、课文、注释、语法、练习、翻译等要充分体现出教材的实用性价值,使课文词汇语法的选择、内容的取向、课文情景设置安排、练习的内容和方式等方面得到充分体现,教材内容既要满足学生未来对语言的应用需求,又要满足学生当前学习和生活的实际需要。

④ 认知原则。该原则认为在外语教材编制过程中要尽可能地考虑教学对象在语言习得过程中的认知因素。该原则要求在教材编制过程要做到以下方面:首先,要考察该教材的施用对象基本知识结构,例如:对语言现象的概况总结能力、认识语法基本结构和语法基本功能等能力、对语言材料的记忆能力等语言学能因素;其次,还要了解教材施用对象的语言交际能力和他们在外语学习过程中解决问题所使用的方法、技巧、途径、措施等外语学习策略;再次,还要掌握教材施用对象在交际活动而有意识采用的交际策略;最后,要探究教材施用者的认知方式,即要明确教材施用者是倾向于采取从整体中发现个别的场独立性认知方式,还是倾向于采取从宏观上看事物并把事物作为一个整体来对待的认知方式。

⑤ 语体原则。语体原则要求在外语教材编撰中要充分体现教材语体因素,符合教材编制的语体原则。语体有口语和书面语之分,不同的语体在表达的方式以及语言的材料相关的语体特征方面有着很大的差异。口语包括演讲语体、谈话语体、论辩语体等方面;书面语包括科技语体、公文语体、文学语体、政论语体等方面。另外,根据不同的场景,上述这些语体还可以被进一步划分,例如公文语体还可以进一步分为决定、决议、指示、通告、公告、通知等不同方面的语体。

外语教学就是训练学生掌握目的语各类语体的特点和使用规律,即让学生掌握根据不同的交际场合、交际内容、交际对象、交际目的,来选择恰当的语言材料和表达方式的技能。这些技能汇聚为一点就是能够恰当得体地运用目的语进行交际。根据教学的要求,外语教材的编制也要精心设计教材的语体,在编制过程中要注意口语语体和书面语语体大类的选择和更具体语体风格的确定,同时还要注重语体风格的识别、语体知识的介绍以及语体转换的训练;编写或选择的课文语体特征要典型;表达方式的语体属性相关的语法、语汇等语言材料和要充分体现。

⑥ 文化原则。文化原则要求在教材编制过程中,编撰者须要处理目的语和母语之间的文化关系,使外语教学中重视目的语文化教学的意识。一方面语言和文化是密不可分,相互联系的,即语言是文化的载体,文化是语言的基础,这就要求在外语教学过程中强化文化教学的基本理念;另一方面,外语教学要培养学生外语的"语言的交际沟通的能力",这是培养学生"跨越

不同文化的语言交际能力",因为学生的母语文化和目的语文化具有一定差异,学生如果要在外语环境中成功的交际就必须深刻理解由于文化的不同所产生的差异,在不同文化中进行切换,才能进行有效的交流,才可能避免因为文化不同而造成的交际障碍。

中文化教学的目标就是培养学生跨文化进行交际的基本意识,强化学生在跨文化交际的具体情景中处理文化差异的交际能力,增强学生识别目的语文化点的能力。因此,在外语教材的编制过程应恰当地选择和安排目的语的现代文化、主流文化、与目的语交际密切相关的特殊文化,同时还应当让学生明确这些文化和母语文化之间的差异。另外,教材中对待不同文化的态度应该是求大同存小异、尊重和平等、沟通和理解、包容和多元,保持客观和严谨的态度,同时这也是对教师和学生的要求。

⑦ 特色原则。该原则也可以称之为"创新原则"。特色原则要求教材编制不论是从整体编排到各环节的组织和安排,还是从理论到实践,都要考虑所编教材与其他同类教材的不同之处。在该原则的指导下,教材编写和设计必须要考虑教材自身的新意和特色。真正的特色是经得住时间和实践的检验的,特色原则是有着与当前时代背景下的新的理论和观念来支撑。因此编制一部教材,要考虑该教材与以往教材的联系与区别,即在继承中有创新,因此特色原则也遵循是知识继承和发展规律。

2. 实验教学原则

(1) 信息化原则

该原则要求在语言实验教材编制过程中应当根据语言实验教学的信息化特点,编制以软件虚拟化为特征的电子教材或网络教材。传统教学模式下编制的教材一般都是纸质形式存,类型教材在大中小学教学中发挥了重要作用,但是在教育信息化条件下,基于软件虚拟平台实施的这类外语教学,纸质教材的应用出现了明显的瓶颈,例如交互类型不一致,纸质教材是实物存在的,而教学平台是在虚拟软件系统下进行操作的,教师或者学生在在教与学的过程中既要看纸质课本还要去操作软件平台,这样无疑会增加教学的额外负担;教学数据共享的限制,在使用教材和软件教学平台实施外语教学过程中会出现教学数据与平台数据对接,纸质的教材只能是学生将教学过程中的数据(知识点、方法等)记录在课本上而无法转化成电子数据记录在电子教材或教学平台上,这样就极大地限制了信息化外语教学的效果。语言实验教学是在语言实验室内基于语言实验室教学法而事实的外语教学,在教学实施过程中需要使用实验教材,而实验教学必须要使用满足以软件虚拟化为特征的电子教材或网络教材。

(2) 个性化原则

该原则要求在语言实验教材的编制过程中应当充分注重学生在学习过程中的个人认知水平、知识水平和外语交际能力的个性化。因为在语言实验教学实施过程中,教师会根据教学要求为学生设计语言实验项目,学生分组或独自完成语言实验,并将实验结果提交至实验教学软件平台上,教师和学生在实验教学软件平台上对实验结果进行综合评价。由于每个学生的知识储备、认知及能力的差异会导致语言实验完成质量、评价结果等学习情况不同,语言实验教材需要针对每个学生的学习情况,呈现出个性化的教材形式和知识内容。

教材的个性化主要体现在以下三个方面:首先,语言实验教材根据教材学生的历次评价结果指出该学生在学习过程中所欠缺的知识和能力,并能人性化地为学生提供相关知识、技能和方法的学习材料以供学生课外学习提高;其次,语言实验教材需要根据每个学生的所提交的实验结果,去挖掘每个学生的长处和优势,帮助学生进一步提高;再次,语言实验教材需要统计学生实验结果的综合评价并以统计图的方式展示给学生,并能自动推荐完成出色的语言实验项目以供学生与其他同学学习和交流。语言实验教学的个性化原则是对传统教材的颠覆,因此需要不断研究和开发。

(3) 开放、共享原则

该原则要求设计与开发语言实验室教材应当遵循教材开放和共享的原则。语言实验教材是教育信息化产物,基于网络技术和计算机技术的信息化语言实验室具有开放和共享的特征。教师和学生在任何时间、任何地点都能方便地通过网络访问语言实验室的语言实验教学软件平台,作为与语言实验教学软件平台相配套的语言实验教材也能被用户方便地访问。这就要求在编制语言实验教材时应当充分考虑教材的开放和共享原则,为师生提供方便的信息化外语教学服务。

9.2 多媒体实验教材编制

一般认为,多媒体教材采是一种以计算机技术为基础的程序化的教材,是一种根据教学目标设计的、表现特定教学内容、反映一定教学策略的计算机教学程序,它以数字数据[2]的方式存储在计算机存储设备载体中。多媒体教材一般包括用于控制和进行教学活动的计算机程序、数据、文档资料和配套的用户使用手册。由于多媒体教材充分利用了现有的多媒体技术来展现教学内容,因此多媒体教材相较传统的纸质教材更加生动、直观和更容易理解。多媒体教材是一种计算机程序,它具有计算机软件的一些特征,例如教学信息载体和组织的多样化、教学信息处理的数字化、教学信息表现的交互友好性、教学过程的可诊断性等特征。多媒体教材是客观存在的计算机数据,因此它可用来存储、传递和处理,并为师生提供个性化的行交互操作界面。

语言实验教材是基于多媒体教材编制的教材,属于多媒体教材的范畴。相较传统的纸质实验教材,语言实验教材变封闭式的以教室、教材、教师为中心外语教学为开放式的语言实验教学;变"一刀切"式的外语教学模式为个别化、因材施教的语言实验教学;可以变被动单向式学习活动为尊重学生个性特点的双向交互式外语学习。本节将以电子教材和网络教材为实例具体讨论语言实验教材的编制。

9.2.1 电子教材

一般认为,电子教材是指采用计算机数字化技术和交互功能智能化技术将教材内容以视频、声音、图像、文本等科学直观的形式呈现并通过电子介质展示出来的教材,其主要特点是将传统的的纸质教材进行数字化和虚拟化。语言实验电子教材是以语言实验教学方法指导,以语言实验项目设计为内容的在语言实验室实施教学的外语电子教材。本节将主要介绍语言实验电子教材的特点和开发过程。

1. 语言实验电子教材的特点

语言实验电子教材是运行在语言实验室的终端设备上的数字化、虚拟化教材。相较传统的纸质实验教材,语言实验电子教材具有数字化、高效检索、友好交互、优化组织、界面丰富、开放共享等特征。下面将对这些特征进行具体分析。

(1) 数字化。由于教材内容信息以数字化形式存在,在当前存储单元小型化、高容量条件下,语言实验电子教材相较传统的纸质教材具有信息容量大、便于传播、存放和携带方便、经济环保的特点。

（2）高效检索。当前的电子教材是以计算机程序的方式运行并采用了数据库技术来进行结构化的数据存储,在课文内存查找时可以采用基于数据库检索技术等工具便捷地查询到所需的信息[3],能实现教材的课文内容的快速定位。

（3）友好交互。相较传统纸质的实验教材而言,语言实验电子教材能采用声音和文字与用户交互。例如电子课文给学生提供听力练习、展示经典的外语电影片或对话节目片段等语言学习素材,锻炼学生外语听的能力;学生可以通过发音练习将外语发音录制给语言实验电子教材,用来检查自己发音的准确性。总之,在语言实验室的信息化条件下,电子教材的交互功能将传统的纸质教材单向交互转换成双向交互,将交互的内容从图文视觉形式扩展到视听形式,使得交互更加立体,更加友好。

（4）优化组织、界面丰富。语言实验电子教材的阅读性继承于纸质教材,在图文展示更加灵活,能够更加优化的组织教学内容界面的组织形式,避免了传统纸质教材的呆板性特点。语言实验电子属于多媒体教材的范畴,多媒体可以实现图片、音频、视频等数字化内容的非线性、立体化和多层次组织,超媒体又可以实现一个文本到另一个可触发对象的链接,符合人的阅读习惯和思维规律[4]。

（5）开放共享。语言实验电子教材可以借助到计算机网络技术,将电子教材转换成含有外语教学信息的网络外语教学资源,师生可以在网络上随时、随地进行访问这些外语教学资源。

2. 语言实验电子教材的开发

语言实验电子教材的开发是一个流程化的系统工程,它集研究、需求分析、系统设计、开发实施和维护于一体,涉及多个环节。在研究过程中,应主要考虑语言实验室的设计架构、技术特征、语言实验教学法及其体系等方面,由于这一些内容在前面几个章节都已经做了详细的讨论,因此在本节不再进行赘述。系统设计坏节是软件开发的重要环节,涉及开发的基本理论和方法,由于本书的主题是讨论在信息化条件下实施语言实验教学法,是从整体上进行论述,因此本节也不再详细讨论语言实验电子教材的系统设计。本节仅对电子教材的基本需求分析与开发过程进行简要论述。

在语言实验电子教材的开发的开发过程中,要明确电子教材设计的标准。语言实验电子教材在设计和开发中要实现如下基本需求。

① 电子教材的数据整合。作为电子教材,在设计开发时应当注意与语言实验教学软件平台数据整合,在功能需求分析时就应考虑到电子教材与语言实验教学软件平台接口调用,实现数据互联互通。

② 交互界面设计合理,导航清晰。从虚拟电子产品的角度上看,合理的操作界面能给用户带来很好的用户使用体验,提供产品的实验效率。就语言实验电子教材而言,其目的就是指导语言实验教学更加有效地实施,友好的、操作简便的界面设计能更加有效地实现这一目标。

③ 语言实验电子教材应该是可管理的。在教材的使用过程中能够根据所学的级别(基于所学内容的难易程度及对学生要求的高低来划分的教学级别)来进行数据更新。另外,教材还应该能依据教学实施过程中产生的反馈意见进行及时修改和调整。

④ 语言实验电子教材提供视听功能应当充分地考虑到学生的认知心理特征,要符合人的一般认知规律。

⑤ 在设计时应当充分考虑到多种平台的兼容性,使其能适应多个平台,同时还应该具有

较强的容错能力,能在多个不同的平台上稳定可靠的运行。

⑥ 在语言实验电子教材的功能分析过程中应充分体现语言实验教学方法的思想,充分利用语言实验室特点,使得教材能够有效促进语言实验教学的顺利实施。

⑦ 技术思想要先进性。在教材的开发过程中要抛弃过时陈旧的技术思想,大胆引进先进新颖的技术,紧跟科学、技术、生产的发展,要做到创新技术、创新工艺、创新方法。

⑧ 知识内容通俗。在教材的内容设计时应适当降低教材的理论深度与难度,使教材内容容易理解,实现教材内容的学科性、系统性、理论性。编排教材内容要做到语言精练简洁、通俗易懂,这既有利于教师教学,也利于学生学习。

根据上述的语言实验电子教材的基本需求分析可知,教材的开发一般经历制作、合成、调试、评价、应用和修改阶段。

第一步:制作。根据开发前期的功能需求分析,制作电子素材,例如音频、视频、动态图、静态图、文本等文件。应当注意的是,这些素材内容应当紧贴语言实验教学实验项目的设置。

第二步:合成。将制作出来的素材,根据一定的标准和准则进行合成,使之成为一个有机整体。

第三步:调试。将合成好的电子教材初始实施进行调试运行,看该系统是否能够流畅、稳定的运行。此时,还应该查看内容是否正确完整,剔除错误的内容,完善缺失的内容。

第四步:交付。将调试正常的教材交付给用户(此时是教师和学生),对用户进行系统的使用指导,使其能够掌握教材的使用方法和使用过程中的注意事项。

第五步:试用。教师和学生在试用过程应当注意两方面情况:一方面是评估教材是否贴近语言实验教学,是否能够达到指导语言实验教学实施过程的目标;另一方面是测试在使用过程中的内容错误,是否有些错误是在调试过程中没有发现的。

第六步:修改。开发团队针对在试用过程中反馈出来的问题进行修改,将修改好的教材再次放入调试环节,检查、反馈重新修改的电子教材是否调试运行正常。

第七步:正式使用。用户正式使用经过开发团体修改后的语言实验电子教材,即教材的正式投入使用。

9.2.2 网络教材

在以网络技术为基础的互联网环境下,将教学模式转变为以学习者为主体,以教师为辅助的探究学习型方式为主的教学活动构成了网络教学,在这种教学活动中,其教材的设计也要突破传统教学模式,将网络和多媒体技术结合在一起,如音频素材、视频素材以及各类电子教材等。正因为这类教材是在构建网络环境基础之上使用的,所以把它们称为"网络教材"。随着世界范围内的信息化进程的快速推进,以及信息技术不断地向各个领域的不断拓展,使出版产业数字化也在快速推进,数字出版产业迅速成为中国出版产业变革的主要方面。这种快速发展的数字出版业,使基于互联网技术的外语教学形式成为外语教学技术发展的最重要的趋势,这种趋势催生各类外语网络教材的产生与发展。

早在2003年,教育部正式启动的大学英语教学改革就已经确立了这种基于互联了技术的网络教材在外语课程中的支撑地位。网络教材强化以现代信息技术为支撑,将计算机技术与外语课程有机结合,成为以基于互联网技术的教学模式创新。经过近十年的发展,网络信息技术广泛应用于高校外语教学的实践之中,国内几大出版社所出版的教材各自具有特色,并在全国各类高校的也得到了广泛实践和应用。在应用过程中,各大出版社也在不断改进和完善网络教材应用中遇到的各类问题,使网络教材得到持续发展和完善。例如教育部委托清华大学出版社、高等教育出版社、上海外语教育出版社、外研社开发了四套基于多媒体技术和网络的大学英语教学软件平台系统,即《新理念全新版大学英语》(外教社)、《新视野大学英语》(外研社)、《体验英语》(高教社)和《新时代交互英语》(清华社)等网络教材,这些教材经过多年的持续发展,已经成为教育部推荐使用的经典网络教材。

但是从总体上看,当前所开发的外语网络教材也存在着如下问题:网络教学的质量水平参差不齐,例如很多开发和设计的网络教材不利于网络环境下外语教学的实施;因为没有统一的标准,一部分开发和设计的网络教材系统兼容性不够,只能适用于与小部分的网络环境。同时,与国外现行的网络教材(如《华尔街英语》《行星英语》网络教材系统等)相比还存在很大的差距和不足,还需要进一步努力。

1. 网络教材的开发思路

在语言实验教学模式下,网络教材不仅能够实现传播知识,同时也能起到指导学习和启迪学生的作用。语言实验室的网络教材既要突出教学过程中学生的主体性,又要体现实验教学方法的科学性以及手段的先进性。在语言实验室环境下开发网络教材要以实验室网络为传输平台,以多媒体服务为实现手段,以完整的知识系统为指导纲要,以资源共享为主要特色,同时还要融合语言实验教学模式的教学思路。语言实验教学模式为了网络教材提供了基本需求,充分利用语言实验室的网络资源和网络教学的优势从而最大限度地开展网络教学活动。

根据上述分析,在语言实验室进行网络教材设计开发时应基于以下六个方面的思路来进行。

① 要以语言实验教学模式思想作为开发设计的基础,在设计内容上要体现以"教师为主导,学生为主体"的原则和"形成性评价与终结性评价相结合的多元评价"的原则等语言实验教学模式的核心意涵;在表现形式上要突出语言实验室教学模式的"实验设计""自主实验""学生自评""学生互评""教师评价"和"互动反馈"等多个实验教学模块。

② 开放的语言实验网络教材的设计思路,就语言实验教学模式本身而言是一个在信息化条件下开放的教学模式架构,在网络教材设计思路上也应当遵循开放的基本思路。应当从两个方面着手:a. 网络教材中所使用的语言实践素材一方面应当是根据各个专业特点,遵循其内在规律开发出具有专业实践特点的网络教材素材,另一方面这些实践特点的实践素材能够在教学和实践推进过程中不断地更新和丰富,体现出开发的特点;b. 网络教材访问的开放,使教学参与者可以随时随地访问这些网络教材资源,具有权限是对这些网络教材资源进行"增""删""改""查"的操作,从而不断地根据教学实践经验对网络资源进行丰富,也体现出语言实验网络教材的访问开放性。

③ 智能化的网络教材。在设计开发网络教材时,应当采用利用机器学习技术、自然语言处理技术、语音智能分析技术等使网络教材具有某些智能分析功能方便教学,如语音发音自动评分、智能翻译等用来提高教学效率。

④ 专注提高学生的创新思维的语言实验网络教材。教学内容设计一方面要考虑知识的系统性,另一方面也要注重学生的创新意识的培养和个性化塑造。从教育心理学上来说,一般可以通过创设问题情境来引发学生的创新思维。研究学生问题情境的心理状态,创设合理的问题情境,使学生接触到的网络教材内容与原有认知水平出现差异,从而让学生对疑难问题急需获得解决的心理状态,学生在这种心理需求下,会积极去探索原因,寻找正确答案,从这个意义上来激发学生的主动思维以及创新思维。

⑤ 以教学实践为基础的语言实验教学网络教材,网络教材的设计和开发来自语言实验教学实践,在日常教学中积累教学经验从而一点一滴的升华,避免了从设计者的主观思维上来闭门造车。从某种意义上来说,优秀的网络教材不仅仅包括教学知识内容更加蕴含了教师的教学经验、教育思想和教学方法。网络教材的设计与开发应当遵循"从教学实践中来,回到教学实践中去"的思路。

⑥ 培养学生自主学习能力的语言实验教学网络教材,网络教材的设计与开发应当注重探究教学方式的开展,鼓励学生运用学过的知识和技能主动探索和发现新的新的知识,使网络教材本身也满足了提高学生发现问题和解决问题的能力,也增加了学生的自主学习能力。

2. 网络教材开发过程

基于上述分析在语言实验室条件下,语言实验教学网络教材的设计与开发应当基于以分析、设计、开发、调试、教学实施以及维护等基本阶段。

① 分析阶段。这个过程应当首先明确网络教材的施用环境和基本需求,任课教师根据语言实验教学模式的特点提供具体教学要求和教学知识计划,设计技术人员再根据这些教学要求和教学知识计划基于语言实验室设备环境进行系统设计分析,形成系统设计概要。

② 教材开发阶段。根据分析阶段的系统设计概要进行试验教学网络教材的具体开发,如进行网络教材服务器的代码实现,教材具体的文本、声音、视频等素材的整合与制作等。

③ 整合调试阶段。将整个教学系统各个实施模块进行功能整合,同时将教师的教育思想和学习指导方法融入其中,形成整体的语言实验教学网络教材的前、后台整体支撑系统,并进行系统功能性测试等。

④ 实施教学阶段。这是网络教材开发的重要一环,将调试并测试正常的网络教材系统部署完毕,并交由教师语言实验进行教学实施,进一步检验网络教材的施用效果。

⑤ 维护阶段。正常运行使用的网络教材,可能会有一些问题在调试阶段没有测试出来或者根据教学需求进一步提出一些技术改进和教材完善等需求,在本阶段要给予进一步解决,使其能更好地应用在语言实验教学中。

9.3 纸质实验教材编制

语言实验的实践性强,其教学目的和目标是使学生掌握语言技能和语言综合运用能力,使外语学习的目的不再是语言技能本身,而是通过与专业知识的结合实现由语言技能型向专业知识型的转变,因此在纸质实验教材编制过程中,要注重掌握专业领域的外语知识,进而提高外语的应用能力。因此,必须注重教学实践,强化学生的课后实践。以北京邮电大学《大学英语实验教材·听说》为例,论述语言实验教学教材的编制。

9.3.1 教材编写基础

1. 英语实验教学是深化大学英语改革的需要

经过多年的改革,我国的大学英语教学已经由培养学生阅读能力为主逐渐向听说能力,特别是语言综合应用能力的转变教学目标的改革引发了教材、教学法、教学手段等一系列变革。随着多媒体技术在教学中的广泛应用,基于计算机的大学英语教学为各高校普遍采用。《大学英语课程教学要求》中明确指出大学英语课程的设计"应大量使用先进的信息技术,开发和建设各种基于计算机和网络的课程,为学生提供良好的语言学习环境与条件"[5],要确保学生的语言应用能力在不同层次上得到提高及个性化发展的需求。

目前,我国多数高校都建设了专门用于提高外语学习的各种类型的网络化语言实验室,具备了良好的自主学习环境。然而教学实践表明,学生在语言实验室中的自主性体现得并不够充分,大部分学生在自主学习的各个环节中对教师的依赖性仍然很强,学习效率低下。根据我们的研究,"自主学习+面授"的形式在短期内能够使部分基础薄弱的学生的听说能力得到提高,但长期效果并不明显。外语教学质量的提高教材是重要影响因素,教材编排的指导思想、教学目标和内容选材上如果不重视学生的实践应用能力的培养,就会严重制约大学英语教学总体水平的提升,只有打好外语教材体系的基础,外语教学的质量才能有所保证,才能推动外语教学改革持久纵深地发展。鉴于此,我们认为现有的大学英语教材没有充分突出学生在主体性的发挥,无法满足学生自主学习的需要。将传统教材的内容数字化并不能长期有效地引导学生的语言习得,无法真正促进学生的学习能力。学生需要的不仅是语言资料的输入,更需要的是合理使用各种材料以提高自身语言能力的有效方法。

同时,由于学生英语语言基础、计算机运用水平、学习动机及个性气质均存在差异,在自主学习中使用的学习材料和学习方法也应因人而异。现有的大学英语教材多为"一刀切"的模式,即为了满足中等水平学生而设计,既忽略了基础薄弱型学生的要求,也扼杀了基础较好型学生上升的空间。

因此,为了满足学生对个性化学习材料和学习手段的要求,我们将根据教学要求,编写大学英语实验课经典案例集,让不同起点的学生均能找到适合自己的学习资源,并在实践中掌握适合自己的学习方法。

2. 现代教育技术的发展为英语实验教学提供了技术支撑

各种语言学习软件的开发、语料库的应用研究、网络的普及、语言技术平台功能的延伸以及语言实验室硬件设施的逐步完善等都使实验所要求的数据化、可操作性得以充分实现,能记录实践过程和反馈实验结果,可以提供准确、明晰、客观的实验数据验证、应用、发展语言理论[6]。根据《大学英语课程教学要求》(2007年版),提出了以计算机网络技术为支撑、建立"基于计算机和课堂的教学模式"的系统性方案,根据这一新的教学理念,在现有条件下,充分利用现代化的教育技术,建立了以学生为中心,以信息技术为手段,加强学生的外语综合应用能力、自主学习能力、研究能力和创新能力,为社会培养适应信息化时代发展需要的复合型人才[4]。

3. 英语实验课经典案例集是集先进性与科学性为一体的新型外语教材

本教材在形式上采用科学实验的步骤:首先明确学习目标和理念,然后提供丰富翔实而循序渐进的语言材料供学生练习,让学生在实践中学会筛选适合自己的学习材料,并在训练中掌握语言知识和技能。同时,传授学生使用不同学习资源的实验手段,培养学生独立操作和自主学习的能力,使之具备发现教材以外的学习内容,并进行独立学习的能力。学生的实验报告将有效地记录学生的学习进度和学习心得,加强学生的独立思考和应用分析能力,并对其学习起到督促作用。

4. 新教材的编写具有坚实的教学科研基础

2004年,北京邮电大学积极响应教育部号召启动大学英语教学改革,也是第一批获得大学英语改革示范点31所院校之一,在大力推进基于计算机和网络的大学英语教学模式方面,我校已逐步走在了全国高校英语教学改革的前列。近年来,北京邮电大学的大学英语教学改革逐步深化,已经就听说、精读等课程的教学模式和评估体系展开了深入的研究,并应用于教学实践。其中,针对2010级学生进行的大学英语泛听课自主学习试点研究工作已取得了一定成效。通过问卷调查显示,虽然来自各省市出类拔萃的学生在进入大学学习阶段依然有对语音基础训练的要求,慢速英语听力训练对这一层次的学生确实有个性发展的需求,因此我们制定以语音基础实验项目促进自学,因材施教。除课堂教学外,课后布置不同等级的任务供学生自主完成,学生反馈良好。本次改革的成功经验和丰富的教学资源为新教材的编写提供了可靠的依据。

9.3.2 编写方案

按照教育部高等教育司颁布的《大学英语教学要求》(2017年版)对学生能力水平的最新要求和对教学的指导意见,以及对计算机和网络在教学模式中应用的建议和要求,并深入研究现有教材的特点、长处与不足,同时参考本校语言实验室示范中心作为大学英语教学示范基地所积累的计算机、网络环境下大学英语教学的经验提出了适合普通高等院校学生的《大学英语实验课经典案例》教材的编写方案。本编写方案主要包括指导思想、理论依据以及新编教材的框架。

1. 教材编写的指导思想

按照教育部高等教育司最新《大学英语教学要求》,大学英语教学在充分考虑提高学生整体的语言能力和水平的前提下,着重考虑听说能力培养。提高语言能力的同时还应注重知识的拓宽、文化素质培养。在教学模式上,要充分将新技术融入教学之中,特别是大数据、虚拟现实技术、移动互联网技术等,为学生提供更专业学习资源、更便捷的学习方式,实现个性化和自主化的学习,满足学生自身个性化发展的需求,基于此指导思想确定的编写方案。

2. 教材编写的理论依据

① 按照教育理论,编写教材要符合外语教学的基本原理、教学原则以及外语学科教学规律,把握教材的总体质量合理编排框架结构,对教材中每一节每一个知识点进行梳理和全面分析,制定明确的教学目标、教学任务、根据教学对象合理分配教学难度,利于学生语言技能掌握和提高。

② 按照心理学理论,调查研究并详细分析学生的语言水平和能力层次,了解学生学习规律和特点,把握学生的学习心理特征和思维发展的方向性和顺序性,由简单到复杂、由低级到高级;把握学生思维发展的普遍性和差异性,确保教材体系结构有利于学生的思维发展。

③ 根据课程理论,确保教材中每一章节的语言教学内容的选择标准、范围、活动方式的设计的要求,有利于学生知识的拓展和延伸。

④ 根据教学目标分类理论,将教学目标体现于教材的各自学习单元之中,并为每个单元制定具体而明确的学习目标和预期结果,确保教材符合学生能力培养循序渐进的原则,增强学生学习兴趣和动力。

⑤ 根据教学评价理论,充分考虑过程性评价和终结性评价相结合的优势。基于此制定每章的形成性评价档案要求内容,同时实现评价主体的多样性、评价标准客观性、评价反馈指导性。

3. 新教材编写的框架

① 新编教材的总体结构体现学生学习规律、适应时代发展需求、充分体现当今信息技术的最新成果、有助于实现新课程目标。

② 新教材编写充分体现语言学习和现代信息技术的融合,实现语言学习的个性化、互动

化和可检验。

③ 新编教材充分体现现代教育思想，充分发挥学生的主体作用和教师的主导作用。

④ 新编教材增强语言教学的实用性、知识性，实现语言学习与知识拓展的同步性。

⑤ 新编教材充分体现语言能力差异、学生个性差异、兴趣差异，实现真正的因材施教。

9.3.3 教材特色

《大学英语实验实验教程》以《大学英语课程教学要求》为指导，以能力培养为目标，重点突出实验特色，强调英语基本技能的训练，设计使用跟读、词汇拓展、会话仿说、听力技能训练、会话仿写、小组讨论、情景模拟与角色扮演、采访、命题演讲、微型调研十大实验项目，涵盖英语国际音标学习、英语日常听力与对话、慢速英语听力、趣味听写等丰富的学习内容[3]，以培养学生听说读写译的基础技能。达到科学性与人文性的统一，具有明确的针对性和可操作性。每个单元都设计有明确的学习目标和实验项目，使学生通过自测环节解自己对本单元知识点的掌握情况，而每个知识点下设有两个层次的实验案例，供学生选择使用。大学英语实验课将被动输入式的英语学习转变为主动的，由"目标-内容-步骤-分析-结论"构成的，有输入、输出的完整过程，实现真正意义上的自主学习。从大学英语网络自主学习的教学实践出发，重点突出实验特色，强调创新性、指导性、针对性和开放性。

① 创新性：本书采用全新的实验案例的体系结构，这在全国的大学英语教学界实属首创。

② 指导性：教育部印发了《大学英语教学指南》(2017年版)，为各高等学校大学英语教学的提供政策性指导，《教学指南》要求个性化教学，提倡分级教学和分类教学，并对学生的英语能力提出了一般、较高和更高三个层次的要求。本系列丛书的初级、中级和高级三册分别对应了以上三个层次的要求，每本分册又各自从听、说、读、写、译和词汇六个维度精选实验案例，将主要的实验任务与技能点串联起来，引导学生进行有效的自主学习，有计划、有步骤地提高英语应用能力。

③ 针对性：北京邮电大学是国内最早建设语言实验教学中心的大学之一，并于2009年成为北京市语言实验教学示范中心，因此我们的一线英语教师和技术人员都积累了丰富的实验教学资源和经验。本系列丛书针对实验教学过程中的资源不系统、评估不科学、管理不规范等突出问题，设计典型实验案例，展示完整的实验设计以规范和严格大学英语实验教学。

④ 开放性：本系列丛书的每一分册由负责实验教学的骨干教师负责，并在教学中不断总结经验，依据网络化实验平台，采用开放的方式自主创新和定义新的实验项目，遴选优秀实验案例补充到实验项目之中，对于教师和学生推荐的优秀案例享有推荐名誉。这种滚动、开放式的定期更新案例，可以保证案例的科学性和时代性。

大学英语实验教程是对教学观、教师观、学习观、媒体观以及教学模式和教学手段的转变，通过自主开放实验，突破了已有的基于网络教材的局限性，实现了语言实验过程中语言应用能力发展情况的检测和监督，求证和分析、实验报告的提交、结果的查看及反馈等功能，完善了学习过程的监督与评价，使学生巩固和扩充课堂讲授的理论知识，加深对英语语言技能训练系统中"语音训练""语法归纳""词汇学习""视听说"理论的理解，培养他们积极主动的个性化学习和有效的学习策略，激发潜在的学习动机和实际应用，帮助学生形成严谨、科学的学习态度和工作作风，培养学生综合应用语言的能力、自主学习能力、研究能力和创新能力[7]。

总之，大学英语实验教学不仅要求学生掌握运用语言的能力，更重要的是训练学生掌握学习语言的方法和习惯，感受语言的文化魅力，最终实现终身学习，这是我们这套系列丛书的最终目标。

本章小结

　　一般意义上的教材涵盖了多种教学资料,例如课本、教科书、讲义等资料。所以说,教材就是为了实现教学目标,为教学服务的相关资料。一般情况,教科书是成套编制,即学生用书、活动册、练习册、教师用书、光盘等各类教学材料。根据存在形式,教材可以分为纸质教材和多媒体教材,本章首先讨论以语言实验室教学体系为依据,语言实验教材编制的原则,其次重点对多媒体实验教学编制进行论述。

本章参考文献

[1] 杨君如.以教材建设推进外语跨文化教学的重要性[J].科教文汇(上旬刊),2019,(01):193-195.
[2] 童应学,吴燕.计算机应用基础教程[M].武汉:华中师范大学出版社,2010.8-211.
[3] 陈月茹.教科书内容属性改革研究[D].上海:华东师范大学 2005:45.
[4] 孔庆梅.电子书的新产品形态:社交型电子书[J].出版参考,2011,(11):15.
[5] 高教厅.大学英语课程教学要求(试行)[S].[2004]1号.
[6] 王英.基于语料库的英语学术写作实验教学研究[J].西南农业大学学报(社会科学版),2010,(04):231-233.
[7] 范姣莲.大学英语实验教程4[M].上海:上海外语教育出版社,2014.

第10章 语言实验室的建设与管理

10.1 语言实验室软硬件建设

目前,随着教育信息化不断推进,语言实验室软硬件建设也在着朝着信息化和虚拟化迈进,实验室的教学环境已经由原来的以硬件为主导的单一功能的设备支撑转变成现在以软件为主导的虚拟化服务集群支撑。一般而言,实验室建设从两个方面进行,一方面是包括硬件设备在内的基础设施建设,另一方面是部署在硬件设备之上的软件系统。但是又不能把它们割裂来看,硬件设备是软件系统运行的基础,而软件设备是硬件设备的服务对象,因此需要合理的设计与实施将软硬件合理搭配来共同构建稳定、高效的语言实验室运行平台。本章将从需求分析、网络系统设计、硬件设备部署、软件平台构建、调试测试方面进行分析。

10.1.1 需求分析

依托校园网环境下语言实验建设首先要满足信息化要求,要实现各个应用系统之间高速可靠的连接与高性能的信息交换能力,提高网络访问的可靠性,增强系统对外发布的安全控制能力,以满足数据交换、共享服务等需求;如果是跨校区建设语言实验室建设还要满足集中管理、集中控制,校区间的互联互通及数据共享。

1. 硬件环境建设需求

在硬件环境建设中服务器设备要与网络环境进行整体规划和统一整合,保证服务器设备与网络环境无缝连接,从而设计出完整意义上语言实验教学硬件环境的应用技术解决方案,确保建设方案满足语言实验教学应用需求,以保障依托校园主干网实现物理互联,在各个不同的教学实施环境之间组建网络,将各个不同的教学实施环境逻辑上整合为一体,实现教学业务数据的互访和通信。在网络环境搭建上应当满足以下四个方面的要求。

① 保证所有的终端及服务器等设备严格按照校园网 IP 地址规范、安全策略进行建设,保障实验室各个的信息化教学应用单元在校园内开放、共享,将实验室网络组建成为校园网系统的有机组成部分。

② 在网络拓扑上采用三层网络架构便于后期设备建设扩展,核心骨干网络采用万兆链路连接保证数据传输的带宽,接入网络采用千兆到桌面方式连接。

③ 根据教学业务不同功能,在接入层实施业务 VLAN 策略,并根据业务及流量特性对业务 VLAN 进行合理的带宽规划,根据不同业务实施不同的 QoS 策略,保证关键业务数据包的

低丢失、低延迟，防止出现音视频的抖动延迟发生。

④ 各个教学实施环境的核心交换区作为数据交换核心，要与各个用户接入区节点通过高速通道进行连接，又要与数据中心区、校园网接入互联，以实现网络内部服务器终端之间和校园网其他用户访问的数据交换，要具备高可靠性及高冗余性，保证教学应用时并发访问的需求。

硬件设备的建设主要采用集群的服务器虚拟化技术来实施，根据实际语言实验建设要求服务器要运行大学英语实验平台、虚拟仿真实验平台、同声传译互动平台、基础语言实验室系统、教学资源整合系统等软件平台以及保障他们数据传输与共享。从总体上来看，服务器虚拟化建设应当满足以下技术指标。

① 可以支持各类不同的操作系统(OS)，将操作系统(OS)进行实时、动态的迁移，在业务不中断的前提下，即将正在运行中的虚拟机从一台物理服务器或存储设备上动态搬移到另一台服务器。这一过程，对用户是透明的，使用户无察觉。

② 利用虚拟技术将一个物理机虚拟成一个资源池，这个资源池包括了网络服务单元、服务器集群中的 CPU(中央处理器)和内存单元、存储单元等资源。这些虚拟化的资源池能够实现根据所运行虚拟机的负载水平，自动将集群的资源池的内动态分配部署，从而实现集群内的动态规划负载均衡，这种机制有利于使资源利用率最大化的同时也能够保证重要业务的资源使用。

③ 拥有服务集群中的系统容错机制，即系统可通过网络心跳和存储心跳检测资源池的高可用集群的物理服务器的故障，并可自动重新启动虚拟机，使得虚拟机的重新启动能够与资源池的动态负载均衡结合根据当前业务运行的资源状况自动选择资源充裕的物理服务器，以保证不影响主要业务系统的资源使用和 7×24 小时的业务系统正常运转。

④ 支持在同一个物理机或跨物理机的虚拟机应用集群，并能够实现虚拟机-虚拟机关联，具有应用的高可用能力。同时，可在负载均衡和策略中区分适用于策略的主机和非适用于策略的主机，以确保负载均衡调度中适用于负载均衡策略和不适用于负载均衡策略的虚拟机运行在不同的物理机上，保证虚拟机应用机群的运行可靠性。

⑤ 要求服务集群具有良好的硬件兼容性和软件兼容性。硬件兼容性包括虚拟化资源整合平台软件支持现有市场上主要厂商主流的 X86 服务器架构、存储单元和网络单元；软件兼容性包括支持主流的硬件平台虚拟化技术，支持同时运行异构的操作系统，支持现有的主流的操作系统包括 Windows 系列和 Linux 系列等。

2. 软件设备建设需求

实验室软件平台是语言实验教学的重要支撑，也是信息化技术在语言实验室应用的重要体现，因此构建语言实验教学软件平台是语言实验室建设的重要组成部分。语言实验室软件平台主要包括大学英语实验平台、虚拟仿真实验平台、同声传译互动平台、基础语言实验室系统、教学资源整合系统等，其主要的技术需求包括以下三个方面。

① 系统响应时间。响应时间是用户触发请求到系统返回处理结果所经历的时间间隔，由于业务处理的复杂程度不同，而产生的响应时间也有所差别，但是响应时间仍然是用户对系统性能最直观的感受，因此直接表现了系统的性能。根据语言实验教学的业务特点，软件平台的系统响应时间应该控制在合理范围内。

② 并发用户数目要求。并发用户数要区别于同时在线用户数，并发是针对某一个或某几个业务的行为，并发用户数取决于用户的行为即业务模式。因此，语言实验教学软件平台测试

时要考虑基于用户行为的高并发访问,以保证系统运行的稳定性。

③ 系统吞吐量要求。吞吐量是指单位时间内系统处理的客户请求的数量,通常以请求数/秒或者页面数/秒来衡量。一般对于交互式应用来说,吞吐量指标反映的是服务器承受的压力,也就是以不同方式表达的系统的负载能力,说明了不同层次的服务承载能力。因此,在语言实验教学软件平台的建设中应当充分考虑到系统吞吐量。

上述是语言实验室软件建设整体的性能指标要求,在具体不同的业务层面其要求也有所差异。

3. 总体建设目标

通过信息化的技术手段,立足于师生需求,改善和提升学院的教学环境、管理环境,为实现北京邮电大学人文学院教学质量、学科建设的进一步提高提供重要保障。通过北京邮电大学沙河校区语言实验室的建设,能充分满足语言实验教学业务的要求。具体目标如下。

① 建立一套立足于应用建设长期发展的标准体系和应用框架,满足实验室未来的扩容并拥有标准化定义的数据交换接口。

② 建设科学、合理、扩展性强的服务于语言和特色实验室教学的 IT 基础设施建设,如网络建设、机房建设、服务器存储建设以及业务平台建设等,以符合语言实验室应用长期发展的 IT 基础设施环境。

③ 实现跨校区的业务互联互通及数据共享,以实现语言实验室的集中管理、集中控制。

④ 实现大学英语实验平台、虚拟仿真实验平台、同声传译互动平台、基础语言实验室系统、教学资源整合系统等各个语言实验教学子平台的数据深度融合,构建高效、共享、开放的语言实验教学平台。

10.1.2 网络系统设计——以北京邮电大学语言实验室建设为例

学校经过多年的信息化建设,北京邮电大学人文学院已经逐步建成了学院路本部校区、宏福校区两大综合多媒体语言实验室学习区域平台。经过前期网络的多次改造,两个校区目前采用 GRE 隧道模式保障了两端网络的互联互通,形成了以校园网为依托的两地虚拟实验室网络。在学院路本部校区可通过建立的专属 VPN 网络,远程访问教学资源和端对端学习。在学院路本部校区可通过校园网远程访问宏福校区各语言教室的监控视频;语言实验平台互访和数据交互、远程服务器维护以及实现两地 IP 电话通信等多业务平台模式,大大提升了效率,也带来了管理上的便利。

随着北京邮电大学新规划,将在昌平区沙河建立新的综合性校区,同时也将在沙河新校区建立新的多位一体的语言实验室,要求对三个校区统一进行规划管理,最终形成综合性、完整性、高效性的统一业务网络综合业务学习监管平台建设。

将新购设备与现有服务器设备及网络环境进行整体规划和整合,保证与原有的设备实现无缝跨校区连接,提供完整合理的应用技术解决方案,确保建设方案满足实际应用需求,以北京邮电大学校园网主干作为依托实现物理互联,在沙河校区根据教学应用组建网络,并将沙河校区、本部校区、宏福校区在逻辑上整合为一体,实现业务的互访和通信。

① 目前本部和宏福校区采用路由器实现的 GRE 虚拟隧道方式,实现了两地的互联互通,在加密方式上采用 GRE 对等密匙加密,在一定程度上保障了网络安全。

② 本次新建项目所有的终端及服务器等设备严格按照我校信息办的 IP 地址规范、安全策略进行建设,保障我校信息办的统一管理策略。

③ 采用三层网络架构，核心骨干网络采用万兆链路连接，保证数据传输的带宽和今后业务扩展，接入网络采用千兆到桌面方式连接。

④ 根据教学业务不同功能，在接入层实施业务 VLAN 策略，并根据业务及流量特性对业务 VLAN 进行合理的带宽规划，根据不同业务实施不同的 QoS 策略，保证关键业务数据包的低丢失、低延迟，防止出现音视频的抖动延迟发生。

⑤ 核心交换区作为整个网络的数据交换核心，要与各个用户接入区节点通过高速通道进行连接，又要与数据中心区、外网接入区互联，以实现网络内部服务器终端之间和外部用户访问的数据交换，要具备高可靠性及高冗余性，保证教学应用时 1000 点的并发。

⑥ 接入层在各个实验室分别配备接入交换机，通过高速接口上联到汇聚交换机，为各实验室保留足够的终端接口，并以 VLAN 来划分不同的业务及端口，根据不同业务实施不同的 QoS 策略，保证关键业务的稳定性和连续性。

1. 核心网络建设

首先构建核心交换网络，验室机房部署的两台高性能网络核心交换机为该区域提供核心路由高效、可靠、安全的交换服务，在这两台交换机上分别配置若干块块多端口千兆以太网接口业务板卡，使其既可以支持万兆光模块又可以支持千兆电口，再配置 2 个万兆多模光接口模块，将两台设备实现 2 条万兆光纤链路互联，达到 20 GB 的传输速率，并采用虚拟化技术实现两台物理设备逻辑组合为 1 台设备实现物理设备冗余。服务器区域通过千兆光纤网卡直连至核心交换机。网络核心区域将采用 2 条千兆多模链路上联至校区网络信息中心接入交换机实现上联链路冗余。核心交换机下联至汇聚交换机采用万兆多模光纤链路互联实现链路冗余通信。在核心交换机上配置 BFD-MAD 功能可以解决 IRF 链路故障将一个 IRF 分裂为两个 IRF。沙河机房网络核心层交换机网络互联物理连接具体实施建设内容包括以下三个总体步骤。

① 将核心交换机上架安装，安装核心交换机、业务板卡和电源风扇等。

② 将核心交换机加电；将万兆光纤模块、千兆光纤模块插入到交换机上；连接好两台核心之间的 2 条万兆光纤链路；设置两台核心交换机的虚拟化堆叠参数，使两台设备逻辑组成为一台设备；规划好核心交换机的各个端口用途。

③ 按照原网络系统核心交换的相关参数设置端口、IP 地址、VLAN、三层路由等内容，为保障原网络系统设备可以平滑迁移接入新核心交换机上；按照网络系统互联需求设置端口、IP 地址、VLAN、三层路由等相关参数。

2. 汇聚层网络建设

两台核心设备作为整个网络的核心层设备，并采用虚拟化技术实现两台物理设备逻辑组合为一台设备实现万兆光纤链路互联，每台物理汇聚设备分别通过 2 条多模万兆光纤链路上联至核心交换机，汇聚交换机到接入交换机采用千兆多模光纤链路互联通信。在建设过程中配置了 BFD-MAD 功能故障恢复功能，出现链路故障时可以将一个 IRF 分裂为两个 IRF。通过冲突解决机制来解决多 Active 冲突问题，这一过程是这样实现的：系统检测有多个 Active 链路通信冲突后，这些冲突的 IRF 就会进入冲突竞争模式，这种模式可以使故障链路自动修复，同时还不影响链路的业务运行。系统会判决 Master 成员编号小 IRF 的获胜，获胜的 IRF 继续运行，编号大的 IRF 转入 Recovery 修复状态，修复状态的链路暂时不再转发业务报文。系统会自动修复在 Recovery 状态的 IRF 链路，这一过程中如果自动修复失败，则需要人工介入修复。IRF 链路修复后，系统再自动重启在 Recover 状态的 IRF，将状态模式变为激活状态。随后,将修复好的 IRF 重新合并为一个 IRF,然后将原 Recovery 状态 IRF 中被强制关闭的业务端口恢复(如图 10-1 所示)。

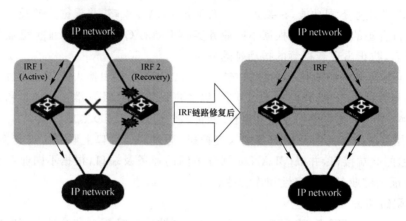

图 10-1　修复 IRF 链路后 IRF 自动恢复

3. 接入网络建设

网络终端接入区作为语言实验室终端 PC 以及其他设备的接入区域,本次项目采用 H3C S5120-52P 交换机通过冗余链路方式,通过千兆多模光纤上联到两台核心交换机上,保障链路安全性。通过在设启用 VLAN,实现逻辑安全隔离。具体实施建设内容主要包括以下四个方面。

① 按照新需求规划汇聚交换机和接入交换机的网络接口。
② 按照新需求设置 VLAN、IP 和路由等网络协议参数。
③ 连接各楼层接入交换机到汇聚交换机的互联链路。
④ 对办公网接入进行网络通信测试,包括互联网访问、内网应用访问和链路冗余负载测试等内容。

10.1.3　实验平台构建

实验平台是语言实验教学模式在信息化条件下实施的重要实体,因此实验平台构建是语言实验室建设的重要内容。实验平台不是指具有某种主体功能的单个软件平台,而是多个子系统平通过有机整合所构成的虚拟化的软件系统体系。一般而言,实验平台包含以下子平台:大学英语实验平台、虚拟仿真实验平台、同声传译互动平台、基础语言实验室系统、教学资源整合系统等。具体构成如图 10-2 所示。

从总体架构图可以看出,实验平台是由各个子平台有机构成的一个语言实验系统体系,并通过语言实验教学模式来承担教育信息化条件下的语言实验教学和科研。其中,基础语言实验室系统主要负责语言实验教学过程的实施以及提供语言实验教学基础环境;大学英语实验平台通过与虚拟仿真实验平台、同声传译互动平台数据交换来共承担成语言实验教学的服务;教学资源整合系统是语言实验教学的中间件,借助大数据技术自动整合和分析语言实验教学数据并将分析结果进行存储。

1. 基础语言实验室系统建设

基础语言实验室系统是语言实验教学的基础,概括起来讲语言实验教学主要包括以下四个方面的内容。

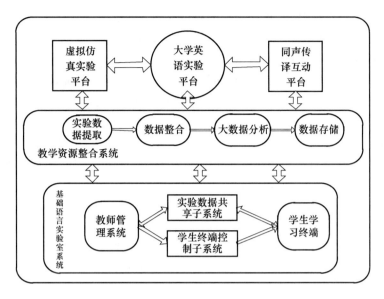

图 10-2　实验平台总体架构图

① 教师管理系统的搭建与调试。教师管理系统包含了教师管理机和教师管理终端，其中教师机在教学过程与教师交互，教师通过教师机将教学指令下发给教师终端，教师终端再对教学指令进行分析并进一步下发；在这一环节要确保教师机与教师终端连接正常并且相关参数要配置正确。

② 实验数据共享子系统与学生终端控制子系统联合调试，其中实验数据共享子系统主要负责教师与学生间的数据共享，学生终端控制子系统主要负责教师对学生机的控制操作。在这过程中，通过教师终端下发的指令来选择将控制信息下发给哪个子系统，然后进行进一步数据操作，在这一环节要分别对两个子系统进行调试和参数配置。

③ 学生学习终端的搭建与调试。学生学习终端主要负责与学生进行交互，在这一环节同样要确保连线的正常以及参数的正确配置。

④ 进行系统联调和测试。

2. 大学英语实验平台建设

大学英语实验平台是一个开放的系统，部署在服务机房的服务器集群的虚拟机上采用 B/S 访问方式，同时提供了教学资源整合系统的访问接口以及虚拟仿真实验平台、同声传译互动平台的服务接口，以满足数据整合之需求。大学英语实验平台的建设主要包括以下两个方面：

① 大学英语实验平台运行环境的搭建。在这一部分主要包括服务器虚拟化平台的操作系统的按照以及大学英语实验平台运行环境的参数配置。大学英语实验平台运行在 Windows Server 2008 系统上同时采用 Java EE 的系统实现架构，因此在本环节要实现对 Windows Server 2008 和 Java 运行环境参数的配置。

② 服务运行和平台调试，在这过程中将运行在服务器集群上的大学英语实验平台进行调试，让其处在最佳的运行状态。

3. 同声传译互动平台建设

同声传译，简称同传（Simultaneous Interpretation）是一种口译方式，其最大特点就是高效。译员在译员间几乎不停地将正在讲话者的讲话内容实时传译给目标听众，其中最重要的特点就是该过程是在演讲者是讲话不受干扰，提高会议交流的效率。由于这一快捷的特点，当前全球范围内绝大多数的国际会议均采用同声传译的方式进行交流。

在同声传译过程中演讲者可以不受阻碍地连贯发言，思路连贯而不受干扰。对于听众而言，这有利于对演讲者的全文的总体把握和通篇理解。原文与译文翻译的平均间隔时间相对较短，一般都是在几秒内完成。这就对对译员语言翻译素质有非常高的要求，因为译者仅利用讲者两句之间稍歇的空隙完成翻译工作，有时同声传译也叫同步口译。同声传译互动平台的建设是采用同声传译的这些特点进行设计和实施的，主要建设包含以下三个方面。

① 译员机的安装与调试。译员机有两个基本功能，分别是显示资料和输入语言的控制等。在安装时，首先要将内置的微处理器经过编程分配语种通道；然后将通道路线进行准确连接；接下来安装带防护、防风罩的电容话筒、安装其他各类开关和配件；最后进行调试测试，选择在不同语种通道下进行配置，在这过程中要主要各项参数配置正确，调试运行正常。

② 中央控制器的安装与调试中央控制器是自动控制会议系统的核心，具有话筒管理、表决和同声传译功能，不需机务员控制，在这过程也要确保各个接口的正确安装。

③ 红外语种分配系统的安装。选用精心调整位置的多台红外辐射板和红外发射机，测试能否将全部不同的语种的声音信号发送到实验室的各个角落，并且确保能够准确接收和发送。

4. 教学资源整合系统建设

教学资源整合系统是实验平台的中间件，但是它却是构成实验平台的重要的组成部分。教学资源整合系统主要负责对各个实验子平台的数据进行融合和分析，采用大数据分析数据从横向、纵向等多个维度进行分析，并为教学、科研已经平台建设提供数据支撑。本部分的建设主要从以下四个方面进行。

① 实验数据提取。在这过程中，将实验平台的其他子平台参数是各种类型的结构化、半结构化（或称之为弱结构化）及非结构化的海量实验数据进行采集并构成大数据知识服务模型。

② 大数据预处理。因获取海量数据可能来自网络、超文本结构、文本结构、视频或者图像等结构，因此类型及其关联关系非常复杂，本过程主要完成对已接收数据的预处理过程所涉及的基本操作。抽取过程，该过程主要将各类复杂的数据转化为合适的便于处理的结构化数据，以便后续快速分析处理。辨析和清洗过程：因为不是所有的大量的实验数据对研究对象和目的都是完全有价值的，有些和问题不相关的数据可能对数据的分析产生干扰，因此要对数据通过一定的辨析机制来判断哪些是有用的信息，哪些是无用的信息，最后通过过滤"去噪"提取有效实验数据。

③ 实验数据存储及管理。本过程主要把实验数据通过某些软硬件工具存储起来，在软件层面建立相应的数据库结构，能实现并进行管理和调用。

④ 大数据分析。本过程主要是采用机器学和数据统计技术、数据仓库和挖掘技术以及其他相关的大数据融合技术，对大学英语实验数据进行处理、统计、分析，获得有利于实验教学模式实施以及研究等有用的数据。这些分析一方面有利于实验平台的各类子系统的实验数据进行深度融合，另一方面通过大数据分析将提高教学效率，教师通过分析结果能及时调整教学思路和方法。在语言实验平台建设上，能根据分析结果对实验平台提出更多、更有利于教学和科研的改进需求。

10.2 语言实验室管理机构的设置

一般而言,实验室管理是指运用控制、计划、协调、组织、激励等各项手段将实验室的人、财、物等进行优化结合,发挥实验室最大效益,进而实现组织目标的行为。基础实验室是在高校占据着重要的基础重要地位,不论是从国际还是从国内一流的大学来看,他们都建设有一流的基础教学实验室。与高校其他的涉及教学、生活的场所相比,实验室机构更具有较为复杂的管理内容和更为丰富的结构内涵。主要体现在以下四个方面:首先,实验室必须有配套的环境设施、安全环保措施;其次,实验室必须有一定水平和一定数量的仪器设备;再次,实验室还必须有一定技术水平和理论水平的专技人员和管理人员;最后,实验室还一定要有一套科学管理运行机制。可以说,对于一个涉及面比较多的管理行为,就需要设置一个科学、有效的管理机构。北京邮电大学语言实验教学中心是国家级的语言实验教学示范中心,以北邮语言实验教学中心为例,其实验室机构设置如图 10-3 所示。

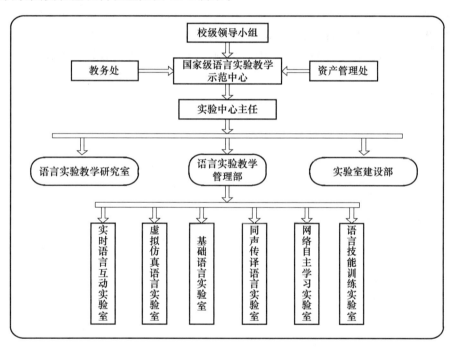

图 10-3 北京邮电大学语言实验教学中心机构设置结构图

语言实验中心是资产处和教务处负责教学实验室的建设和实验教学管理。教务处依据培养方案对各教学单位制定的实验教学计划进行审核,并按照《北京邮电大学实验教学质量与评估指标》对各实验教学单位的实验教学质量进行检查和评价。资产管理处负责教学实验室用房的调配,设备的采购、建账、调拨、报损、报废和清查等工作。实验中心的所有教学仪器设备统筹调配,由学校教务统一排课,服务于本科教学和研究生教学,以实现最大程度的资源共享。实验中心主任负责管理实验室的教学、科研和实验室建设。实验室下设了语言实验教学研究室、语言实验教学管理部、实验室建设部等组成部门,其中语言实验教学管理部负责实时语言互动实验室、虚拟仿真语言实验室、基础语言实验室、同声传译语言实验室、网络自主学习实验室和语言技能训练实验室等不同类型实验室的日常运行。实验中心的各个组成部门各司其职,主要负责的内容包括以下三方面。

① 语言实验教学管理部主要负责各类实验室的日常运行。例如负责实验平台的软硬件的日常维护并定期对各类设备进行检修;负责实验平台的数据更新和管理;负责语言实验指导以及学生实验成绩的统计等。

② 语言实验教学研究室主要负责在信息化条件下语言实验教学模式理论研究和现代教育技术学研究。例如进行各类科研项目申报;各类科研项目的实施;组织开展学术研讨会,推广和发展语言实验教学模式。

③ 实验室建设部主要负责实施实验中心建设。例如配合语言实验教学研究室科研项目设计开发软件系统;负责实施语言实验室设备的修购项目和实验室建设项目。

本 章 小 结

本章介绍了语言实验室的建设与管理。在建设方面,首先介绍了语言实验室的硬件建设,包括需求分析和网络系统设计等;其次介绍了语言实验平台的建设理念。在管理方面,本章以北京邮电大学国家级语言实验教学示范中心为例,介绍了实验室的管理机构设置。

第 11 章　现代教育技术的发展趋势展望

在未来,随着我国的教育信息化进程不断推进,信息技术在教育中也得到了广泛的应用:云计算、量子计算、虚拟现实技术、大数据技术、增强实境、智能穿戴等新型技术进入课堂,彻底改变了传统的教与学的模式。随之带来的开放教育、开放课程、开放资源、开放数据、开放思想、开放存取等教育观念为教育信息化带来了重要的成果;社交网络与社交媒体正在悄悄改变着人们的生活方式和沟通方式,使得人们获得新知识更加快捷。在信息技术的支持下,按照自己的节奏学习,而不是被动地接受授课教师面向全班同学统一进度的灌输。因此可以推断,在未来的教育中,学生个体越来越从群体的教育接受者变成教学过程的中心、实现个性化学习、强调学生的自主学习。本节将主要讨论在教育信息化条件下,未来教育的发展的特点。

1. 教育更加注重学生的个性化学习

在未来,随着计算机网络技术进一步发展和普及,教育将从以班级授课为特征的集体授课转向以学生自主学习为特征的个性化教育。未来个性化教育主要应该从以下两个方面入手:第一,要重视学生个体之间的差异化,采用科学的方法研究每个学生不同的学习特征,进而将这些学生个体学习的差异作为教育教学的资源,然后根据教育教学资源的累积,指导学生认识自身学习特征;第二,根据学生之间的差异,借助计算机技术对教学内容进行重新有机整合,这样能实现在计算机技术的帮助下,高效、快速地为不同的学生提供不同的方法实施教学,这将打破传统的班级、年级的教育模式,重新创建学生认知级别。随着社会经济、科技水平的进一步发展与提高,人们对教育质量的要求也会逐步变高,现有的教育模式、方式将会被打破,基于学生自身特点的个性化教育也会逐渐深入和普及。

2. 教育呈现全球化特征

在未来,随着互联网技术的全面发展,将会进一步推动网络化教育往更高水平上发展。教育教学地点将不再局限在某一地区、某一个教室,在互联网技术的支持下,教育教学地点将被扩展到全球范围内,也就是说在地球上任何一个角落都在全球化的"大教室"里。例如,在全球化的网络教育环境下,学生并不局限于某一国家的某一所学校,而是通过互联网与世界上任何一个国家任何一所学校的学生共同学习,教师则通过远程全息投影等方式对学习进行指导,身处世界任何角落里的学生都可以随时组建学习小组进行交流合作,共同完成某一实验项目或者一门课程,并接受远程能力测试获得学业文凭。站在学校教学的角度上,学校所开设的任何一个课程、任何一门专业都是面向全球学生进行教学。从以上这个例子可以看出,未来的全球化教育必然打破地域和学校的建制,形成覆盖全球各个角落的教育资源一体化,使个性化学习、随时随地的学习成为可能,真正实现终身教育。

3. 教学方式呈现多样化特征

随着未来信息技术的进一步发展和普及,人们获取知识信息的门槛更低,因此学习的群体和获取知识的类型也呈现多样化。例如,在群体上呈现不同的年龄层、不同的民族、不同的文化背景等多种类型;在学习目的上也具有多样性,有的仅为某个兴趣或技能学习、有的期望与不同文化或专业背景的同学进行交流等;在学习方式上,也常常采用全日制和在职学习分段混合方式。这些变化强有力地冲击着目前这种以学生在固定校园的教室中接受教师的课堂讲授,将所有的课堂互动、课程考核等教学过程都局限在教室的传统教育方式。在这些学习主体的多样化变化的推动下,教学的模式、方式也呈现了多样性,如近几年出现的微课程、MOOC(慕课)等教学方式。

4. 教育呈现社交化特征

一般情况下,在传统教育教学模式中,教师很容易将教学过程限制在由教师主导的在固定的时间和地点上进行,而随着互联网技术进一步发展以及终端设备更加小型化、智能化和多样化等特点,带来了未来的教学过程呈现出不受时间、地点的限制的移动社交化学习特征。例如,将在线教育的客户端搬移到具有智能化和小型化的智能手机终端,教师根据教学内容和学习对象,基于学生的碎片时间学习的特点进行教学设计,这样教学过程不再局限于特定时间和地点上进行,而是规定的期限内,学生可利用碎片时间进行学习;另一方面,当前基于互联网的移动社交软件越来越普及,学习者只要随时携带智能移动终端,通过社交软件就能将社交网络融入个人的学习环境中,实现社交化与教学有机结合,提高教学效率。

11.1 大 数 据

11.1.1 大数据关键技术

随着计算机处理数据计算的快速发展,大数据(Big Data)已经变成一个IT行业中最热门的技术。大数据这一概念越来越被全球各个行业各个大企业所重视并得到了广泛应用。大数据可以简单地理解为超级数据资料库,其中承载着巨量的信息源,通过技术可以在这些多种类型的信息中快速识别、检索,整理出可供企业、行业、政府部门决策的有价值的信息。与大数据相关的技术称之为大数据技术,大数据处理关键技术一般包括大数据采集、大数据存储及管理、大数据预处理、挖掘、大数据分析、大数据应用。大数据应用包括大数据应用、数据检索、大数据安全、大数据可视化等,根据大数据的特点,业界将"大数据"概括成"4个V",即Variety(多样化)、Volume(海量化)、Velocity(快速化)和Value(价值化)[1]。

11.1.2 教育与大数据

关于教育大数据的概念和内涵广大学者给出的定义各有不同,比较有代表性的如杨现民团队给出的,所谓教育大数据特指教育领域的采集到的海量数据,符合大数据的基本特征,即整个教育活动过程中所产生的以及根据教育需要采集到的用于教育发展并可创造巨大隐含价值的数据集合,教育大数据直接产生于包括教学活动、管理活动、科研活动和校园活动等各种教育活动,每个教育利益相关者既是教育数据的生产者,也是教育数据的消费者[2]。教育大数据具有以下四层含义。

第一,这里的教育是面向个人、家庭、学校、社会的全民教育,具有全员性、全方位性、全程性、终身性以及虚实结合的教育等特点。

第二,教育大数据的"大"体现在融入学校教育教学的方方面面,不仅是数量上的庞大,而且关键在于能产生巨大的价值,能帮助教育管理层乃至国家管理层从纷繁复杂的教育数据中挖掘出有价值的信息,用于指导人才培养与教育的发展做出科学决策,包括发现诊断问题、提高教育质量、提升科研水平、促进教育公平、优化资源配置、预测发展趋势、发展人才战略等。

第三,教育大数据的产生来自教育教学中与人员相关的基础信息,包括学生个人基本数据、教职工个人基本数据;与学校管理相关的教学资源信息,包括学校基本数据、学校财产资产数据、学校各类教学资源数据等;与教学活动相关,直接产生与教学过程的信息,包括课堂教学、网络教学、考试评价、学习内容、学习过程、学习效果等各类数据;与科学研究活动相关所产生的数据,包括科研成果、论文专著、科研成本、科研设备等数据;与校园生活相关的数据,包括创新创业、图书借阅、文体活动、餐饮消费、娱乐健身等各类数据。

第四,教育大数据需要可以服务教育发展,具有教育的目的性,而不是盲目地囊括一切数据。教育活动过程中也会产生大量并没有意义的噪声数据,因此需要根据教育应用目的进行数据过滤与整理,为后期深度挖掘与分析做好准备[3]。

当今社会教育数据无时无刻不在产生,即便是2020年的疫情下"停课",也在"不停学"中依然产生巨量数据,教育领域的大数据包括分别服务于国家、区域和学校层面以及个人发展层面的数据,具体包括基础信息数据、教学管理数据、教学成效数据、科学研究数据、生活服务数据以及网络舆情数据,即教育大数据包括教师的教学活动、学生的学习活动、教师的研究活动、教育者管理和国家教育部门的政策。

11.1.3 教育大数据变革传统教育

将大数据的相关技术应用在教育数据大大推动了教育现代化的高速发展,由于教育数据呈现"爆炸式"增长,要求了教育数据的收集更加连贯、实时、自然和全面。从某种程度上讲,教育数据的分析处理更加多样和复杂,应用更加多元、广泛和深入;随着教育数据作为重要资产的价值越来越被人们认识和重视,使得教育数据挖掘和学习分析技术得到稳步发展,因此可以说,教育数据的应用已经步入一个全新的发展时期,越来越多的研究者正在根据教育数据的特点,基于特定研究目标,应用大数据挖掘与学习技术,研究和设计专用的教育数据分析工具、决策模型与算法,完成教育数据处理的高效能与数据应用价值的最大化[4]。2015年,国家出台了《促进大数据发展行动纲要》,旨在加快数据开放共享,推动资源整合;《新一代人工智能发展规划》《"互联网+"行动计划》等系列相关政策文件与规划的出台,很大程度上推动我国教育大数据的发展,确立了教育大数据在教育改革与发展方向的战略地位,随着拥有海量资源的教育平台的建立,大量新型教学方法、新型人才培养模式会涌现出来。

1. 助力教学改革

大数据越来越凸显出在教育领域决策中的重要性,教育大数据建设是大势所趋,已经迎来重大发展机遇,建设"教育文化大数据"已经上升到国家战略层面,大数据在推进教育现代化变革中使智慧教育、个性化教育、终身教育成为可能。

教育数据有助于教师理解学生的行为,这是为学生创造更好环境的核心条件。大数据分析的终极目标是提高学生的学习成绩,利用大数据分析,教师可以为学生提供"如何学习"得更多、更好、更精准的信息,给学生提供个性化的服务,可以指导学生改善他们学习习惯,帮助他们更好的学习。具体体现在以下三个方面:第一,大数据时代的虚拟学习社区呈现出具有更强关联性的社会网络结构,大数据背景下虚拟学习社区的建立使得我们在虚拟学习社区的运营、构建、维护等各方各面面临机遇和挑战。第二,根据大数据分析和挖掘的学习资源推送与决策机制的研究,大数据时代数字化的学习资源将呈现爆炸式的增长。例如面对海量的学习数据资源,学生和老师该如何进行选择,以及向学生推送学习的资源的人工智能方法的研究将变成未来面临的主要问题[5]。第三,基于大数据优化学习路径,大数据为教育不仅是海量的数据信息,更是数据挖掘与分析技术,使每一位学生的学习状况、学业水平、学习习惯以及学习偏好都能够被采集,通过数据挖掘与分析,可以为学生规划学习路径、优化学习方法,绘制学生能力成长曲线,为学生的个性化能力发展提供有益的指导。

2. 大数据实现科学评测

数据挖掘与分析是科学的评测的基础,也是教育大数据建设的一项主要工作。相对于其他领域中的数据,教育大数据具有结构化和非结构化的特点,所谓结构化数据是学校和教育部门多年来生成并积累下来的数据,是通过采集学生基本信息、课堂表现和考试成绩等获得的;而非结构化数据是通过网络化自主化学习、移动碎片式个性化学习而实时动态产生的,其数据规模更大、时效性更强、更加真实可靠,从而为研究者创造出更多了解学生的学习过程、探究学习认知的机理,并为学习者提供科学评测。

可以构建多维评价的监测体系,体现在评价主体的多样性、评价标准客观性、评价反馈指导性、评价标准的多元化。将形成性评估与终结性评估相结合,全面客观地评价学生的综合应用能力、学习潜能、学业成绩,形成了个性化、动态化、长效化的教学评估体系,有效监控教学过程。通过监测学生的学习行为,形成个人成长数据库,帮助老师和学生提供个性化的学习方案,设计出更利于学习的认知地图,从而提升学习效果。

3. 因材施教和个性化教学

信息技术已经越来越广泛的应用于教育领域,只要有技术支持的部分,各个环节都会产生大量的数据,比如评测、教学、师生互动、校园设施使用、家庭与学校的关系等。正确地使用大数据分析,可以根据每一名学生的学习能力、认知水平、学习习惯为其规划最优的学习路径,量身定制最适合的学习环境和学习课程。这不仅改善学生的学习方法,提高学习效率,还可以满足学生自身个性化能力发现需求以及对潜在的学习风险提出预警。在学生学习之初便为其提供相关能力和兴趣特长等方面的评估,从而让学习过程变得不再盲目;即使是年轻的教师也能够在短时间内获得类似经验,从而更高质量地开展教学活动。总之,所有这些好处得益于大数据分析,为教学提供科学可靠的指导依据,教与学都不再盲目,使得教学更有针对性。在将来,教育大数据伴随着人工智能技术的发展,为每一位学习者适时推送适合学习资源,真正实现因材施教的个性化教学。

4. 更科学的决策

在大数据时代下,不仅教学模式需要不断探索,教育管理水平也提出了新的要求,教育大数据的发展不仅在提高教学质量上发挥重大作用,而且也给教育管理者的教育教学改革决策提供科学依据。教育数据的管理可以说是学校与国家教育的核心竞争力,在教育管理过程中,信息、物力、财力、人力都能够得到有效利用。以数据驱动决策将是未来教育管理的重点,通过大数据分析以优化教育机制、完善设备与环境的智能管控、提升安全管理与预警能力,体现出科学的决策科学的管理,使教育更加具有智慧。

5. 优化校园运营,提高效率

提高学生的学习成效是大数据服务于教学的首要任务,除了提高教学质量方面,教育大数据在职能管理、校园运营等方面同样发挥巨大作用,在学校的财务预算、人事改革、资产设备的采购与管理、校园基础建设、科学研究、校园产业运营等方面以大数据为基础的管理可以大大提高运行效率,打造智慧校园。

11.2 云 计 算

11.2.1 云计算技术概念

1. 云计算的概念

"人工智能之父"约翰·麦卡锡早在1961年提出云概念的雏形,认为计算机能够像电力公司提供电力一样提供计算服务。"云"实质上就是一个非常复杂的网络,狭义上讲,云计算就是一种提供计算与存储资源的网络,使用者可以随时获取"云"上的计算与数据存储的资源,按需使用。从广义上说,云计算是与软件、信息技术、互联网相关的一种服务,这种计算资源共享池叫作"云",云计算把许多计算资源集合起来,通过计算机软件实现高度自动化的管理,云计算的核心概念仍然是以互联网为中心,通过网络能快速访问到云端提供快速且安全的云计算服务与数据存储,让每一个使用互联网的人都可以使用网络上的庞大计算资源与数据中心[6]。通俗来讲,云计算可以理解为集中了互联网是的优势资源,就像大规模生产水、电、煤气为用户提供便捷服务的公共事业一样,向普通用户提供数据存储与计算服务,云计算关键在于"云"的理解,是具有一定规模数量的、相互连通的计算机和大型服务器组成的计算中心,提供公共或者私有的服务供用户访问。

2. 云计算的基本特征

云计算的核心思想是对大量用网络连接的计算资源进行统一调度和管理,构成一个计算资源池以便向用户提供按需服务。云计算的核心可以用三种服务模式、四类部署模式、五大基本特征来概括。三种服务模式为:平台即服务、基础设施即服务、软件即服务。四类部署模式可以划分为:社区云、私有云、公有云、混合云[7]。五大基本特征是:广泛的网络接入、按需的自助服务、快速的弹性伸缩、资源池化、可计量的服务。云计算的基本原理是:把用户在本地计算和应用,由提供云计算服务的企业在互联网上建立数据中心,形成大规模的分布式计算系统资源库,提供强大的计算能力,保证充足的存储空间,用户根据需求可以使用任何可以连接至互联网的终端设备访问数据中心,而不受时间、地点的限制获得服务,大大节省本地空间和软硬件成本,实现计算模式的数据共享和服务共享。

3. 云计算关键技术

云计算系统综合体现了虚拟化、数据存储、分布计算,提供强大的计算服务系统,方便用户随时随地访问、监控和调配资源。其中,最主要的技术是以虚拟化技术、数据存储技术、数据管理技术、分布式编程计算技术。

(1)虚拟机技术

虚拟机,一般是指服务器虚拟化,是云计算底层架构的基础。在服务器虚拟化中,虚拟化软件需要完成对硬件的资源的分配、调度、抽象、管理等,虚拟机与宿主操作系统及多个虚拟机间的隔离等功能,目前典型的实现有 VMware ESX Server、Citrix Xen、Microsoft Hyper-V 等[8]。

(2) 数据存储技术

云计算系统由于具有大规模生产数据、存储数据和分发数据等特征,同时满足大量用户的需求,因此云计算系统的数据存储技术必须能实现分布式计算以提高计算能力,采用冗余存储保证数据可靠性,满足高吞吐量和高传输率保证大量用户并发需求。目前,广泛使用的数据存储系统是谷歌的 GFS 和 Hadoop 开发的 GFS 开源实现 HDFS。

(3) 数据管理技术

云计算需要分析、处理分布与海量的数据,因此数据管理技术必须能够极具效率地管理大量的数据。云计算系统中的数据管理技术主要是 Google 的 BigTable 数据管理技术和 Hadoop 团队开发的开源数据管理模块 HBase。BigTable 是建立在 Scheduler、GFS、MapReduce、Lock Service 之上的一个大型分布式数据库[9],它的特点是用来分布存储大规模结构化数据,以对象的方式处理数据,只是提供简单的数据模型而并不支持关系数据模型,动态分布数据以提高访问速度。

(4) 分布式编程与计算

云计算服务为用户带来方便快捷的服务,不仅体现在前端用户访问上的高效,而且对于后台编程模型也是非常简单方便,能帮助用户将后台复杂并行调度任务通过编写简单易用的程序来完成特定功能。当前各 IT 厂商提出的"云"计划的编程工具都根据 MapReduce 的编程模型。MapReduce 是谷歌开发的 Java、Python、C++编程模型,它是一种简化的分布式编程和高效的任务调度模型,用于至少大于 1TB 的大规模数据集的并行运算。MapReduce 模型的思想是把要执行的问题分解成映射和化简的方式,首先通过映射程序将数据切割成不相关的区块,调配给大量计算机去处理,得到分布式运算的中间结果,然后通过化简程序将中间结果汇总输出[10]。

(5) 虚拟资源的管理与调度

单机虚拟化技术用以解决前端服务器的链接,服务器数量多网络复杂,系统并不稳定。与单机虚拟化技术不同,云计算则是整合众多的物理服务器资源形成一定规模的资源池,以资源管理的方式实现对资源池中虚拟资源快速部署、合理分配、动态调度,追求管理的 I/O 的集约化和高可靠性,管理还包括用户管理调度、资源状况安全监控、故障节点屏蔽等。

11.2.2 云计算对教育的影响

云计算技术的兴起为教育大数据智能化建设提供了技术保障,可以有效消除学校各部门之间的教学业务、科学研究、教学资源管理、人事管理、财务管理、校园生活管理等业务产生的各类数据形成的"信息孤岛",使原先互不相关的各个系统有机融合成"一卡通""一张表",形成数据互助,最大化地实现数据资源的共享与协同工作,同时也降低了信息化基础建设的成本,主要体现在以下四个方面:

1. 整合教育资源

云计算技术实现对校内资源的整合,可以让教学资源分配更加合理、管理效率更高、教学决策更加精准。对校际的资源整合,一方面可以弥补教育投入与对教学资源需求不断增长的不足,解决基础薄弱学校教育资源相对短缺的问题;另一方面,最大化地发挥优质资源的优势,提高利用率,让更多的学生使用更好的资源、接受更好的教育。此外,云计算支持下的实验室建设可以实现集中资源一次性部署在云端,然后分发至实验室的各个终端,集中维护、动态管理。学生则可以通过学习终端随时随地地从云端获取学习资源,满足学生个性化学习的需求。

2. 降低教育成本

学校在教学资源的建设中很大一部分是软硬件的投入,通常在传统建设中各部门和教学单位的建设都是以"独立为战"的分散的采购形式,在一定程度上造成资金和资源的浪费,云计算技术可以帮助学校在资源建设时进行资源整合和合理规划,不仅大大降低建设成本,而且还减少了基础设施能源消耗和维护更新的人工成本。

3. 转变教育方式

教育资源部署到云端之后,不仅满足了课堂教学,而且在课堂之外教师和学生可以随时随地访问云资源,进入虚拟实验室,从云端获取学习内容,通过手机即可开展教学和学习活动,凸显了学生在学习中的主体,满足个性化和协作化的学习需求,彻底改变了教学方式,其优点和特性完全顺应了教学的发展趋势。

4. 提高管理效率

云计算技术适合于多校区、多环境的应用,利用"物联网+大数据+智能终端"等技术,减少异地校区的投入,形成教育资源池,这不仅能有效提高空间利用率和优化安防管理,还能实时检测空间环境,实现智能空间的一体化综合管理。基于云计算的信息快速便捷的传递,还可以帮助教育管理部门及时发现管理中的问题并及时解决。

11.2.3 云计算在教育应用中的发展趋势

1. 优质教学资源的整合

高等院校(包括实验室)的基础设施和师资力量等教育资源是开展教学活动的基础,进行教学资源的整合能够更好地提高教学质量。将教育云中用户的各类数据进行优化,统一存储与管理,建立在统一的"大平台"上,以解决不同教育用户的各类个性化需求,实现优质资源的汇聚共享。这就需要对现有教学资源进行优化、整合,并注入新的内容,建设新的供应基本应用服务的计算和数据中心,同时搭建虚拟的云更加便捷的接入点。

2. 泛在化的终身学习

优质教育资源的充分整合会改变当前学习的封闭结构,学校的学习建制有可能被打破,学习将以更自由的方式向社会开放,形成各种社会教育渠道协调与一体化,校园终将消失并逐步融合到社区、协会、企事业单位、文化组织等当中,凡是具有教育能力和教育价值的资源和设施都将纳入教育系统,包括幼儿园到老年学校、从家庭到企业的终身教育大系统,形成教育社会化、社会教育化的统一教育形态,以实现"任何人在任意时间从任意地点以任何设备都能顺畅获取学习资源"。泛在化的终身学习中,每一个人都在终身学习中实现个人发展需求,每一个人都要面临学会怎样学习的挑战。

11.3 量子计算

文艺复兴以来的次技术革命大爆发,属于机器时代的进化,体现在机器是人的手脚等身体器官的延伸和替代,而这次基于量子计算的智能基因科学则将是生物时代的自我主动进化,以人类自身代替人类。它对作为"万物之灵"的物种人类的冲击,将是毁天灭地的。新的时代的大门已逐渐敞开,面对步步逼近的高价人工智能,我们所做的选择只有:积累知识,有意识提升自己,成为更高深技术的掌握者,方能逐浪于这个时代!

11.3.1 量子计算机技术特点

1. 超级计算机

2019年11月19日,来自中国新闻网的报道,最新一期全球超级计算机500强榜出炉,美国超级计算机"Summit"蝉联冠军。第二名是美国超级计算机"山脊",中国超级计算机"神威•太湖之光"和"天河二号"分列三、四位[11]。国际组织"TOP 500"统计体现当今每秒千万亿次最强算力的高性能计算机的排名,榜单于1993年开始编制,从数量上看,我国从2008年上榜的第一台超算到如今翻了两百多倍,本次中国蝉联第一,上榜的超级计算机共有228台;美国上榜数量第二为117台。中美曾在2016年12月以相同的171台上榜数量并列第一,中国的"神威•太湖之光""天河二号"曾多次夺得冠军,总体算力美国超算占比为37.1%,仍然处于霸主地位,中国超算占比为32.3%,位居第二。

2. 量子计算机

量子计算机是一种可以实现量子计算的计算机系统,是一种通过量子力学规律以实现逻辑和数学运算、处理和储存信息的复杂系统。信息储存形式为量子态为记忆单元,以量子动力学演化为信息传递与加工基础的量子通信与量子计算。在量子计算机中,其硬件的各种元件的尺寸达到原子或分子的量级[12]。量子计算机有如下的运行机制:量子计算机是一个物理系统,它能存储和处理关于量子力学变量的信息。相比较而言,电子计算机是通过集成电路中电路的通断来实现0、1之间的区分,其基本单元为硅晶片,量子计算机有着全新的计算单元。量子计算机的基本单位——昆比特,又称量子比特。它通过量子的两态的量子力学体系来表示0或1,比如光子的两个正交的偏振方向,磁场中电子的自旋方向,或核自旋的两个方向,原子中量子处在的两个不同能级,或任何量子系统的空间模式等。量子计算的原理就是将量子力学系统中量子态进行演化结果[13]。量子计算机的强大在于计算原理和路径和传统计算机有很大的不同,而是采用并行计算的方式,这是利用量子所特有的"叠加状态"特性,让计算呈指数级拉升。

11.3.2 量子计算机带来的颠覆性变革

1. 彻底实现VR应用

AR应用通过感知信息增强现实世界的对象,VR应用通过计算机技术创建与现实隔离的虚拟世界,AR/VR应用需要密集的计算和交互、大量的通信带宽以及超低的时延AR应用首先通过摄像头捕捉现实场景;然后对3D场景进行分析重构,建立现实场景与显示屏幕坐标系的映射;最后通过软件编程进行虚拟场景融合,将融合后的信息显示在显示器上。在该过程中,虚拟映像数据存储在云服务器内,当收到应用的请求时,云服务器检索虚拟对象并将其发送至应用程序,现有的AR应用大多通过设备的预存储达到增强现实的效果,未来网络应该能够提供高速的数据传输和极低的时延保证,无须设备预存储,这需要网络具有边缘存储能力[14]。

VR应用的视频是通常采用多相机阵列采用从多个角度拍摄的高清画面,并存储于云端服务器上,经过追踪和渲染才能将用户需要三维视频时呈现出来,这就需要VR设备从云端提取高清视频流画面时的网络带宽足够用,通常不能低于2.7T bit/s的数据传输速率才能使用户没有丝毫的晕眩和不适应,而完全沉浸到虚拟环境中,制约VR场景体验度的其他技术参数还有视频渲染和显示器端到端的刷新频率时延小于10 ms;网络传输速率至少达到Gbit/s级别;视频分标率和帧数高于8K分辨率时至少需要1 Gbit/s以上带宽,所有这些限制将随着量子计算机超强大的计算能力可以轻松应对,使得人们真正体验虚拟世界。

2. 重塑教育的未来

人类通过眼睛就吸收知识,虽然过程剧烈而痛苦,但学习过程突飞猛进。这个脑洞开得简直令人无法想象,但事实就是,量子计算机将表现出像人类一样可从经验中吸取教训,甚至比人类更善于自我纠错,量子计算机的这种可以进行自我修正乱码的程序代码,被称为机器学习。毕竟学习过程就是一个重塑大脑结构的过程,让有些神经连接加强加粗,有些则由于不用而日渐弱化。

3. 推动人工智能迅猛发展

量子计算机展现出气势磅礴的超凡力量,将带领人类的计算能力和大数据处理能力成万亿数量级的提升实现质的飞跃。当今5G通信技术、人工智能、基因科学获得蓬勃发展,再结合量子计算技术,将会给我们带来前所未有的惊喜,基于量子计算的人工智能时代将在实现超级计算、超大容量存储和超速连接,带领人工智能迅速走出婴儿期,"心智"会越来越成熟。

将具有磅礴算力的人工智能技术注入基因科学,人类就有可能重组基因,对体内23 000个基因"小程序"进行改写和重新编码,产生更强壮的基因序列,帮助人类获得"重生"。基于量子计算的基因科学可以解决涉及生命系统的所有问题,是对人类生态位的重塑。比如,通过设计出新的蛋白质,来抗击疾病、解决塑料污染等。应对众多世纪难题,而这仅仅才是人工智能与基因科学结合的开始[15]。

11.4 智　慧　化

11.4.1 智慧教育概念

教育的高阶发展阶段必然走向智慧教育,北京师范大学黄荣怀认为,智慧教育可理解为一种智慧教育系统,是一种由学校、区域或国家提供的高学习体验、高内容适配性和高教学效率的教育行为(系统),它能利用现代科学技术为学生、教师和家长等提供一系列差异化的支持和按需服务,能全面采集并利用参与者群体的状态数据和教育教学过程数据来促进公平、持续改进绩效并孕育教育的卓越[16]。

华东师范大学祝智庭认为,智慧教育的真谛就是通过构建技术融合的学习环境,让教师能够施展高效的教学方法,让学习者能够获得适宜的个性化学习服务和美好的发展体验,使其由不能变为可能,由小能变为大能,从而培养具有较好的思维品质、较强的行动能力、良好的价值取向、较深的创造潜能的人才[17]。

应该说,智慧教育是充分利用现代信息技术,特别是将大数据、云计算以及人工智能技术而构建的融合教学、学习、管理和环境的全新教育生态系统,全面实施个性化学习、按需服务的教育信息化高级形式。智慧教育是将信息技术深度融合到现代教育系统中,最大化满足人类的学习需求,提供智能、立体、全方位的服务,促进教育创新成果共享,促进教师、学生、管理者、社会大众的终身教育,推动教育发展的历史进程。

智慧教育的技术特点是集中了当今最前沿的包括大数据、人工智能等先进信息技术打造的教育生态系统,用信息技术革新传统教育。实现信息技术与当今教育系统的深度融合:融合教学、融合科研、融合管理、融合社会服务、融合校园生活,而形成智慧教学、智慧科研、智慧服务、智慧生活,从而培养具有良好价值取向、家国情怀、人文素养、专业能力、创新能力和协作能力现代人。

席卷全球的信息化浪潮极大推动智慧教育的进程,对教育思想和观念的转变起到关键作用,智慧教育成为国际教育界未来发展方向,发展智慧教育建设对于我国具有重大战略意义。通过信息技术的创新应用,可以有效解决我国教育发展中的教育发展不均衡、教育不公平等难题,推动教育体系全面革新。智慧教育建设可以引领教育信息化创新发展,提升我国国际教育地位,培养世界一流的创新型智慧人才。智慧教育的建设也是推进素质教育、终身教育进展的必经之路,实现"有教无类、学有所教、人人学、人人教"的泛在教育。

11.4.2 智慧教育技术特征

从技术的视角来看,智慧教育是集当代和未来前沿技术的一个集约化的系统工程,其核心技术特征可以概括为:全向交互、无缝连接、情境感知、按需推送、智能管控、可视化六个方面[18],核心目的是实现"精准定位、基于数据、智慧决策"。

1. 情境感知

情境感知可以利用传感器和软件根据学习者的位置信息、学习系统主机及学习系统等信息随时获得学习者的学习状态,并对其变化做出反应。传感器的作用是获取学习数据,感知算法的作用是分析信息,并确定其在情景中的类型,系统根据情境分配相应的处理动作,即推送个性化的学习服务。智慧教育最显著的特点是能够有效处理正在学习环境中的人和他的内在学习状态,具体包括教学活动的位置信息、学习活动环境信息、学习活动的时间信息、学习者的状态信息、学习者的知识层级信息、学习者的学习需求信息。

2. 无缝连接

智慧教育的另一大特征是将学习资源无缝连接到学习者,泛在网络是其必要的基础条件。具体体现在以下方面:教育平台之间实现跨地域数据计算与共享;基于虚拟现实技术的真实世界的环境与虚拟学习环境的无缝联结;任何学习终端无缝获取智慧云中的学习资源和服务;任意学习终端的学习内容和学习数据同步、无缝切换;任何人与人、人与特定学习社区或学习场景的沟通和交流。

3. 全向交互

交互是教与学活动的本质,智慧教育系统支持人与人之间、人与物之间的全方位交互,包括学习者通过语言、肢体等自然的方式与学习系统进行交互;师生之间和生生之间的随时、随地的互动交流;学习过程与智慧平台的交互,即自动记录学习交互的全过程,为智慧教育的精准决策提供数据支持[18]。

4. 智能管控

智慧教育的核心特征是对教育资源及服务的智慧管理。科学有序地调度教育资源,调整教育布局,主要体现在对教育资源、教学管理、教学环境和教学服务等全过程的智能控制;辅助教育管理者精准定位问题,实时解决学习学习设备和学习活动过程中发生的问题;通过智能数据分析,为教育系统提供的学习流程提供科学决策依据;感知学习者的学习环境状况,根据实际需求动态调节声音、光源、温度等环境指标。

5. 按需推送

按需推送可以实现有教无类、学有所教,按照学习者学习偏好、学习风格和学习需求的,个性化推送学习资源;按照学习者的知识能力边界,适应性地推送学习活动流程;按照学习者的学习困境,适时推送学习指导;按照学习者的学习进度,适时推送各种学习工具或学习平台;按照学习者的性格特点、学习偏好,适应性地推送学习指导教师、专家及学习伴侣等人际资源。

6. 可视化

虚拟现实技术使得可视化成为智慧教育中的不可或缺的一部分,可视化是智慧教育观摩、巡视、监控的必备功能,包括通过监视视窗或者全息投影可以巡视教学系统的运行状况、学习者的学习状态;通过大屏幕投影的高清画面直观、动态的呈现学习系统中学习报表等统计数据;可视化操作简单方便,具有良好体验性。

11.4.3 智慧教育建设路径

1. 三网合一的信息网络建设

网络通信是教育信息化和教育智能化的前提条件并提供坚实的物质基础,智慧教育建设的主要内容就是信息网络的建设。加大、加快计算机通信网和电信网、有线电视之间的有机融合是实现三网合一的必由之路。为满足智慧教育和社会发展的需求,就应当发展构建健全高效的通信网络。三网合一基础资源合并难度大,技术含量高,这就要将教育中的各个网络层面互联互通,盘活城市建设中特别是高校和中小学中已有的基础设施资源,包括多媒体教室、计算机房、网络教室、智慧教室、语言实验室以及数据中心、云计算中心等,整合和保护现有资源,做到物尽其用[19]。

2. 建设智慧教育服务平台

建设智慧教育服务平台是支撑智慧教育的核心业务,是构建智慧教育"大厦"的关键工程,该平台要支持各类教育业务(评价、学习、管理、教学等)的智慧化运行和管理,为各种教育信息化业务系统提供统一接口、一门户、统一数据中心、统一认证等公共服务[20]。智慧教育公共服务平台的建设是在原有各类教育信息化平台建设的基础上进行优化整合,遵循"统一规划、有效融合"的原则,在原有基础设施的基础上实现硬件资源的共享,进行有效连通,并对各类软件系统和平台以及以教育内容、教育对象主要内容的各类数据资源进行整合,设计开发新型的基于人工智能的管控系统、可视化督导系统的智慧教育服务平台。

3. 探索智慧教育应用新模式

根据教育发达地区已有基础设施和教育资源的应用系统情况,开展调研和需求分析,确定设立智慧教育示范点,充分利用已有的教育资源并结合大数据、云计算、虚拟现实、人工智能等先进技术,将原有教育资源、学习数据、应用系统与智慧教育平台对接,并对其进智能化改造,形成坚守厚重的智慧教育基础资源平台。同时,对该示范点内广大教师、学生、管理者进行相应技术应用培训,开展教师适合智慧教育平台的信息技术应用能力培训,并把信息技术融合到智慧教育服务平台中,创新智慧教学方法,以探索有效的、可复制、可推广的智慧教育建设与应用模式。

4. 智慧教育的产业化

新时期我国教育信息化工作推进的基本方针是"政府引导、企业参与、学校应用、服务驱动"[20],在智慧教育建设过程中,企业力量的参与,可以丰富智慧教育的研究内容,为智慧教育建设提供强大技术保障,而且能带来持续的建设资金。通过组建校企智慧教育联盟,高校在智慧教育方面的研究成果融入到企业先进产品的研发之中,并分别在教育发展规划、教育顶层设计、智慧教育关键技术、智慧教育运行管理等方面开展针对性的研究,促进校企间的协作共赢关系,形成智慧教育产业链,必能为我国智慧教育的可持续发展提供强大的动力源泉。

本章小结

本章对现代教育技术的发展趋势进行了展望。现代教育技术有着广阔的发展前景,本章分别从大数据、云计算、量子计算、智慧化技术等方面进行了阐述。

本章参考文献

[1] 于福志.大数据时代[M].长春:吉林文史出版社,2017.07.

[2] 杨现民,唐斯斯,李冀红.教育大数据的技术体系框架与发展趋势——"教育大数据研究与实践专栏"之整体框架篇[J].现代教育技术,2016,(01):6-12.

[3] 杨现民,唐斯斯,李冀红.发展教育大数据:内涵、价值和挑战[J].现代远程教育研究,2016,(01):50-61.

[4] 杨现民,王榴卉,唐斯斯.教育大数据的应用模式与政策建议[J].电化教育研究,2015,(09):56-63.

[5] 方海光.教育大数据,迈向共建、共享、开放、个性的未来教育[M].北京:机械工业出版社,2016,12.

[6] 张朝熙.基于 OpenStack 云计算框架测试平台应用的研究[J].信息通信,2018,(8):2.

[7] 朱义勇.云计算架构与应用[M].广州:华南理工大学出版社,2017,08.

[8] 温晓岳.智慧教育[M].北京:清华大学出版社,2012.01.

[9] 赵广才,张雪萍.云计算技术分析及其展望[J].电子设计工程,2011,(22):10-13.

[10] 何正玲.浅谈云计算技术[J].科技视界,2013,(14):21-21.

[11] 中国超算蝉联上榜数量第一[N].成都日报,2019.11.20.

[12] 章岩犀.量子计算机的原理、发展及应用[J].内燃机与配件,2018,(7):224-225.

[13] 刘建.地铁车辆的模块化探索研究[J].内燃机与配件,2018,(7):2.

[14] 张亚文,王淼,王凌豪,等.基于未来应用的未来网络固定特征[J].电信科学,2019,(08):71-79.

[15] 杨绪宾,刘洋.大数据真相,谁动了我的数据?[M].广州:华南理工大学出版社,2018.08.

[16] 黄荣怀.智慧教育的三重境界:从环境、模式到体制[J].现代远程教育研究,2014.

[17] 祝智庭,彭红超,雷云鹤.智能教育:智慧教育的实践路径[J].开放教育研究,2018,(4):13.

[18] 杨现民.信息时代智慧教育的内涵与特征[J].中国电化教育,2014,(01):29-34.
[19] 王霁平.互联网"十三五"规划渐行渐近[N].国际商报,2015.
[20] 杨现民,刘雍潜,钟晓流,等.我国智慧教育发展战略与路径选择[J].现代教育技术,2014,(01):13-20.